T
TOUT VA BIEN
Livres Extraordinaires

Orgulhosamente
apresenta

MAX SUSSOL

O LIVRO DOS BENZIMENTOS BRASILEIROS

SÃO PAULO

2023

10ª edição

TOUT VA BIEN
Livres Extraordinaires

AGRADECIMENTOS

Meu especial carinho à professora Pâmela Souza da Florescer Bento e a todos seus alunos. Espero que essa obra continue sendo útil para a realização do seu belo trabalho.

Max Sussol
2023
10ª edição

SUMÁRIO

Introdução 9

A

Afastar 44
Agonizantes 45
Água 45
Amigdalite 46
Amuletos, talismãs ou patuás 46
Angina 47
Animais 47
Apoplexia 47
Ar 50
Arroto do peito 54
Artrite 54
Asma 54
Assombração 55
Ataque 55
Azar 56
Azia 56

B

Banho 62
Barriga 62
Bebedeira 63
Benzedura 65
Bexiga 67
Bichas 68
Bicheira de animais 71
Bichos 82
Bronquite 82
Bucho 83

C

Campainha-caída 86
Carne quebrada e nervo torto 86
Casa 93

Casamento 94
Caxumba 95
Cegueira 96
Chagas 96
Ciscos 96
Ciúme 97
Cobras e animais peçonhentos 97
Cobreiro 107
Cólicas 125
Comércio 127
Congestão 127
Constipação 128
Contusões 128
Coqueluche 129
Coração 129
Corpo 130
Crianças 131
Criminoso 135

D

Defesa 138
Defumando 138
Dentes 139
Derrames cerebrais 142
Destroncaduras 142
Diabo 143
Doenças 141
Dores 151

E

Embaraços 178
Embruxamento 178
Encaroçado de leite 179
Engasgo 179
Envenenamento 186
Enxaqueca 186
Epilepsia 187

Erisipela 187
Espinhos 220
Estômago 221
Estudos 221
Estupor 222

F

Febres 224
Feitiços 225
Feridas 225
Ferimentos 229
Fígado 231
Flatulência 232
Fogo 235
Formiga 237
Fraquezas 238
Furúnculos 238
Futebol 239

G

Garganta 242
Golpe de ar 244
Graça 244
Grávida 245
Gripes e resfriados 246

H

Hemorragias 248
Hérnias 252
Herpes 253

I

Icterícia 256
Impaciência 257
Impingem 257
Inflamações 261
Ínguas 261
Insolação 265
Insônia 266
Inveja 266

L

Lagarta 268
Língua 268
Lombrigas 269
Loucos 270
Lua 271
Luxação 271

M

Magreza 274
Mal 274
Malária 276
Maleita 277
Malfeito 278
Mangueira 278
Marido 279
Marimbondos 279
Mau-jeito 280
Mau-olhado 280
Maus-espíritos 305
Medo 306
Menstruação 307
Moléstias malignas e contagiosas . 308
Moleza 309
Mordidas e Picadas 309

N

Natureza 316
Nevralgias 316

O

Olhos 318
Osso 325
Ouvido 325
Ozagre 326

P

Papo 328
Parto 329

Pé 333
Pedras 335
Pele 335
Pesadelo 337
Peste 337
Pontadas 338
Prisão de ventre 338
Proteção 339
Pulgas 340

Q

Quebradura 344
Quebranto 345
Quedas 360
Queimaduras 361

R

Raios 366
Raiva 366
Realizar 367
Rebate 367
Rendiduras ou rompimentos 368
Reumatismo 369
Rins 370
Rouquidão 370
Rosto 371

S

Sangue 374
Sapinho 380
Seca 382
Seios 382
Sol na cabeça 383
Soluços 388
Sucesso 390

T

Terçol 392
Torceduras 395
Torcicolo 398

Tosse 399
Traição 399
Tumores malignos 400

U

Umbigo 402
Uretra 402
Urina solta 402
Urticária 403
Utero 403

V

Ventre virado 406
Vermes 407
Verrugas 408
Viagem 413
Vícios 413

X

Xulé 416

INTRODUÇÃO

São as benzeduras remanescentes populares da Medicina-teológica. Via de regra são invocações de Deus, de Jesus Cristo, da Virgem Maria e dos santos, a fim de que valham ao paciente, intercedendo uns e determinando outros em favor de sua cura.

Estas orações podem ser classificadas, segundo as invocações que encerram em 3 grandes grupos:

* As que invocam a Deus, nas 3 pessoas da Santíssima Trindade e a Virgem Maria;
* As que invocam os santos; e
* As que não contêm qualquer invocação.

Estas últimas ou perderam a invocação primitiva, com o correr dos tempos, devido à transmissão oral, de geração em geração, ou foram compostas já sem o apelo aos santos, sendo portanto, 1 processo similar que desprezou justamente a parte essencial que é a do patronato.

Dentre aquelas que invocam os santos, distinguem-se as que contêm a invocação dirigida ao santo que a Igreja reconhece como patrono contra o Mal e as que não obedecem a esta exatidão no patronato.

Segundo o texto, encontramos orações que narram uma lenda, embora nem sempre de acordo com a tradição, outras que são apenas arranjo de palavras, aparentemente sem nexo e outras que contém elementos destinados exclusivamente a emprestar-lhes 1 certo ritmo ou uma certa rima. Em geral são ciciadas pelos benzedores, murmuradas com a boca semicerrada, ouvindo o benzido apenas 1 ligeiro rumor. Em geral os benzedores a recitam fazendo sobre o paciente o sinal-da-cruz.

Os benzedores são, em geral, gente inofensiva, crédula e simples. Dão-se a essa pratica exclusivamente por espírito filantrópico, aceitando pequenas ofertas e sinais de gratidão, sem exigir mais ou melhor. Não têm preço e gratuitamente também se prestam a executá-las. Não conhecem qualquer processo de provocar malefícios e reagem fortemente a qualquer insinuação de rezar para provocar o mal. Não desejam ser confundidos com os feiticeiros e "macumbeiros". Acreditam piamente na eficácia dos seus métodos. Não temem a ação policial, uma vez que nada administram ao paciente, nem outra coisa aconselham senão a confiança na sua benzedura. Não entram em conflito com o clero nem com Medicina-oficial, seus mais declarados inimigos. O clero desautoriza as suas praticas, por heterodoxas, inócuas e esdrúxulas, uma vez que representam uma deturpação popular da Medicina-sacerdotal; a Medicina-oficial escarnece e ridiculariza o processo, uma vez que não aceita a participação do sobrenatural. É de assinalar que os benzedores procuram ser bons cristãos. Alguns — e o Cabral teve a oportunidade de indagar sempre — praticam a sua religião com certo cuidado e uma delas, alfabetizada, assiste religiosamente à missa lendo seu livro de orações. Também muitos daqueles a quem Cabral entrevistou, são clientes da Medicina-oficial — e muito deles freqüentavam o seu consultório em busca de medicamentos para os próprios males.

Não costumam esconder a sua qualidade. Não se negam ao auxílio para o próximo, pois fazê-lo seria deitar a perder a virtude de transmitir as palavras que pronunciam o poder de curar.

Não se dizem portadores de poderes sobrenaturais, não se crêem iluminados ou predestinados, não acreditam no poder dos seus olhos nem no da vontade, mas unicamente na onipotência divina, nos milagres da fé, no poder miraculoso das palavras que atraem a benevolência dos Santos e a piedade do Criador.

A sua pessoa nada vale; na oração e na fé está a virtude que consegue a graça da cura. Por isso, quando o paciente não crê, não tem fé, muito pouco pode o benzedor realizar. A fé, que transporta montanhas, é a condição essencial do sucesso. A oração, a reza, a benzedura, o meio de fazer chegar aos Céus o clamor daquele que sofre.

Muitos benzedores são pobres mendigos; outros têm profissão e só atendem aos pedidos de benzer porque, fazê-lo, é uma boa ação. Muitos são pessoas de idade, muitos são analfabetos, muitos têm apenas uma rudimentar instrução.

Dentre a clientela dos benzedores se encontra gente de todas as camadas sociais, nos centros urbanos; da gente humilde que crê, àqueles que não dispõem de recursos pecuniários para atender as despesas de médico e farmácia; dos que foram desenganados, aos que desesperam em ser atendidos pelos Institutos de Aposentadorias; dos casos banais, que se curariam pela própria ação medicatriz da natureza, aos casos desesperados para os quais não encontra a Medicina-oficial recursos terapêuticos.

Nas zonas rurais e praianas, longe dos centros urbanos, nos lugares onde não há médicos nem farmácias, são em geral o socorro das populações. Nunca se negam a prestá-lo, praticando integralmente a caridade cristã. Se o mal se agrava e o recurso científico é solicitado, não se agastam nem se amuam. Quase sempre o recomendam, embora muitas vezes a confiança do paciente nas benzeduras e a fama do benzedor façam perder a ciência precioso tempo, de que resulta muitas vezes, até, a morte do doente.

Em geral 1 benzedor não se vale dos serviços dum "colega". Prefere sempre a Medicina-científica. Menos pela falta de confiança nas benzeduras, mas pela suspeita da ignorância do "colega". Gabam-se com facilidade dos seus sucessos — o que é humano — e silenciam os seus fracassos — o que é compreensível...

Atribui-se à ignorância do povo o seu apelo aos benzedores e aos seus processos. Certamente não se poderá eximir desta acusação aquele que prefere o sistema aos que a ciência coloca à sua disposição. Mas nem sempre o apelo ao benzedor significa preferência. Muitas vezes é necessidade. Se não é socorro, ao menos é uma assistência; se não consegue curar, ao menos consegue consolar; se não alivia as dores, ao menos mantém a esperança e fortalece a fé. E muita gente há que não disporá senão pouco mais do que isso...

São os benzedores filhos ilegítimos da Medicina-teológica. A parte que lhes tocou da secular herança, azinhavrou com o tempo, desvalorizou-se com os progressos da Medicina-científica. Mas sem dúvida, de todos os que exercitam a arte de curar à margem da ciência, são os mais inofensivos e menos perniciosos.

Em tal circunstância não estarão, evidentemente, os benzedores-curandeiros, que benzem e propinam beberagens, nem os benzedores-feiticeiros, que aliam às rezas as praticas de Mágia-negra. A perniciosidade destes é evidente.

Finalmente, da transcrição do texto das benzeduras se verificará que elas, como é crença geral, não se dirigem comumente contra a doença, contra o mal, intimando-o a deixar o corpo que padece, o membro atingido, o órgão atacado. Poucas são as que diretamente se dirigem a ele, convidando-o a deixar o paciente. A maioria consiste numa deprecação a 1 protetor divino, a 1 advogado celestial — e como os Santos não hão de ficar confusos, às vezes, com as palavras desconexas que se lhes endereçam!... — na qual, muitas vezes há uma narrativa fabulosa ou uma lenda relembrada. As mais puras são 1 pedido à providência através da intercessão dum santo, de cujos méritos se procura valer o benzedor.

Osvaldo Cabral

AS BENZEDURAS E OS BENZEDORES

As orações, segundo as pesquisas de Cabral, são aprendidas pelos benzedores dos seus ancestrais, passando, muitas vezes, de geração, de pais para filhos, o conhecimento delas. Há famílias inteiras de benzedores. Muitas vezes, ao recorrer inutilmente a 1 deles, o paciente desalentado pelo insucesso afirma que o filho já não sabe benzer como o pai. Mas o avô tinha sido ainda melhor! Doença "benzida" por ele — tiro e queda! — era caso liquidado...

É natural que com o passar de geração em geração com o correr dos anos, com a mudança de hábitat, o texto original da oração, da reza, da benzedura, venha a alterar-se. Este fenômeno será facilmente comprovado quando registrarmos orações idênticas colhidas em meios diversos. Elementos do seu texto, tornados incompreensíveis, pelo seu transporte a meio diverso, são eliminados e outros elementos locais, em compensação, acrescentados. A finalidade original também nem sempre é mantida. Muitas orações servem em determinado local para a cura de certo mal; em outro, para outro mal, modificando-se no texto, apenas, o nome da *entidade* mórbida a combater.

Os instrumentos de que se valem os benzedores para acompanhar as suas benzeduras variam com o meio, com a doença e com o texto da oração.

Naturalmente numa oração em que se fala em azeite doce não se usará para ungir a testa ou o local afetado com sinal-da-cruz senão o azeite doce. Mas, outras são benzidas com plantas locais, da região e em tais casos, variam de acordo com o meio. Assim, a água, o azeite doce, a cinza, a saliva, 1 galho de arruda, alecrim ou funcho, umas brasas, 1 registro ou imagem de santo, crucifixo, são usados pelos benzedores durante a sua reza. Enquanto benzem, fazem sobre o paciente com a mão, livre ou munida de qualquer dos objetos citados atrás, o sinal-da-cruz. Se a benzedura se processa à distância o gesto é o mesmo.

Nem todas as benzeduras exigem uma aplicação *in loco* de qualquer ingrediente. Há, todavia, aquelas que exigem que seja feita com óleo, cinza, saliva ou tinta, uma cruz na testa do paciente, ou com 1 pedacinho de lã, algodão ou mesmo uma pena de galinha, idêntico sinal, *"in loco dolenti"*.

Foram estes os processos que Cabral pôde colher entre aqueles que observou e que os colaboradores forneceram nas suas informações.

O BENZIMENTO NO SERTÃO

𝕹aturalmente, a propaganda do benzedor só pode ser feita por ele e mesmo e pela sua clientela. Ele é quem divulga os casos interessantes, quem narra os seus sucessos, quem divulga as suas curas. Aos candidatos às benzeduras, antes e depois delas, principalmente antes, para atuar como elemento psicológico, para inspirar uma fé maior, contam eles as suas vitórias contra os males e as doenças.

São os casos de doentes desenganados, desesperados, abandonados, que se valeram das suas rezas. Ficaram bons, curaram-se, *"estão andando por aí"* casos complicados, que os facultativos das cidades vizinhas declararam incuráveis ou aconselharam a violência duma intervenção sangrenta, foram benzidos... e inexplicavelmente curados.

As histórias são, depois, repetidas de boca em boca, principalmente se o paciente que as ouviu também se sentiu curado do mal que foi a causa da procura do benzedor, passadas de vizinhos a conhecidos, ganhando aspecto de verdadeiros milagres. A fama do benzedor, então, ganha terreno. No planalto, onde os núcleos de população se encontram disseminados em largas áreas, a fama ganha léguas e de léguas de distância ocorrem às vezes, os clientes para se valerem das virtudes do benzedor e da eficácia das suas benzeduras.

Depois... não se criam assim as lendas? Quanta gente haverá que afirma ter visto o milagre? Que viu o doente se arrastando à porta do benzedor! Que assistiu a reza! Que viu o doente pouco tempo depois, inteiramente curado!

No caso das "bicheiras", por exemplo, pessoas de inteira responsabilidade, da mais indiscutível idoneidade, afirmam *ter visto* — VISTO — caírem as larvas à hora certa, marcada pelo benzedor ou pela benzedeira a quem havia encomendada a cura do animal atacado e que havia ficado de operar o benzimento à distância.

Não terão sido duas nem 5 as pessoas de instrução e mesmo de cultura a depor neste sentido...

Entretanto 1 padre jesuíta das relações de Cabral, observador e investigador, que presenciou a queda da bicheira, apresenta uma explicação digna de nota: o benzedor procurado indaga do dono do animal, geralmente, há quanto tempo surgiu a bicheira, ou há quantos dias foi a mesma descoberta e o estado em que se acha. Isto em conversa, *"como quem não quer coisa alguma"*, arrancando com habilidade e jeito as informações de que precisa.

Ora, conhecendo ele, pela observação, ou pela instrução que foi transmitida, os dias necessários para que se complete o ciclo evolutivo, estará apto para saber quantos dias faltam para que a larva necessariamente se desprenda do animal, por não necessitar mais do seu sangue para completar seu desenvolvimento e caia para o solo a fim de realizar outra fase do seu ciclo vital.

Com a benzedura ou sem ela a larva cairá da ferida. Tudo depende do momento em que o benzedor chamado a intervir. Se for cedo demais, rezará 3 ou mais vezes. Se estiver *"em cima do laço"*, na hora mesmo da queda, prevista para aquele mesmo dia, o benzedor manda o proprietário do animal para casa e afirma que quando lá chegar ou o animal estará limpo ou verá a bicheira cair pouco depois. Naturalmente, porque ele vai rezar, mesmo à distância. Indaga então *"de que lado"* está o animal, isto é, qual a direção mais ou menos em que se encontra e a cor do seu pêlo. Mas isto é apenas para impressionar... Mesmo entre os benzedores há de haver algum esperto, que faça o charlatão da classe...

Terá razão o informante? Homens habituados ao trato dos animais e à vida das fazendas, a quem tem Cabral contado a explicação puramente de ordem biológica que o sacerdote jesuíta lhe forneceu, ficam mais ou menos abalados. Mas não encontram explicação para o fato da cura à hora certa. *"Às tantas horas* — diz o benzedor — *o bicho cai"*. E às tantas, o *bicho* desprendeu-se... Como explicar?

Será lenda ou coincidência?

As palavras ditas pelos benzedores vão no capítulo correspondente. Ninguém descobrirá nelas qualquer coisa que possa dar todas as explicações a estas perguntas. São palavras banais, sem qualquer coisa de misteriosas, até mesmo sem qualquer coisa de interessante no seu arranjo... Mas, que elas curam bicheira... há quem afirma que curam.

O informante Adelino Gonçalves, professor público em Caiacanga-açu, 1 pitoresco lugar na ilha de Sta. Catarina crismado atualmente desta horrível maneira, quando dantes era conhecido por Costeira do Ribeirão, conta-nos, por exemplo, o seguinte caso:

"Conheci 1 indivíduo de nome M. F. C. que salvou muitos animais com bicheira. Certa vez, em frente à sua casa em Caiacanga-açu, benzeu 1 animal que se achava na Ilha dos Papagaios, na Barra do Sul (4 milhas, talvez) e sem mais nenhum curativo ele sarou completamente em poucos dias".

Euclides Abdala, há pouco falecido, que Cabral conhecia muito bem, tendo sido seu cliente, sírio, residente em Palhoça, era especialista em mordeduras de cobra, sendo chamado para lugares longínquos a benzer e curar mordidas, o que ele lhe contou por mais duma vez. Aliás, freqüentemente ele andava com algumas das suas cobras nos bolsos e as mostrava aos amigos e conhecidos. Benzia e dava 1 específico de sua preparação, quando o caso era grave afirmando que, quando o chamavam a tempo, nunca perdia doente. O mesmo informante anterior lhe contou que 1 cunhado seu, mordido no dedo médio por uma jararaca, teve cura imediata, sem o específico, só com a benzedura de Euclides.

As curas do envenenamento ofídico pelas benzeduras já têm sido satisfatoriamente explicadas. Em casos tais, a inoculação da peçonha terá sido mínima ou nenhuma, por ter o animal esvaziado as glândulas em vítima anterior.

Outro informante, o Sr. Francisco Machado de Souza, escrivão de paz na cidade de S. Francisco do Sul e cultor de folclore, conta 1 caso que não assistiu mas que lhe foi narrado pela benzedeira dona M. F., *"mulher duns 70 anos, franzina, de expressão compungida no olhar e na voz"*, que teve a oportunidade de entrevistar, em trabalhos e pesquisa das benzeduras:

"Certa vez foi chamada por Elias Claudino para benzer 1 cavalo e encontrou o animal caído como se já estivesse morto, por engasgamento. Aplicou o seu benzimento, com uma faca de ponta, contra o mal e o cavalo no mesmo instante saiu a correr pelo pasto".

O mesmo informante narrou-nos uma das façanhas do benzedor B. S. que lhe contou ter, anos atrás, quando residia no lugar Pirabeiraba, no Município de Joinvile, debelado uma epidemia de "sapão" *(oidium albicans)*, que ali grassava, unicamente com as suas benzeduras.

Francisco Schaden por sua vez nos dá conta, do prestígio que gozava em S. Bonifácio 1 caboclo de nome Diogo Pereira, cuja profissão e especialidade era a arte de benzer.

Mas o melhor depoimento no capítulo dos casos interessantes foi o recolhido pelo próprio Cabral, quando recolhia textos de benzeduras da benzedeira M. D. O., moradora em Florianópolis, natural de Pântano do Sul, mulher de aproximadamente 60 anos, alfabetizada e que sabia narrar os fatos com alguma graça e bastante desenvoltura.

Ditava a mesma, na ocasião, uma oração contra o "ar", que será estudada no capítulo correspondente e que informou:

"— A pessoa que benze deve trazer atrás da orelha 1 galhinho de arruda ou dentinho de alho.

— Pra quê?

— *Ora para o ar não passar do doente para ele...*

— *E isto pode acontecer?*

— *Que pergunta, senhor! Passa! Olhe, uma vez eu fui benzer 1 porco que estava com "ar" e me esqueci de colocar atrás da orelha o dentinho de alho. O senhor acredite: o bicho logo levantou-se, completamente bom, pois eu cheguei em casa quase de rastros! Nunca mais!!"*

Todos os benzedores têm os seus sucessos. Como todos os que exercitam a Medicina — a mágica, a sacerdotal ou a científica — legal ou ilegalmente — eles se ufanam das suas vitórias sobre as doenças. Dos seus insucessos, está visto, não falam. Cabral não conseguiu para ilustrar o seu trabalho 1 só depoimento neste sentido. Parece que ainda são os médicos os únicos que não escondem os seus fracassos, narrando-os nas sociedades, relatando-os nas revistas, para que da sua experiência aproveite o colega, a ciência.

Os benzedores não contam de maneira alguma aqueles que colhem no seu mister. Aliás, para eles, os insucessos não devem ser levados à conta do benzedor nem atribuídos à insuficiência das benzeduras, mas sim à responsabilidade do benzido, do próprio paciente, que não teve fé em dose necessária para auxiliar o processo da cura.

Mesmo, no texto de algumas benzeduras, como ainda se verá, repete o benzedor este aforismo da Medicina-teológica: — *"Eu te benzo, mas Deus é quem te cura..."*

BENZIMENTOS E BENZEDORAS

Ensina o prof. Attilio Milone[*], que assim como existe quem amaldiçoa, também existe aquele que abençoa. Quem benze, abençoa. O benzedor(a) é uma pessoa que coloca em 2° plano seus intereesses pessoais ou sua comodidade durante alguns momentos, a fim de catalisar e aplicar forças benéficas de outro ser.

Os benzedores(as) lidam com forças ocultas, embora a maioria das vezes não tenham consciência de quais forças são estas. Agem pelo sentimento da caridade, sendo extremamente serviçais. Pelo fato de terem o dom e de quererem fazer o Bem, eles(as) atraem e transmitem energia positiva, ou o que se poderia chamar de "homeopatia psíquica", onde a fé e a boa vontade transformam-se em energia curadora.

Benzer é transmitir o Bem, ou emoções boas. É criar uma atmosfera boa, a qual já é 1/2 caminho andado para o combate de qualquer Mal. Os benzedores jamais poderiam ser criaturas científicas, pois senão seu dom poderia ser perturbado pela especulação acadêmica e a frieza do intelecto.

Imagine as regiões do interior do país, onde a Medicina tradicional não consegue chegar. Pense no Bem que essas criaturas fazem aos seres humanos

(*) Em sua obra *Olho Grande.*

que muitas vezes pereceriam, não tendo eles freqüentemente a menor condição de combate a qualquer doença, por mais simples que ela seja.

No caso do quebranto (ou mau-olhado), o benzedor(a) projeta sobre o paciente 1 feixe de forças vibratórias amorosas, conseguindo assim, em boa parte, aliado às orações e às ervas assim como a arruda, alecrim, benjoim, etc., eliminar fluidos.

Em todos esses casos é muito importante ter fé, não só no benzedor(a), como também em seus métodos. Todos nós temos as mesmas condições e capacidade de fazer o Bem assim como os benzedores(as), mas geralmente não desenvolvemos este lado, às vezes por falta de conhecimento, às vezes por não levar uma vida muito regrada. A maioria das mães ignora, por exemplo, que poderiam resolver o problema de quebranto de seus filhos. Ninguém é mais credenciado para exercer essa função sobre a criança do que a própria mãe que lhe deu existência.

A BENZEDEIRA

A benzedeira, no campo, pela importância que também confere ao poder da oração, exerce uma influência semelhante à do rezador. Mas, pela qualidade especial e relativamente rara de seu dom e, por ser mulher, é solicitada a assistir os mais diferentes problemas das pessoas da região. Sua prestação de serviços se amplia e se diversifica e ela pode ser a única parteira de que dispõem as mulheres duma vasta região rural.

Se no campo a formação das benzedeiras é fundamentalmente católica, na cidade, onde sua presença é também muito importante, seus rituais se diversificam segundo as várias fontes religiosas que os inspiram. A benzedeira pode ser católica, kardecista, adventista, umbandista ou esotérica. Mas, ainda que os cultos em que se baseia sejam diferentes, sua visão de mundo é fundamentalmente a mesma, propondo a humildade, o contato diário com a vontade divina ou com a intermediação dos santos, a solidariedade entre as pessoas, a liberdade, a justiça.

A benzedeira e todos os representantes das crendices populares atuam em 3 níveis:

NOS PROBLEMAS DO PRÓPRIO ORGANISMO

As *"bichas"* (vermes), a bronquite, o mau-jeito, embora sejam desarranjos do corpo, da "matéria" humana, estão dentro do campo da especialidade da benzedeira. Isto porque, como já foi dito anteriormente, todo Mal físico tem origem em algum problema do *espírito*, quase sempre num demônio qualquer, oculto.

NOS PROBLEMAS DO CLIENTE COM PESSOAS DE SUAS RELAÇÕES

São aqueles que se referem aos conflitos familiares, aos maridos infiéis ou perdulários, aos filhos que se entregam a vicíos, a parentes ou amigos que perderam o emprego ou que vão mal nos negócios etc.

NOS PROBLEMAS DE FUNDO PSICOLÓGICO OU ESPIRITUAL

Aí entram tanto o *olho-gordo* do vizinho ou do inimigo, que podem ser causa dos mais graves dissabores, de *atrasos de vida*, como os desequilíbrios, os desatinos resultantes da influência perniciosa do *tinhoso*, dos *espíritos* das trevas, ou das *almas* descontentes, *penadas*. Também faz parte desses problemas o chamado de *entidades* santas para que a pessoa ceda ao dom que porventura tenha recebido, como o de ser 1 dos servidores de santos e *divindades* no trabalho de solidariedade e ajuda ao próximo em suas aflições.

1 trunfo inegável das crendices populares é o fato de encararem os problemas do ser humano como uma totalidade em que corpo e *espírito* se associam estreitamente. 1 corpo doente é 1 *espírito* doente e vice-versa. E o doente aí se vê acolhido integralmente em suas dificuldades e não como 1 corpo dividido em suas várias funções.

O trabalho dos representantes das crendices populares deve ser, entretanto, legitimado pela comunidade, que reconhece serem eles pessoas possuidoras de fluidos especiais, cujo poder de amenizar males físicos, sofrimentos, desatinos morais e espirituais tem-se comprovado muitas vezes.

Os "doutores" da terapêutica religiosa e popular, com sua aura de mansidão, bondade, irradiando uma certa luz e envolvência cheias de mistérios e amor, vêm propor, com suas orações e rituais, não apenas uma cura para o corpo, mas sobretudo algum orvalho para a secura e o desespero das *almas*. Se curam, é porque conhecem, por vias incompreensíveis ao comum das pessoas, as pegadas do mistério e da Magia. Se curam, é porque têm força especial de exorcizar os maus-*espíritos* que estão por detrás de qualquer doença. Para isso receberam o dom, a fé, o desejo de ajudar o outro. Não têm estudo, mas compensam regiamente tal falha com a virtude, a capacidade de sofrer e se solidarizar com o drama alheio, a simplicidade, a vidência, a percepção da origem do Mal. E sobretudo com a fé em que todo amparo e proteção possíveis só podem vir dos poderes divinos.

QUALQUER TIPO DE CURA SERVE

Cita o folclorista Luiz Beltrão,[*] que seja onde se ouça a voz ou notícia se tenha dum pregador, proclamando-se enviado de Deus ou detentor

---

(*) Em sua obra *Folkcomunicação*.

de poderes emanados de forças superiores do universo para aliviar as duras contingências da vida, as dores ou os contratempos que lhes afligem o corpo e o *espírito*, há sempre multidões de indivíduos *"que nada têm a perder porque nada possuem"*, dispostos a tirar partido do que lhes é oferecido. Assim, tanto nas cidades como no campo, surgem constantemente (às vezes desaparecendo também sem deixar rasto) *benzedores*, que conhecem gestos, orações e palavras mágicas, tanto para a cura de pessoas como de animais; *curandeiros*, que diagnosticam males às vezes exóticos, como o quebranto, o mau-olhado posto na vítima por pessoa que a inveja ou se extasia diante duma qualidade física de outrem, causando-lhe quase imediatamente conseqüências danosas (febre, queda de temperatura, infecções, dores, males da cabeça), que escapam inteiramente ao domínio científico da Medicina, enquanto o feiticeiro os cura ou alivia com garrafadas de raízes, sementes e ervas diversas, mistura de excremento ou urina de animais, com aguardente, uso de amuletos etc., num tratamento ativado por fórmulas mágicas; *rezadores* que, em sessões públicas ou em entrevistas privadas, buscam curar por meio de orações, acompanhando as palavras com gestos ritualísticos e queima de ervas.

E lembra bem a pesquisadora Martha Johanna Haug: *"Comumente cada benzedor tem sua especialidade. 1 benze de arca-caída, outro de dor de cabeça, dor de dente, mau-olhado, quebranto, mordida de cobra, dor de barriga, engasgo. Alguns têm mais duma especialidade. Benzedor não cura, apenas benze em nome do santo; o santo é quem cura."*

QUEM SÃO?

Salienta o prof. Alceu Maynard Araújo[*], que no sertão do Brasil há vários benzedores. Tanto benzedores, como benzinheiras.

O papel do benzedor é muito mais restrito do que o do curandeiro. Sua *profissão* não passa de rezar sobre a cabeça do doente. Não receita remédios, apenas benze. Os gestos que pratica são todos idênticos ao da religião dominante: reza fazendo sinal-da-cruz.

Não é preciso que o doente vá até sua casa para que ele o benza; executa sua benzedura na própria casa do enfermo ou em suas peças de roupa. Suas rezas, na maioria das vezes, deturpação das orações oficializadas pela Igreja -católica-apostólica-romana, entremeadas de palavras incompreensíveis, resmungadas, do latim o mais estropiado que possa ser concebido.

As *benzinheiras*, por sua vez, são as especialistas em rezas sobre crianças. Os benzedores tanto benzem crianças como adultos de ambos os sexos. Benzedor e benzinheira são os maiores ensinadores de *simpatias*. A

(*) Em sua obra *Folclore Nacional.*

simpatia qualquer pessoa poderá executá-la, basta ter fé, assim dizem. Há, portanto, 3 graus no processo de obter-se a cura interpelando o sobrenatural: o 1º através de simpatia; o 2º, por meio de *benzedura*; e o 3º em que há *benzeduras acompanhadas dum receituário*. Neste 3º caso, benzeduras e receitas que só terão efeitos quando executadas pelo curandeiro.

A benzinheira, o benzedor, são 1 grau intermediário entre o mortal comum e o curandeiro: acima daquele, abaixo deste. Se 1 dia passam a curandeiro, deixam de benzer nas casas dos próprios doentes, terão estes que ir ao seu encalço. Em geral o curandeiro vive dessa profissão, o benzedor não. Ele tem outro ofício e executa as suas benzeduras, primeiramente de modo gratuito, só depois é que recebe "agrados", isto é, pequenos presentes.

Há no sertão alguns benzedores e muitas benzinheiras especialistas em curar moléstias de criança. Em geral a benzinheiras também são "assistentes", isto é, parteiras.

Conta a sua assistente de pesquisa-sociológica, Srta. Natália R. Bitencourt, a seguinte experiência:

"Tenho sentido dores de cabeça. Hoje, enquanto repousava 1 pouco, à tarde, chegou velha, minha amiga, d. Zelinda, a rendeira. Mostrou-se triste com isso, logo perguntou-me se eu acreditava em rezas. Eu lhe respondi afirmativamente e ela mandou que eu me sentasse. Em seguida, com o auxílio das suas mãos, as quais passava continuamente em minha cabeça, conduzindo-as para trás, fazia gestos como jogasse fora a dor. Isto era acompanhado de orações em voz baixa. Antes me perguntara se eu sabia, talvez fosse sangue na cabeça ou 'ar de sol'".

Os meios divinatórios para se conhecer uma doença interna que o benzedor lança mão quando vai benzer uma doença de *ar*, são os mesmos usados no toré: procedem a adivinhação mágica.

Outra benzinheira, parteira das mais experientes da cidade, disse ter aprendido muitos remédios na leitura do *Lunário Perpétuo*, onde há Astrologia, Medicina, História e pelo que pudemos ler em seu usado e amarelecido volume, provérbios e outros ensinamentos. É por isso que alguns matutos repetem frases inteiras numa linguagem clássica, há os que até decoram o *Lunário Perpétuo*. A benzinheira d. Dindinha o considera livro de muita sabedoria.

Os benzedores recebem os ensinamentos, em geral dum seu antepassado, *"aprendeu com os mais velhos"*. 1 cego pedinte da feira, reputado como o melhor benzedor de crianças de braço, disse ter aprendido com seu finado pai as rezas para benzer. Não sabendo ler, mesmo quando enxergava, nunca teve oportunidade de ler o *Lunário Perpétuo*, mas citava alguma cousa que aprendera de oitiva, coisas lidas pelo *"finado framacête"*.

Na realidade, os benzedores e suas praticas se enquadram no conceito daquele provérbio popular: *"precaução e água benta não faz mal a ninguém."* São inofensivos.

Curandeiro, benzedor, doutor de raízes, curador de cobras em geral são analfabetos. E são os benzedores filhos ilegítimos da Medicina-teológica. A parte que lhes tocou na secular herança, azinhavrou com o tempo, desvalorizou-se com os progressos da Medicina-científica. Mas, sem dúvida, de todos os que exercitam a arte de curar à margem da ciência, são os mais inofensivos e menos perniciosos.

Anexam os professores Rossini Tavares de Lima e Julieta de Andrade[*], que a função é de intermediário entre o santo, ou a oração em si e a pessoa benzida. Como acontece com as rezas, alguns benzimentos precisam ser repetidos até se verificar a cura completa. Os implementos, porém, diferem daqueles usados pelo rezador; constam de pingos de vela que se aglutinam ou não n'água dum pires; fios de linha; casca de laranja tirada ao comprido e duma só vez, seca em fumeiro, galhos de arruda, guiné e outros.

O benzimento, em si, é uma oração acompanhada de gestos e atitudes mágicas. A cura, entretanto, pode depender de evento alheio ao curso da própria doença. No caso de benzimento com casca de laranja, para cobreiro, a pessoa ficará curada quando a casca se tornar quebradiça, no fumeiro; a casca do cobreiro, já seca, também cairá.

A TERAPÊUTICA DAS REZAS E BENZIMENTOS NA CURA DOS MALES DO CORPO E DO ESPÍRITO

Lembra a prof. Filomena da Silva Martins[**], que a maioria das rezadeiras brasileiras confia no sucesso do benzimento contra o chamado "quebranto" e o responsabiliza pela apatia, sonolência, melancolia, inquietação, tristeza e inapetência dos seus rebentos queridos. Trata-se de perturbações que são atribuídas à projeção de fluidos de inveja, ciúme ou despeito, lançados pelas pessoas de "mau-olhado". Aliás, não vos deve ser desconhecido o caso de aves, animais e flores que se abatem, adoecem e murcham, depois que certas criaturas, possuidoras de "olhos-ruins", os desejam ou invejam.

Embora a Medicina e os cientistas considerem o "quebranto" uma velha e tola superstição, o certo é que ele se exerce disciplinado por leis tão lógicas como as que também coordenam o curso e a estabilidade dos átomos. Os

---

(*) Em sua obra *Escola de Folcolore Brasil.*

(**) Prefaciando o livro *O Poder das Rezas e Benzeduras* de Maria Bebiana.

fluidos etéricos e malfazejos, projetados pelas criaturas invejosas, ciumentas ou despeitadas, podem acumular-se no perispírito indefeso das crianças e chicotear-lhes o duplo etérico, perturbando o funcionamento normal dos chacras ou centros de forças etéricas.

O "chacra esplênico", situado à altura do baço no duplo etérico, responsável pela vitalização e pureza sanguínea, é o centro etérico que mais sofre e se perturba sob os impactos ofensivos dos maus fluidos, pois reduz a entrada do fluxo prânico e afetando a saúde da criança, ela perde a euforia de viver, ficando triste e melancólica. Restringindo o tom energético do metabolismo atéreo ou magnético vital, o perispírito também é afetado no seu intercâmbio com a carne na sua defensiva natural. O fenômeno do "quebranto" lembra o que acontece com certas flores tenras e sensíveis que murcham prematuramente sob as emanações mefíticas dos pantanos. E o benzimento é o processo benfeitor que expurga ou dissolve essa carga fluídica gerada pelo *mau-olhado* sobre a criança, ou mesmo exalada de certas pessoas inconscientes de sua atuação enfermiça sobre os seres e coisas. O benzedor do quebranto também bombardeia e desintegra a massa de fluidos perniciosos estagnada sobre a criança ou seres afetados desse mal, desimpedindo-lhes a circulação etérica. Embora os sentidos físicos do homem não possam registrar objetivamente o processo terapêutico de eliminação do quebranto, a criança logo se recupera.

Embora a Medicina-acadêmica explique cientificamente todas as nossas moléstias, há certas enfermidades e em particular as de pele, que realmente são curáveis pelo processo de benzimentos, simpatias, rezas ou passes mediúnicos. Nada existe de misterioso nessa técnica terapêutica, pois o seu sucesso deve-se ao fato de o benzedor ou passista projetar sobre o doente o seu magnetismo hiperdinamizado pela sua vontade e vigor espiritual.

Em verdade, desde os tempos imemoriais existiram criaturas que benziam e curavam eczemas, impingens, cobreiros, feridas malignas, manchas, verrugas, cravos e nódulos estranhos que afetam o corpo humano. Outras sabiam eliminar bicheiras, as doenças do pêlo do animal e também de "mau-olhado", cujos fluidos ruins afetavam as crianças, os vegetais e as aves.

E conclui o prof. Téo Azevedo[*], que as benzeduras e orações são das mais antigas e populares formas de Medicina-sertaneja. A declaração da oração é acompanhada de benzedura com 1 ramo verde tirado na hora, na mão direita em gesto de cruz. Cerca de 95% dos benzedores repete 3 vezes este ritual para que a benzedura fique completa. A seguir o benzedor reza 1 pai-nosso e 3 ave-marias para o santo de devoção do benzedor ou para qualquer santo a quem ele queira ofertar a benzedura.

(*) Em sua obra *Plantas Medicinais, Benzeduras e Simpatias.*

QUEM NÃO ACREDITA NUMA BOA REZA?

QUANDO NADA PARECE DAR CERTO NA SUA VIDA, VALE ATÉ PROCURAR A AJUDA DUMA REZADEIRA

"**À**s vezes a gente fica doente de puro mau-olhado. Aí, não há remédio que cure. Só uma boa reza." Quem diz isso é d. Nira Gurgel, professora aposentada de música e canto orfeônico e rezadeira por vocação. "*Minha família é toda muito católica e, apesar de ser filha de farmacêutico, muitas vezes vi meus irmãos serem rezados para acabar com a febre ou curar uma diarréia inexplicável. Eu ficava fascinada com as rezas e aos poucos fui aprendendo. Aos 15 anos, eu já era rezadeira da casa. Não tenho nada de anormal ou sobrenatural. Só muita fé.*"

A campainha toca. É d. Alaíde, vizinha do andar de baixo. Ela chega com o filho, Tássio, de 4 meses. Há tempos ele vem trocando o dia pela noite com muita tosse. Apesar de medicado, sua mãe não dispensa as rezas da vizinha. "*Minha outra filha, de 3 anos, andava tristinha* — conta Alaíde. — *Não queria comer nem brincar por causa da febre e da diarréia. Fui ao médico, comecei o tratamento, mas como ela não melhorava trouxe-a aqui para benzer. Em 3 dias ela ficou boa. Agora eu sempre me garanto com as rezas de d. Nira.*"

TEM GENTE CAPAZ DE FAZER O MAL ATRAVÉS DUM SIMPLES OLHAR

A rezadeira conta que muitas vezes o efeito da reza é imediato, pois a pessoa se livra dos maus fluidos e fica logo aliviada. "*Existe gente que olha para uma planta e logo depois as folhas aparecem queimadas. E o chamado olhar de seca-pimenteira. Ela pode até não fazer por mal, mas a sua pessoa emana uma energia negativa. Então acaba botando mau-olhado sem ter a menor intenção. A criança pequena, por exemplo, é muito sensível. Então, às vezes, os próprios pais sejam os causadores do abatimento dos filhos por sentir 1 excesso de pena. Isso prejudica a criança e faz com que ela não consiga se recuperar sozinha.*"

Pena, inveja, raiva e ciúmes são sentimentos que podem atingir os outros, uma vez que existe gente capaz de causar desgraças àqueles para quem olha. Mas é fácil notar quando se está contaminado de fluidos negativos. Além de nada dá certo na vida, a pessoa boceja muito — Mesmo sem estar com sono — e se sente constantemente cansada. D. Nira reconhece os sintomas só de olhar, mas nem sempre conta o que vê para não impressionar quem a procura, geralmente em estado de aflição.

Rezadeira por vocação, d. Nira prefere palavras *mágicas* de fé, para ajudar seu próximo. "*Há reza para tudo: dor-de-cotovelo, angústia, tristeza, até mau-olhado*" — ela garante.

"Quanto mais a pessoa se deprime com seus desacertos, mais carregada fica. Então eu rezo sem dar muita explicação e espero que ela venha me contar das mudanças que notar. Muita gente me procura por abatimento de amor ou trabalho. Chegam pessoas amarguradas, com olhar opaco e desanimado. Depois de rezadas, parecem outra pessoa. Saem mais leves e quando voltam no dia seguinte, se dizem mais animadas. Rezo durante 3 dias e é impressionante a diferença no raminho verde que uso. Quando a pessoa está muito carregada, a planta fica mucha e escura depois que faço as preces. Já no último dia, geralmente a plantinha se mantém mais verde. Acho que essa é a prova de que existe alguma coisa estranha no ar"

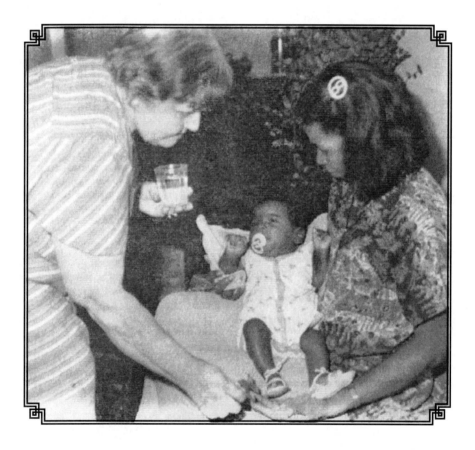

Repetindo sempre o nome do cliente durante a reza, dona Nira vai molhando o caminho verde na água do copo, enquanto benze cuidadosamente cada parte do corpo do menino, afastando assim todas as doenças. Reportagem de Regina Valladares e foto de Izi Bereanu para a revista *Mulher de Hoje* (Brasil).

EXISTE REZA PARA A MAIORIA DOS MALES: BASTA TER 1 POUCO DE FÉ.

Muito católica, d. Nira afirma que reza por vocação. Desde que aprendeu esta arte, prometeu a si mesma nunca negar auxílio ao seu próximo. Sem saber explicar exatamente o que acontece, ela tem apenas a sua experiência como referência. Em quase 50 anos de reza, só tem visto resultados positivos.

Existe reza para tudo: dor-de-cotovelo, angústia, tristeza e qualquer outro abatimento físico ou moral que possa ser fruto de maus fluidos. É sempre bom ajudar a sorte. Se de repente as coisas começam a *degringolar* sem motivo aparente, vale a pena conferir se não trata de olho grande do tipo *seca-pimenteira.*

Com 1 copo de água numa das mãos e 1 ramo verde na outra (pode ser arruda ou qualquer outra planta), d. Nira se concentra para rezar o pequeno Tássio. Repetindo sempre o nome do garoto durante a reza, ela molha o ramo na água e vai benzendo seu corpinho passando pela cabeça, mãos, olhos, pés, costas, rezando sempre. Relaxando enquanto recebe as preces que lhe são dirigidas, Tássio repousa tranqüilo no colo da mãe. Esta deve se concentrar, juntamente com a rezadeira, para que sua fé ajude nos resultados.

D. Nira acrescenta que também lê mão e põe cartas. Muito sensível, ela diz que mostrou desde criança uma queda especial para esse tipo de coisa: *"Lá no Rio Grande do Norte, onde nasci, fui aprendendo essas coisas. Depois resolvi estudar mais a fundo. Mas não posso me considerar uma profissional, já que esse não é meu ganha-pão. Apenas gosto de rezar, pois tenho muita fé e acho maravilhoso poder ajudar ao meu próximo"* — ela finaliza.

SOB O PONTO DE VISTA DA PARAPSICOLOGIA

ENTREVISTA COM OUTRA TRADICIONAL BENZEDEIRA

Antigamente, a tradição de levar para "benzer" era uma constante no 1/2 do povo. O quebranto, o mau-olhado, a lombriga, tosse-comprida eram entregues a benzedeiras que pensavam possuírem força poderosa contra tais males.

Hoje, estas figuras quase que folclóricas, cedem lugar aos terreiros de Umbanda e baixo-espiritismo com seus médiuns fazendo trabalhos de *limpeza* e *desencosto.*

Como trabalho pratico num curso de Parapsicologia ministrado pelo Pe. Quevedo na Faculdade de Filosofia (FAFIL) de Bauru (SP), fizemos uma entrevista com uma remanescente das tradicionais benzedeiras.

Nome da benzedeira: Sebastiana Dores de Oliveira. Idade: 43 anos. Residente em Marília (SP). Naturalidade: Rio Branco (CE). Escolaridade: 3ª série do 1º grau. Casada. 3 filhos.

— *Há quanto tempo reside em Marília?*

— Há 21 anos.

— *Como se chama a pessoa que benze?*

— Benzedeira.

— *Tem outro nome?*

— Curandeira. Só que curandeira é outra coisa. As pessoas é que confundem.

— *Como a senhora chamaria o que faz?*

— Considero-me uma pessoa que faz 1 benefício para outra. Por exemplo: se você tem uma bronquite, ou vento virado, ou quebranto eu rezo e consigo te ajudar, é 1 benefício, mas não é uma cura.

— *Que tipo de benzeção a senhora faz?*

— Faço de muitos tipos, mas o que mais comum é de bronquite. É o mais procurado pelo pessoal. Depois tem outros, que é o vento virado, quebranto, mau-olhado, dor no corpo, ou quando a pessoa trabalha num lugar e tem outra pessoa que tem inveja e faz mal pra aquela pessoa que me procurou.

— *O que é vento virado?*

— Quando a criança está obrando verde, vomitando. É quebranto muito forte.

— *Que é quebranto?*

— Inveja, olhos-ruins — quando os olhos com ironia caem no corpo, atrapalha a pessoa. Também se tem uma criança robusta e outros olham pra ela cobiçando.

— *Existe 1 local apropriado pra benzeção?*

— No meu quarto, porque lá eu tenho o oratório, as imagens de minha proteção.

— *Este oratório que a senhora diz, foi feito especialmente para benzer?*

— Foi. Ele é especial.

— *Como é ele?*

— Ele é de vidro. Tem 6 imagens e 1 quadro, o de S. Benedito.

— *Que imagens tem no oratório?*

— N. Sra. Aparecida, Beata Catarina, imagem de S. Sebastião, imagem de Sta. Teresinha e imagem do Menino Jesus.

— *Estes santos auxiliaram para qualquer tipo de benzeção ou cada 1 ajuda para 1 tipo de caso?*

— Só N. Sra. Aparecida que é padroeira do Brasil, auxilia pra qualquer caso. As outras não. Por exemplo, a Beata Catarina ela tem sido muito boa para mim, na benzeção de bronquite, só de bronquite; S. Sebastião, é para prevenir temporal, mau tempo, chuva forte, tempestade. A gente reza pra ele e ele ajuda. A imagem de Sta. Teresinha é assim, moça que se agarra com ela morre solteira. Ela não é casamenteira. Morre solteira porque, assim dizem, a Sta. Teresinha morreu solteira. A imagem do Menino Jesus, aquela do presépio que eu tenho, é pra proteção de casa. O Menino Jesus da árvore de Natal.

— *Qual é a sua religião?*

— Católica. Vou todos os domingos assistir a missa. E 2ª-feira na missa do cemitério, a missa das *almas.*

— *Quem lhe ensinou a benzer?*

— Foi minha mãe. E graças a Deus têm sido muito válidas as orações que ela me ensinou. Desde que ela me faltou, eu comecei a benzer. Aprendi faz 10 anos. Quando ela me faltou foi há 5 anos, eu comecei a benzer uns e outros. A minha mãe aprendeu com a minha avó, com a mãe dela.

— *A sua mãe explicou de onde vem este poder?*

— Ela passou para mim em vida, porque se ela faltasse, tinha alguém. A 1ª pessoa que benzi foi de Lins. Bronquite. E assim, minha mãe disse: se a pessoa não tem fé, não pode sarar. Assim çomo o médico, eu aprendi. Ora, para 1 médico curar, ele tem que ter fé.

— *Só se o médico tem fé consegue curar?*

— Bronquite nunca vi médico nenhum curar. É assim, vai no médico e todo mês tem que voltar. Comigo não: Se vai uma vez, cura. Mas médico é 1 caso à parte. Tem uns que acreditam e outros não. A maioria não acredita. Ora tem médico que manda doente procurar a benzedeira; por exemplo, a doença do emagrecimento, o mal de simioto, a pessoa vai para o hospital, toma soro e remédios, mas não sara. Se não benzer acaba morrendo.

— *Tem dia especial para benzer?*

— Tem, bronquite é na 6ª-feira (3 em seguida). E também o aguamento, que é quando a mãe tira o leite da criança e ela sente. A criança fica inchada. Também benze 3 6ªs-feiras seguidas.

— *Por que 6ª-feira?*

— Porque em toda parte 6ª-feira é o melhor dia para simpatia. As outras benzeções podem ser feitas nos outros dias.

— *Já apareceu algum caso que você não sabia benzer?*

— Já apareceram pessoas que não acreditavam e eu não quis benzer.

— *Se elas não acreditavam por que vieram cá?*

— Pra saber se eu sabia benzer. Tirar a prova. Curiosidade. A gente não pode fazer o que estas pessoas querem, porque é difícil.

— *E as pessoas que acreditavam, você alguma vez, se negou a benzer por algum motivo?*

— Já apareceu uma moça pra ganhar nenê e pediu pra mim rezar e eu não fiz porque é muito perigoso e pode dar hemorragia e a gente é responsável. A reza é muito forte. Isso é pra médico, eles que entendem.

— *O que compete para o médico e o que compete para a benzedeira?*

— A benzedeira faz aquilo que o médico ainda não conseguiu fazer.

— *Que tipo de pessoas procuram a senhora com mais freqüência?*

— Os pobres, mais. Porque não podem pagar o médico e comprar remédios caros. Tem coisas que 1 chá de casa resolve o problema.

— *Além de benzer a senhora ensina algum remédio?*

— É... alguns chás: chá de poejo, de hortelã, de marcelina, quina, metraste ou S. João. Uma coisa: pra benzeção de bronquite, tanto faz o rico ou o pobre. Os 2 me procuram.

— *Pra que servem os chás de que você falou?*

— Chá de poejo: dor de nenê e crianças. Chá de hortelã: dores e cólicas de intestino. É também calmante. Chá de marcelina: desinteria. Quina: desinteria. Chá de mentraste ou erva-de-são-joão é pra regras de mês. Cozinha 9 pés de erva-de-são-joão, 9 pedacinhos de canela, 9 cravinhos doce e toma quente. Tem que cuidar pra não tomar friagem. Limpa por dentro e acaba a dor.

— *Você espera alguma recompensa?*

— Não só a recompensa de Deus.

— *Algumas vezes querem pagar?*

— Querem, mas eu não aceito nada. Assim, às vezes voltam e dão agradinho pra minha filha.

— *As pessoas normalmente voltam?*

— Só para agradecer. Nunca voltou ninguém por causa de não dar certo.

— *Alguma parente sua também benze?*

— Não, só eu. Tenho duas irmãs, só eu benzo porque minha mãe sempre morou comigo e eu tinha a cabeça melhor de aprender.

— *A senhora 1 dia pretende passar o que sabe pra sua filha?*

— Não, porque ela não tem vontade. Ela estuda e quer ser advogada.

COMENTÁRIO

Como corolário da entrevista à benzedeira, entrevistamos também 19 pessoas representativas de todas as camadas sócio-culturais-econômicas de Bauru. De ambos os sexos. De 19 a 68 anos.

Fundamentalmente, duas eram as perguntas: *"Benzer funciona?"* e *"Você já freqüentou benzedeira?"*

Das 19 pessoas, 15 já foram receber *benzeção*.

Das 4 pessoas que nunca procuraram benzedeiras, 3 acreditavam em seu poder curativo. Só uma preferiu não opinar.

13 pessoas acreditam que *funciona a benzeção*. 5 não acreditam. Só uma, como dissemos, não tinha opnião formada, ou não quis dar...

Dos 5 que disseram não acreditar que a *benzeção* funcione, apenas 4 deram uma resposta convicta, ao menos aparentemente: *"Não acredito. Pertence à Antiguidade"*. As outras respostas foram do tipo: *"Não acredito, mas procurei porque minha mãe..."*; *"não, mas não critico a quem acredita"*. Etc.

Seria interessante ampliar o o inquérito. Temos a impressão, ate nos atreveríamos a dizer que não temos a menor dúvida, de que as 13 pessoas que acreditavam na *benzeção* representam o pensamento, a crença da maioria dos brasileiros.

Notamos que lhes falta substancialmente 1 maior esclarecimento a respeito.

Outros pontos oriundos da pesquisa, discutidos entre nós e contrastados com os entrevistados: curador umbadista e benzedeira católica, são na mente popular, a mesma coisa.

A conotação negativa aplicada ao curandeiro e positiva aplicada a benzedeira, não são diferenciáveis na pratica: o comportamento que provocam é o mesmo. A confiança depositada na benzedeira, a sugestão do altar, das palavras, da fama, etc., levam à mesma alienação, à mesma falta de objetividade que com o curandeiro.

Talvez a benzedeira católica faça menos alardes e propaganda do que os curandeiros espíritas e missionários de *curas divinas*, mas sua figura é tão estável dentro de nossa sociedade que poucos deixam de acreditar que ele cura.

Acreditamos que as benzedeiras sejam honestas e caridosas. Pensam estar prestando uma grande ajuda às pessoas.

No entanto, temos que dizer que não estão. A *cura* por sugestão não é verdadeira cura. Deixando de sentir a dor mas não curando a doença, esta e a dor reaparecerão mais graves, pelo tempo passado sem cuidados.

Abafando os sintomas e não atacando a *causa* do mal, este reaparecerá ou se transformará em outra doença qualquer, mais grave; a causa represada surgirá mais grave ainda.

A confusão, por outro lado, começa pelo próprio nome: *benzedeira* provoca uma associação de idéias com *bênção* admitida e aprovada pela Igreja-católica. Pedem a intercessão de santos. São católicos. Admitem que os feiticeiros espíritas têm poderes para o Mal. Fazem ritos mágicos imitando grosseiramente os sacramentos. Tudo contribui para aumentar o sincretismo religioso. Esse sincretismo e as idéias supersticiosas que o acompanham, são muito prejudiciais para uma mente objetiva, consciente e sadia.

Muitas doenças são de origem psicológica. As curas por sugestão facilitam cada vez mais novas doenças e novas curas num círculo vicioso perigoso.

A posição diante das benzedeiras deve ser de total rejeição consciente esclarecida; objetividade na procura da solução das doenças sem querer passar a responsabilidade a médicos do além, quando são os do aquém os que podem e devem curar.

Reportagem de Jenny Zilda A. Alves, Maria Marta M. Ferraz e Denise dos Santos Rosa.

A TERAPÊUTICA EXÓTICA DOS BENZIMENTOS

EXORCISMOS E SIMPATIAS

Entrevista com Ramatis[*]

"*— Ser-vos-ia possível dizer algo sobre o tradicional benzimento do 'quebranto' das crianças, o qual é levado a sério em muitos lares brasileiros, embora repudiado cono tolice pela ciência acadêmica?*"

Realmente, a maioria das mãezinhas brasileiras confia no sucesso do benzimento contra o chamado *quebranto* e o responsabilizam pela apatia, sonolência, melancolia, inquietação, tristeza e inapetência dos seus rebentos queridos. Trata-se de perturbações morbígenas, que são atribuídas à projeção de fluidos de inveja, ciúme ou despeito lançados pelas pessoas de *mau-olhado*. Aliás, não vos deve ser desconhecido o caso de aves, animais e flores, que se abatem, adoecem e murcham depois que certas criaturas possuidoras de "olhos-ruins", os desejam ou invejam.

Embora a Medicina e os cientistas terrenos considerem o "quebranto" uma velha e tola superstição, o certo é que ele exerce-se disciplinado por leis tão lógicas como as que coordenam o curso e a estabilidade das órbitas eletrônicas no seio dos átomos. Os fluidos etéricos e malfazejos projetados pelas criaturas invejosas, ciumentas ou despeitadas, podem acumular-se no perispírito indefeso das crianças e chicotear-lhes o duplo etérico, perturbando o funcionamento normal dos chacras ou centros de forças etéricas.[**]

---

[*] Espírito de luz na obra *Mediunidade de cura* psicografada por Ercílio Maes.

[**] N. do Médium Ercilio Maes: "*Existe em nossa família 1 caso algo singular nesse gênero comentado por Ramatis: uma de nossas sobrinhas, meninas robusta e atraente, foi vitoriosa num concurso de beleza e robustez infantil, aqui em Curitiba; e, no dia*

O *chacra esplênico*, situado à altura do baço, no duplo etérico, responsável pela vitalização e pureza sanguínea, é o centro etérico que mais sofre e se perturba sob os impactos ofensivos dos maus fluidos, pois reduz a entrada do fluxo prânico,[*] e afetando a saúde da criança, ela perde a euforia de viver, ficando triste e melancólica. Restringindo o tom energético do metabolismo etéreo ou magnético vital, o perispírito também é afetado no seu intercâmbio com a carne na sua defensiva natural. O fenômeno do *quebranto* lembra o que acontece em certas flores tenras e sensíveis, que murcham prematuramente sob as emanações mefíticas dos pântanos. E o benzimento é o processo benfeitor que expurga ou dissolve essa carga fluídica gerada pelo "mau-olhado" sobre a criança, ou mesmo exalada de certas pessoas inconscientes de sua atuação enfermiça sobre os seres e cousas. O benzedor de quebranto também bombardeia e desintegra a massa de fluidos perniciosos estagnada sobre a criança ou seres afatados desse Mal, desimpedindo-lhes a circulação etérica. Embora os sentidos físicos do homem não possam registrar objetivamente o processo terapêutico de eliminação do quebranto, a criança logo se recupera.

— *Há fundamento de que basta benzer a "touca" da criança afetada pelo quebranto, para então produzir-se o mesmo êxito terapêutico, como se ela estivesse presente ao benzimento?*

— Considerando-se que a matéria é energia condensada, é óbvio que todos os objetos e cousas do mundo material emitem ondas *eletromagnéticas* e radiações do seu corpo ou duplo-etérico, de cujo fenômeno originou-se a ciência da Radietesia, ou seja, o estudo e a pesquisa dessas emanações radioativas. Conforme já explicamos anteriormente o radiestesista sensível consegue identificar até as doenças alheias e prescrever a medicação certa, quer o faça pelo exame pessoal, como pela auscultação dum pouco de cabelos, 1 anel, 1 lenço ou mesmo de qualquer objeto de uso pessoal do enfermo.

No caso do benzimento da touca da criança com quebranto, o benzedor potencializa o duplo elétrico da mesma pelo exorcismo fluídico e acelera o seu circuíto magnético para uma ação dispersiva no foco virulento. Atrai as energias fluídicas benfeitoras, concentra-as na touca e depois as dinamiza pela sua vontade e pelo treinamento incomum. Então, quando a touca é colocada na cabeça da criança com quebranto, o potencial vigoroso concentrado pelo benzedor dispersa as forças daninhas, tal qual o reator atômico ativa e acelera as órbitas eletrônicas no seio nuclear dos átomos.

---

seguinte, amanheceu triste, apática e sonolenta. Recusou alimentos, rejeitou brinquedos e guloseimas mostrando-se indiferente aos próprios afagos dos pais. Enfim, uma senhora idosa, nossa vizinha, achou que era "quebranto" de inveja e despeito alheio, pela vitória da menina no concurso infantil. O fato é que ela benzeu a doentinha. Então a tristeza, sonolência e apatia sumiram-se como por encanto".

(*) N. do Médium: *"Fluxo prânico ou prana é a soma total da energia cósmica; as forças vitais do corpo, principalmente as energias recebidas pela função respiratória e através do chacra esplênico. É a palavra sânscrita, que significa sopro, hálito da vida, combinando-se o prana com as próprias energias ocultas do Sol, da Terra e provindas de outras fontes siderais próximas."*

Quando a Ciência terrena aperceber-se da contextura sutilíssima do duplo etérico e da fisiologia dos chacras, cujo corpo imponderável é também fonte do ectoplasma mediúnico, ela então poderá solucionar inúmeras incógnitas na esfera da patologia humana, pois identificará desde o mecanismo oculto da ação hipnótica, o centro mórbido da epilepsia, a base imponderável das premonições e a natureza mais etérica de certos vírus e bacilos desconhecidos, muito afins a certas moléstias de cura dificultosa como o câncer.

— Em certo capítulo desta obra dissestes que o benzimento, a simpatia e o exorcismo também podem curar os doentes sensíveis a essa terapêutica exótica. Podeis explicar-nos melhor esses fenômenos de cura?

— Embora a Medicina acadêmica explique cientificamente todas as vossas moléstias, há certas enfermidades e, em particular as da pele, que realmente são curáveis pelo processo de benzimentos, simpatias, exorcismos ou passes mediúnicos. Nada existe de misterioso nessa técnica terapêutica, pois o seu sucesso deve-se ao fato de o benzedor ou passista projetar sobre o doente o seu magnetismo hiperdinamizado pela sua vontade e vigor espiritual.

Em verdade, desde os tempos imemoriais existiram criaturas que benziam e curavam eczemas, impingens, cobreiros, feridas malignas, manchas, verrugas, cravos e nódulos estranhos que afetam o corpo humano. Outras sabiam eliminar bicheiras, as doenças do pêlo do animal e também o "quebranto" produzido pelas pessoas de "mau-olhado", cujos fluidos ruins afetavam as crianças, os vegetais e as aves.

— Mas os cientistas terrenos acham que tudo isso são lendas ou superstições tolas. Que dizeis?

— No século atual, realmente, esse êxito terapêutico é bem mais reduzido porque o homem moderno, além de sua descrença habitual ou do seu vaidoso cientificismo do século atômico, *fecha-se* de modo negativo à ação benfeitora dos fluidos e das energias que lhe são projetadas no processo oculto de benzimento, exorcismo ou simpatia.

O indivíduo demasiadamente racionalista é escravo de sua personalidade e vaidoso do seu intelecto. Deste modo, ele torna-se impermeável à terapêutica dos benzimentos, cujo processo esotérico é sensibilíssimo e exige muita receptividade magnética. Aliás, a atitude de *fé* ou de *humildade* favorece certas criaturas para o êxito dos tratamentos magnéticos ou homeopáticos, pois amplia ou aumenta a sua receptividade ou absorção do fluxo das energias curativas que lhe são transmitidas no tratamento.

Mas acontece que os enfermos, em geral, só procuram os benzedores quando já se encontram completamente desiludidos da farmacologia e da Medicina do mundo. Só recorrem a essa terapêutica depois de saturados de injeções, pomadas, sulfas, antibióticos e drogas alopáticas, algumas das quais são ofensivas à própria natureza psíquica do homem. Então, já minados por remédios violentos que provocam novas intoxicações, tornam-se refratários ao processo delicado do tratamento fluídico. E assim, por exemplo, 1 eczema que é de natureza mórbida "mais fluídica" ou psíquica, também se torna mais resistente aos benzimentos, porque a sua erupção foi agravada pelas medicações agressivas ou irritantes.

Sem dúvida, devemos louvar a Medicina-moderna pelo seu esforço na solução das afecções cutâneas e, também, pela tarefa profilática contra os tratamentos perigosos, anti-higiênicos e supersticiosos, próprios dos curandeiros ignorantes ou farsantes, que negociam com a dor humana.

No entanto, como os eczemas ou os cobreiros têm sua causa principal nos maus fluidos psíquicos produzidos pelo próprio enfermo, em geral, são incuráveis pelos métodos tradicionais da medicina acadêmica. Malgrado a crítica dos médicos contra o empirismo terapêutico dos benzedores ou passistas, essas infecções cedem e desaparecem sob a terapia dos benzimentos, passes ou exorcismos porque o magnetismo vivificante dispersa os fluidos ruinosos concentrados na parte afetada.

— *Como poderíamos entender melhor essa causa fluídica de certos eczemas ou cobreiros que resistem à terapêutica médica, mas são curáveis pelo benzimento ou simpatia?*

— O eczema é a velha afecção cutânea conhecida dos povos antigos como o *fervor do sangue*; uma erupção não contagiosa, que se manifesta sob diversos aspectos conhecidos da Medicina, tais como eczema vesiculoso, eritematoso, postuloso, nodoso ou de fendas. No próprio significado *fervor do sangue*, isto é, *algo* nocivo e oculto no interior do homem, esses povos primitivos já ventilavam a suspeita de que a melhoria ou o agravo dos eczemas dependeria também dos estados emotivos ou mentais dos próprios enfermos.

Realmente, embora a Medicina-acadêmica desconheça o fenômeno, as afecções da pele como o eczema, o cobreiro ou a impingem, são fortemente agravadas pelos fluidos danosos que o doente mobiliza durante os seus momentos de cólera, injúria, irascibilidade, violência mental e emotiva.

Quando tais fluidos transbordam do perispírito em *descenso* para a carne, e os rins, o fígado ou os intestinos recusam-se a filtrá-los mediante o processo emunctório natural, então o corpo humano expele-os através da pele, com o auxílio da ação catalisadora do Sol e da própria atração gravitacional da Terra.

Assim, o eczema, o cobreiro e a impingem agravam-se na sua área de erupção de acordo com o volume das toxinas psíquicas que *baixam* do perispírito e depois servem de alimento aos vírus atraídos ao local infeccionado. Trata-se de enfermidades que melhoram e mesmo se curam pelo processo magnético dos benzimentos e exorcismos, desde que elas sejam cuidadas antes de lhes serem aplicadas substâncias tópicas ou medicações, que, além de irritá-las, podem provocar cicatrizações prematuras. O simples fechamento ou obstrução do *canal de escape* do fluido mórbido, não significa a cura positiva da moléstia cutânea.

— *Conforme já termos comprovado, certas afecções da pele como o cobreiro, alguns eczemas e impingens, podem resultar da picada ou do contacto de alguns reptis, insetos ou "bichos de arvoredos", que depois causam erupções infecciosas. Porventura, isso não elimina a hipótese duma causa fluídica ou de toxinas psíquicas que baixam do perispírito?*

— Realmente, inúmeros insetos, reptis e bichos de arvoredos podem provocar infecções eczemáticas ou cobreiros pela sua picada e contacto virulentos, mas a ação e coesão do seu veneno material resulta da mesma essência fluídica do *éter físico*[(*)], quando, em sua intimidade, fica intoxicado pelo homem nos seus momentos de cólera, injúria ou irascibilidade. Aliás, algumas afecções cutâneas e de início inofensivas, também podem transformar-se em certos tipos de eczemas ou cobreiros depois de tratamentos muito corrosivos, ou mesmo por força das condições patogênicas do próprio organismo humano.

Repetimos, que, tanto no caso da picada ou do contágio de insetos e reptis venenosos, ou de certas afecções cutâneas provindas diretamente da intimidade do corpo carnal, há sempre uma *base fluídica* mórbida semelhante àquela que também produz os tóxicos psíquicos vertidos pela mente humana. No 1º caso, essa base fluídica associa as moléculas da coesão físio-química do veneno material; no segundo, sustenta e liga o tóxico psíquico que, ao desagregar-se do perispírito em sua descida para a carne, termina agravando as enfermidades cutâneas.

Sendo o próprio eter físico emanado da Terra, 1 receptor de emanações materiais ou psíquicas, é óbvio que as erupções eczemáticas ainda mais se exacerbam quando são bombardeadas pelos dardos mentais deletérios produzidos pelo enfermo irascível e violento. Assim como existem certas doenças específicas, que se agravam pelo tipo de fluidos daninhos baixados do perispírito depois dum ataque de ciúme, enquanto outras pioram apenas pelo morbo psíquico resultante da inveja, do ódio ou da perversidade, os eczemas, cobreiros e quase todos os processos enfermiços da pele, se irritam ou agravam sob os impactos violentos da cólera! Em sentido oposto, tais enfermidades também regridem, melhoram ou curam-se durante os estados espirituais tranqüilos e otimistas dos pacientes, assim como cedem sob o processo magnético dos benzimentos e passes, que lhe atacam diretamente a base fluídica da sua coesão tóxica e da formação "endógena", virulenta.

— *O que poderíamos entender por essa formação "endógena" virulenta do eczema?*

— Enquanto a picada e o contágio dos bichos venenosos causam infecções *exógenas*, ou seja, que se manifestam de *fora para dentro* e imediatamente visíveis e sensíveis na pele, as erupções *endógenas* são as

---

(*) N. do Revisor: O "éter físico", muito conhecido dos rosacruzes por Éter da Vida, é tão importante como o fundamento das relações do mundo oculto com a matéria e como o Éter Químico, o Éter da Vida tem seus pólos positivo e negativo.

que resultam de *dentro para fora*, ou seja, da intimidade do corpo físico para a sua epiderme. Estas demoram mais algum tempo no seu curso mórbido invisível antes de atingirem a pele, pois na sua descida do perispírito para a carne, elas incorporam pouco a pouco os fluidos danosos causados pela cólera, pelo ódio, vingança e outras emoções deprimentes, produzindo maior ou menor virulência psíquica. Esse tóxico nocivo e imponderável, conhecido no Espaço como o *fluido rancoroso*, desce ou baixa diretamente do perispírito para o sangue, alastrando-se na pele porque a sua circulação é mais delicada ou vulnerável.

Nos dias de intensa irritação mental de certos enfermos eczemáticos e descontrolados, aumentam os edemas colaterais e as crostas ou escamas dos eczemas aumentam a exsudação da serosidade infecciosa. Daí, a sabedoria do povo antigo em denominar o eczema de *fervor do sangue*, pois sendo moléstia que se alastra e se exarceba sob as emoções violentas do espírito, a sua "ebulição" resulta duma espécie de "fervura" mental e emotiva do próprio doente.

Sob a Lei Sideral que impõe ao *espírito* encarnado a luta de expurgar os seus venenos psíquicos através da sua própria carne e sofrer-lhe os efeitos danosos, então, a pele é, justamente, o *dreno* de escoamento dos fluidos tóxicos que se vão desprendendo da vestimenta perispiritual.

As infecções eczemáticas, cuja origem mórbida é de natureza psíquica, resistem às pomadas, à medicação tópica ou injetável da Medicina comum; e só regridem e desaparecem sob a terapêutica dos benzimentos ou passes porque estes processos, sendo de natureza psico magnética, atacam a causa.

— *Tratando-se dum fenômeno complexo, poderíeis esclarecer-nos mais 1 pouco a respeito dessa "virulência psíquica" que alastra os eczemas e os cobreiros e que resulta da associação físio-química do veneno material dos bichos, ou da "exploração" do tóxico mental que o próprio homem emite em seus estados de rancor?*

— Quando as aranhas, os reptis e os insetos agressivos põem-se em guarda, para desferir o ataque ou para defesa, eles *eriçam-se*, pondo em ebulição o éter *físico* do veneno que irão expelir ou injetar no *inimigo*.

O éter *físico* é 1 fluido de teor neutro; porém, devido à sua especificidade absorvente, repercutem e imprimem-se nele as vibrações dos fenômenos, tanto os da vida física como da espiritual. Flui da intimidade do orbe através de todos os seus reinos; interpenetra e molda-se na forma dos minerais, dos vegetais, dos animais e do homem, compondo o *duplo-etérico* de todas as coisas e de todos os seres do mundo físico. O dito éter é hipersensível, plástico e facilmente influenciável pela mente do homem, na projeção de seus fluidos psíquicos. Combina-se, pois, às energias do meio físico ou do mundo oculto e às próprias *exalações* magnéticas dos corpos siderais e dos astros mais próximos. É, portanto, energia sutilíssima, que também se *eriça* pela violência mental e emotiva do homem, à guisa do que fazem os insetos, os reptis e os bichos ante a perspectiva dum ataque ou defesa, quando então excitam e dinamizam o seu veneno. Em sentido oposto, as erupções ou eczemas, nas pessoas calmas e de bom comportamento espiritual, reduzem-se facilmente sob 1 tratamento adequado porque elas não se *eriçam* ou encrespam ante as situações que, em outros, produzem a cólera e impulsos de injúria ou violência.

A grande diferença desse *eriçamento* é que, enquanto os bichos venenosos depois de mobilizarem o seu veneno material, eles o expurgam para fora através da picada, o homem, sujeitado à lei sideral que lhe deu a razão, tem de reter em si mesmo o substrato tóxico produzido pelas suas emoções malignas. A verdade é que o veneno-líquido produzido por certos reptis ou bichos venenosos, facilmente identificável nos laboratórios, possui a mesma essência fluídica que compõe o tóxico psíquico mobilizado pela mente do homem violento e irascível.

Os médiuns de clarividência positiva[*] podem certificar que, em torno dos eczemas graves, na zona que lhe corresponde, no perispírito, processa-se uma aglomeração ou aura fluídica, algo parecida a uma grande ameba em crescimento, configurada por uma espécie de vapor de água, denso, sujo, de aspecto pegajoso, que se move, aderido às bordas da infecção. Os seus movimentos, por vezes, são lentos e doutra feita, agressivos, em incessante aderência ao tecido muito delicado do perispírito, o qual, sob essa carga incômoda e ofensiva, procura descarregá-la para a carne através do duplo elétrico.

Em seguida a esse expurgo defensivo, os venenos do perispírito acumulam-se na região mais vulnerável da pele, em torno de alguma afecção incipiente como sejam as muito comuns no couro cabeludo, que é mais propício a infecções eczemáticas. Depois, a Medicina as classifica, em sua terminologia acadêmica, de eczema pustuloso, esfoliativo, nodoso ou eritematoso.

Aliás, em ambos os casos, esses eczemas provindos da intimidade psíquica do homem ou da agressão de bichos venenosos, os seus efeitos patogênitos, na pele, são semelhantes. Variam apenas quanto à natureza do agente mórbido; no 1º caso, a infecção eczemática é oriunda de picadas e contágios venenosos; no segundo, é o próprio psiquismo do homem que a alimenta através do processo sideral de expurgo do perispírito. Nessa descida de toxinas virulentas, o duplo elétrico é o elemento mais responsável por tais afecções, porque ele, ao receber a carga mórbida, reage, no sentido de libertar-se da mesma; e então, descarrega-a sobre a pele.[**]

(*) N. do Médium: Ramatis considera *clarividente positivo* aquele que desenvolve sua faculdade psíquica através de estudos e experimentos esotéricos, conjugados à alimentação vegetariana, domínio das emoções e elevação espiritual; e, *vidente passivo*, o médium que possui a faculdade inata, mas não a domina conscientemente. No 1º caso, o clarividente vê aquilo que realmente existe e acontece no mundo oculto; no segundo, o médium só vê aquilo que o seu *guia* quer que ele veja, ou o que queiram certas *entidades*-maléficas. Em nossos trabalhos mediúnicos, enquanto uma vidente se fascinara pela indumentária dum hindu que lhe aparecia sorridente, mas intrigava os componentes, o clarividente identificou 1 astucioso faquir nessa aparência atraente, porém, de péssima qualidade espiritual.

(**) N. do Revisor: O assunto ainda é complexo e criticável pelos profanos, pois exige 1 conhecimento mais amplo e profundo da ação, estrutura e função do éter *físico*, o

— *Podeis explicar-nos como o processo de benzer alivia e cura eczemas, cobreiros ou demais afecções do gênero?*

— Deus serve-se das criaturas humildes e benfeitoras para, através da terapêutica exótica do benzimento, do exorcismo, do passe ou da simpatia, auxiliar os encarnados a expurgar de sua intimidade os miasmas e as toxinas perispirituais geradas pelo pecado. Os benzedores ou passistas desempenham a função de verdadeiros desintegradores vivos, cujas mãos, em ritmo e movimentos adequados, projetam a energia terapêutica sobre os núcleos dos átomos etéreo-astralinos, destruindo a virulência do atomismo físico.

O homem, em verdade, é uma usina viva que pode exercer função terapêutica em si mesmo ou no próximo, conforme as expressões da sua própria vontade, conhecimento e treino. Então, ele produz estados vibratórios semelhantes às ondulações dos modernos aparelhos de radioterapia ou eletroterapia da vossa ciência médica, que projetam raios de ultra-som, infra-vermelho ou ultravioleta. A mente ajusta e controla e comprimento de ondas, enquanto o coração age como fonte de energia curadora, cujo potencial é tão intenso quanto seja o grau amoroso e a pureza espiritual do seu doador.

Assim, a aura fluídica do eczema, do cobreiro, da impingem ou do quebranto, desintegra-se sob o bombardeio da carga viva do magnetismo hiperdinamizado pelo passista ou benzedor. E os fluidos nocivos da infecção, desintegrando-se, retornam à fonte do astral inferior. No entanto, mesmo depois de curado pelo benzimento ou pelos passes, o paciente só evitará as recidivas, caso também serene a sua mente e adoce o coração endurecido.

Quando os passistas, benzedores ou médiuns são criaturas abnegadas e desprendidas de quaisquer interesses mercenários, eles têm a assistência dos bons *espíritos*, que os ajustam a obter êxito na sua tarefa socorrista aos enfermos do corpo e *d'alma*.

— *Mas os médicos alegam que, em face do progresso admirável da Dermatologia moderna, eles podem curar todas as enfermidades da pele sem precisar das praticas ridículas ou tolas dos benzimentos, passes mediúnicos ou exorcismos. Que dizeis?*

— Não opomos dúvida quanto ao êxito do tratamento moderno e benfeitor das *dermatoses*, quer por via injetável, uso de pomadas, pós secativos ou medicações alopáticas aplicadas no local da pele ofendida. Porém, assim mesmo, os tóxicos psíquicos emitidos pelo homem de temperamento irascível ou colérico, depois de aderidos ao perispírito, transbordam pela carne produzindo moléstias e infecções cutâneas indese-jáveis. E quando esses vírus ficam impedidos de ser drenados por 1 determinado eczema ou cobreiro, então, eles convergem para outra região orgânica mais debilitada, onde passam subsistir e proliferar.

---

qual, no momento, é mais conhecido dos esoteristas, teosofistas, rosacruzes e iogues, e pouco investigado pela maioria dos espíritas ortodoxos. Já existem obras espíritas abordando o tema do *duplo-etérico*, dos chacras ou do éter físico, mas é assunto que passa quase despercebido, por tratar-se de ensinamentos de outras escolas espiritualistas.

A *cura* de obstrução, que a Medicina efetua de *fora para dentro*, pela cicatrização artificial ou prematura dessa válvula de escape aberta na pele, não assegura a cura verdadeira ou definitiva, pois o estancamento rápido do foco infeccioso não consegue extinguir o tóxico psíquico deletério, que prossegue, em efervescência, no mundo oculto da própria *alma*, para, depois, surgir *travestido* noutra moléstia equivalente à infecção primitiva, a qual apenas foi deslocada para outra zona do corpo.[*]

Então, em semelhante emergência, o doente busca novamente o médico para tratar-se duma outra doença imprevista, ignorando que ainda sofre os efeitos do mesmo tóxico fluídico que ficou represado pelas pomadas e remédios cicatrizantes, mas não extinto.

— *Mas não lhe parece que a nossa Medicina tem curado satisfatoriamente diversas moléstias da pele?*

— Certamente, pois a Medicina é uma instituição sacerdotal protegida pelo Alto, a fim de que os médicos, — os sacerdotes da saúde — proporcionem ao homem, pelo menos, as condições mínimas de vida capaz de permitir-lhe manter-se equilibrado no ambiente terrícola onde se encontra.

— *Por que alguns benzedores usam o galho da pimenteira brava, no ato de efetuar os benzimentos de cobreiros e eczemas?*

— Apesar de a Medicina-oficial ironizar o empirismo do benzedor ou do curandeiro, em sua terapêutica exótica, esta chicoteia e desintegra os

---

(*) N. do Médium: Corroborando os dizeres de Ramatis, certa vez atendemos em nossas tarefas mediúnicas uma senhora portadora de vultosa inchação generalizada por todo o corpo; suas pernas eram arroxeadas com a pele tensa e retesada; a face embrutecida, pálida e úmida; o coração dilatado, em movimentos dificultosos, correspondendo à diagnose médica de *coração de boi*. A respiração arfante e os lábios azulados, denunciavam profunda intoxicação sanguínea. O nosso *guia* receitou-lhe certa medicação homeopática de baixa dinamização, que fez regredir, de modo surpreendente, a inchação; mas, de modo inexplicável, na perna direita da enferma abriu-se 1 eczema que se reduzia ou se alastrava na sua área morbígena. Enfim, soubemos que 2 anos antes, ela se livrara dum eczema cicatrizado à custa de pomadas e substâncias tópicas; mas, por estranha coincidência, a sua enfermidade *cárdio-hepato-renal* também sugira de conformidade com o desaparecimento gradual do eczema. Submetemo-la a novo tratamento homeopático sob a indicação do nosso *guia*, porém, a doente, ora apresentava melhoras satisfatórias, ora, de súbito, piorava outra vez. Em resposta às suas queixas constantes, psicografamos, do nosso *guia*, a seguinte advertência: "*A irmã F. é* **espírito** *dum amor próprio excessivo; ofende-se por qualquer bagatela, é impaciente, irascível e coleciona ingratidões alheias refugiando-se habitualmente num mutismo enfermiço*". No seu organismo, como válvula de escape para dar saída a esses fluidos deletérios desagregados da vestimenta perispiritual, abriu-se 1 eczema virulento. E então, o veneno acumulado no perispírito difundiu-se pelo corpo físico, atacando o coração, o fígado e os rins; e como produto dessa nova infecção generalizada, a diagnose médica constatou insuficiência cárdio-hepato-renal. Submetendo, então, a enferma a 1 tratamento específico, homeopático, de ação equilibrante, surgiu o *canal drenador* dos venenos psíquicos alojados no seu perispírito, constituído por 1 novo eczema. Porém, como a paciente não modificou o seu temperamento, o dito eczema permanece sob alternativas de melhorar ou piorar consoante as suas emoções de calma ou de nervosismo.

fluidos virulentos que alimentam os vírus de certas infecções da pele. Inúmeras pessoas podem comprovar-vos que lograram a cura de eczemas e cobreiros renitentes, mediante o processo de benzimento, da simpatia ou do exorcismo.

Aliás, o eczema, o cobreiro e certas infecções características da epiderme, que se alastram de forma eruptiva, também queimam como brasas ou fogo. Assim, consoante a lei de que os *semelhantes atraem os semelhantes*, os benzedores usam o galho verde da pimenteira brava ou de outros vegetais cáusticos, para efetuarem sua tarefa benfeitora. Sob a vontade treinada desses curandeiros, a aura etérica dos vegetais tóxicos e queimantes como a pimenteira brava, chicoteia como violência o fluido mórbido e ardente, que sustenta o eczema ou cobreiro desintegrando-o pelos seus impactos magnéticos.

É óbvio que, depois de extinto o terreno mórbido fluídico, que alimenta os germes infecciosos, estes desaparecem por falta de nutrição apropriada. Aliás, é tradição dos benzedores mandarem os pacientes enterrar o galho da pimenteira que eles usaram nos benzimentos, assegurando que o cobreiro ou o eczema desaparecerá assim que o dito galho *secar*. Embora essa providência pareça ridícula ou fruto de qualquer superstição tola, trata-se dum processo eficiente de Magia oculta, em que a contraparte etérica[*] do galho da pimenteira usado no benzimento, ainda continua ligada à aura etérica do eczema ou cobreiro, arremessando-lhes fluidos dispersivos que atacam a sua base morbígena. O galho da pimenteira brava, à semelhança dum *fio-terra*, depois do benzimento, ele continua a precipitar para a intimidade do solo terráqueo os fluidos tóxicos que alimentam esse tipo de doença eruptiva.

— *Podeis dar-nos algum exemplo a respeito da predisposição ou imunização do homem quanto aos fenômenos ocultos, responsáveis pelas infecções eczemáticas e que conforme dizeis, a sua causa reside na matriz ou duplo etérico do paciente?*

— Efetivamente, há criaturas que são propensas às infecções da pele; enquanto outras são refratárias às mesmas. E algumas, — embora sejam casos raros, — são quase imunes a todo gênero de tais infecções, mesmo até às que resultam de picadas de bichos, insetos ou reptis venenosos. A disparidade do fenômeno, em seus efeitos, tem sua causa ou origem no padrão psíquico das criaturas. Em tais condições, as pessoas muito coléricas, irascíveis, de

---

(*) N. do Revisor: Da obra *O Duplo Etérico* de Powell, página 13, edição da Editora Teosófica Adyar de S. Paulo, extraímos o seguinte trecho bem significativo às considerações de Ramatis: *"Convém lembrar que a matéria etérica, embora visível à vista ordinária, é, entretanto, puramente física; daí ser afetada pelo frio e pelo calor, bem como pelos ácidos fortes. Os amputados queixam-se, às vezes, de dores nas extremidades dos membros cortados, isto é, no lugar que estes ocupavam. A razão disto é que a contraparte etérica do membro amputado não foi retirada com a parte física densa (carnal); o clarividente observa que a parte etérica continua visível e sempre no mesmo lugar; por isto, estímulos apropriados à consciência".*

temperamento exaltado, que vivem sobrecarregadas de fluidos agressivos produzidos pelos seus estados emotivos e violentos, são mais predispostas à infecção dos venenos injetados pelos insetos e reptis; e também ao contágio das moléstias, cujos vírus se afinizam com o tipo de toxinas psíquicas de maior carga residual no seu corpo. No entanto, os homens pacíficos, mansos de coração, humildes e resignados, refratários às emoções da violência ou da injúria, são naturalmente mais reguardados ou imunes às afecções cutâneas de caráter rebelde.

Aliás, a respeito da predisposição às infecções da pele, há 1 fenômeno (no setor vegetal), de efeitos alérgicos singulares. É o seguinte: — Existe uma árvore conhecida pelo nome de "pau-de-bugre",(*) a qual, devido às irradiações magnéticas, deletéricas e inflamáveis emanadas do seu "éter físico", causa afecções edemáticas em certas criaturas quando passam debaixo da mesma. A infecção que ela produz tem sido confundida com o "edema-de-Quink", doença resultante da ingestão de amendoim, pinhão, chocolate e outros afrodisíacos ofensivos às pessoas alérgicas. Mas a terapêutica de dessensibilização muito usada pelos médicos, no caso do "edema-de-Quink", principalmente à base de gluconato de cálcio injetável, é de completo insucesso para solucionar a alergia provocada pelo estranho vegetal "pau de bugre", em que a pessoa contamina-se ao passar sob sua aura magnética, embora sem tocá-lo.

No Brasil, país tão vasto e sem assistência médica nas zonas mais afastadas, o benzimento da *preta-velha* ou do *caboclo* experiente, ainda é a Medicina mais eficaz para eliminar o surto infeccioso do *pau-de-bugre*. O contágio mórbido processado pela ação do éter físico exalado do orbe através desse vegetal, combinado com outras energias do próprio arvoredo, produz-se na forma dum chicoteamento sobre a aura das criaturas e na

---

(*) N. do Médium: A árvore *pau-de-bugre* é muito conhecida no sul do Brasil e, principalmente no Paraná. Em Curitiba, há 35 anos, mais ou menos, a Prefeitura plantara 1 *pau-de-bugre* na Rua Iguaçu, confundindo-o com outro vegetal de arborização pública. Lembramo-nos de inúmeras pessoas que foram infetadas pelo mesmo, até que o derrubaram evitando novos casos de alergia. Em nossa família já vimos parentes adoecerem pelo simples toque num fragmento dessa árvore virulenta. Conhecemos, também, casos surpreendentes de pessoas que são atacadas de alergia do *pau-de-bugre*, apenas ouvindo outros referirem-se a esse arvoredo tóxico, da mesma forma como certos *sujeitos* entram logo em hipnose, só em ouvirem o nome do objeto, da coisa ou palavra, isto é, do "signo-sinal" ou *chave*, que foi fixado pelo hipnotizador durante o transe hipnótico. Aliás, no Rio Grande do Sul o *pau-de-bugre* é mais conhecido por *aroeira-brava*, cuja infusão é boa para curar úlceras, tal qual o chá de urtiga queimante serve para algumas moléstias da pele. O pitoresco da *aroeira-brava* da terra gaúcha, é que as pessoas antigamente alérgicas deixam de ser infeccionadas novamente, caso tornem a passar debaixo do arvoredo e o *cumprimentem* como expressões contrárias ou seja: — se é dia, dirão *boa noite*! e se for noite, dirão *bom dia*! E o caso ultrapassa a idéia de sugestão ou superstição, pois nós conhecemos pessoalmente criaturas que se imunizaram definitivamente contra o *pau-de-bugre* do Paraná, usando tal "cumprimento ou simpatia" adotado pelos gaúchos.

intimidade do seu *duplo-etérico*, resultando em alterações posteriores no metabolismo dos sistemas endocrino, linfático e sanguíneo.

— *Pelo que nos explicais a respeito da ação molesta produzida pela irradiação magnética do "pau-de-bugre", deduzimos que as criaturas pacíficas e de nobres sentimentos, no caso de passarem sob a copa dessa árvore, elas estão naturalmente resguardadas ou livres de sofrerem o impacto dos seus fluidos maléficos. Que nos dizeis?*

— Realmente, 2 irmãos gêmeos transitando sob a aura do arvoredo "pau-de-bugre" podem apresentar resistência biológica e magnética diferentes, entre si, pois o tóxico dos fluidos ruinosos dessa árvore agressiva só ofende e contagia as pessoas de certa vulnerabilidade no seu *duplo-etérico*, ou na fisiologia dos *chacras*. Embora o estudo de *Toxicologia Transcendental* seja assunto corriqueiro aqui no Espaço, não podemos alongar-nos em minúcias sobre o assunto dos arvoredos virulentos, em que destacamos o *"pau-de-bugre"*. Cumpre-nos apenas esclarecer que não se trata duma infecção essencialmente física, mas duma ação fluídica hostilizante, capaz de repercutir no equilíbrio da fisiologia humana.

Durante o contacto etéreo-físico do homem com os fluidos exalados do *pau-de-bugre*, processa-se violento choque no eletronismo vital do seu sangue; é algo semelhante a 1 chicoteamento magnético ou elétrico de natureza violenta e agressiva. Sob esse impacto fluídico contundente, então o sangue do homem perde o seu tom peculiar e se altera em sua especificidade físico-química, resultando a adematose, ou uma inchação provocada pelo infiltramento do soro albuminoso nos tecidos orgânicos.

Infelizmente, devido à sua sistemática obstinação ou ignorância, o homem terreno ainda é o principal culpado de sofrer certas hostilidades do reino mineral ou vegetal, pois ele subestima demais a ação poderosa das forças ocultas, que constituem a base da vida do orbe e da própria contextura da carne humana. Quando o médico, no futuro, conhecer essas realidades íntimas na vida, ele compreenderá que, tanto a saúde como a enfermidade do homem são estados em equivalênca com as boas ou más atitudes e expressões morais do próprio *espírito*.

Atualmente, a cura das enfermidades do corpo físico exige o estudo de complexos tratados de fisiologia e patologia, mas aproxima-se a época em que a ciência médica fixará como base fundamental da sua terapêutica, a saúde moral do *espírito* ou *alma*. Então, a técnica mais eficiente, que orientará os médicos, para curarem seus doentes, será a das fórmulas ou "receitas" contidas no sublime compêndio que se chama o *"Evangelho de Jesus"!*

Malgrado a censura dos cientistas terrenos aos nossos dizeres, cada homem apresenta reações e defesas psicofísicas, em particular, que variam até de conformidade com o período do seu nascimento. Durante os meses em que o corpo físico gera-se na matriz feminina, ele também incorpora em si o éter físico exalado do próprio orbe terreno, o qual é indispensável para o *espírito* formar o seu duplo etérico e assim ligar o seu perispírito à carne. A dosagem de fluidos magnéticos emanados dos demais corpos siderais e astros próximos atuando durante a fase da gestação do ser, também influi seriamente na constituição definitiva do corpo etérico. Deste modo, depois de nascer, cada homem apresenta tendências ou impulsos etéricos peculiares, ou reações que o fazem resistir ou debilitar-se sob a atuação das forças ocultas, que ativaram-se em permanente transfusão pelo reino mineral, vegetal ou animal.

OBSERVAÇÃO

As benzeduras geralmente são feitas com ramos de plantas, pinhão roxo, vassourinha, manjericão ou arruda, plantas consideradas mágicas e usando formas de cruz sobre as partes afetadas.

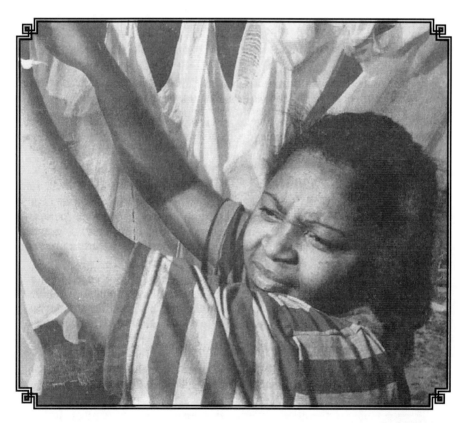

Benzedeira
Antonia Medeiros (Acre)

PARA AFASTAR

Espíritos do Mal

Com 1 ramo de arruda bento, faça o sinal-da-cruz por todo o corpo da pessoa doente, e diga:

"Espíritos **do Mal, abandonem este corpo que de nada vos poderá servir.**

Se por acaso a fonte de seu mal estiver numa demanda ou trabalho-feito, fazei que este se volte a quem o mandou".

NB: rodeie a pessoa com 7 velas brancas e quando terminar a oração, derrame em sua cabeça 1 pouco de água benta e mel.

Insetos e Animais Nocivos de sua Casa

Para impedir que bichos repugnantes como baratas, escorpiões, lacraias, cobras, aranhas etc. vivam ou entrem em sua casa, oferecendo 1 grande perigo para a saúde de sua família, siga a sabedoria da natureza usando 1 bom defumador.

Raspe 1 chifre de boi (certifique-se de que seja de boi capado e não de touro). Ao cair da tarde, queime a raspa obtida num defumador de barro e circule com ele por toda a casa, dizendo as seguintes palavras, ininterruptamente, durante todo o tempo em que durar a defumação:

"Valei-me Senhor S. Bento, dos bichos maus e peçonhentos."

NB: feito isto, nenhum bichinho se atreverá a entrar em sua casa.

Gente que nos Prejudica

Pedimos à pessoa que com sua própria mão escreva num papel branco, 7 vezes, o nome da pessoa que está lhe fazendo mal e prejudicando sua vida. Pegamos o papel e dobramos de forma que as letras do nome da pessoa fiquem visíveis, do lado de fora da dobradura. Então preparamos a benzedura.

Num recipiente deitamos 2 dedos de vinagre tinto e completamos até a boca com água. Enquanto fazemos a mistura iremos dizendo:

"Assim como Jesus Cristo Crucificado pediu água e lhe deram vinagre, ele se enjoou e afastou o cálice de sua boca. Assim como *F...* **há de se afastar com o cálice".**

NB: então fazemos o sinal-da-cruz sobre o cálice e o guardamos no congelador da geladeira durante 21 dias.

AGONIZANTES

Na última hora da vida, é importante que aquele que se despede para se afastar para o mundo dos mortos seja assistido com muito cuidado. Já não se trata duma cura nem duma melhora, mas duma preparação para enfrentar uma nova dimensão.

Para que a pessoa agonizante tenha luz quando ultrapasse o umbral definitivo, temos a benzedura de Sto. Abel. Essa benzedura é feita com óleo de oliva, morno, num pires, no qual se unta o polegar e se faz o sinal-da-cruz na testa do agonizante. Enquanto se faz isso, vai-se dizendo:

"O caminho da luz é o caminho do céu. Por isso arde a lâmpada de Sto. Abel, mostrando para *F...* o rumo da eterna morada. Isso seja em nome da Santíssima Trindade."

NB: em seguida rezam-se 1 salve-rainha e 1 creio-em-Deus-pai.

ÁGUA

Esta benzedura poderá ser feita por qualquer pessoa bem-intencionada. Basta ter a água num copo ou garrafa branca bem limpa, rezar em 1º lugar, 1 pai-nosso e, depois, colocando as mãos em cima, fazer a seguinte prece com o pensamento elevado a Deus:

"Pelo poder de Deus, pelo poder de Jesus Cristo, pelo poder do Divino Espírito-santo, pelo poder dos mensageiros do Senhor, pelo poder da Virgem Maria, N. Sra. da Guia e pela oração que com fé a vós dirijo, espero e confio na divina misericórdia infinita para que esta água se transforme em medicamento para este doente, que é 1 crente. Peço com força e fé porque para Deus, nosso Pai, nada é impossível. Assim Seja."

COM ÁGUA BENTA CONTRA MEDOS E AGONIAS

"Como Sta. Teresa tomou da água benta e dela se serviu, quero benta essa água que também me servirá.

Esta água de Deus espantará os demônios, porque toda água é bendita e todo demônio a teme.

Por esta água, Senhor, que beberei, me livrarei das culpas e pecados, dos medos e das agonias, das doenças e do mau-olhado. Por isso eu faço o santo sinal-da-cruz sobre a água limpa, que limpará meus males. Por isso faço o santo sinal-da-cruz, que dará a esta água o poder de curar qualquer doença."

Beber 1 gole ou dar a beber.

"Como Sta. Teresa tomou da água benta e dela se serviu, esta água também me servirá."

AMIGDALITE

Para fazer esta benzedura você precisa ter uma fita azul que tenha sido benta na igreja. E também dum búzio de qualquer tamanho. Prepare 1 pouco de azeite morno e 1 pires e aplique-o, onde dói a garganta do doente. Então diga:

"**Juntaram-se todos os Santos: S. Brás, Sto. Albano, S. Cosme e S. Edeltrudes.**

Juntaram-se todos para sarar a garganta de F...."

NB: em seguida, passe a fita azul na garganta do doente e prenda o búzio entre a fita e a pele. Depois duma hora mais ou menos tire-o e jogue-o fora, no mato.

AMULETOS, TALISMÃS OU PATUÁS

Logo depois de preparado ou comprado o amuleto, o melhor amigo ou amiga da pessoa que vai usá-lo deve segurar o objeto na palma da mão direita e rezar:

"**Nossa ajuda está no nome do Senhor, que criou o Céu e a Terra. Senhor, escutai minha prece e que meu clamor chegue até vós. Que o Senhor seja convosco e com o vosso *espírito*. Deus, a cuja luz são santificados todos nossos atos, nossos mínimos pensamentos, dignai-vos, por vós suplicamos, derramar vossa bênção sobre este** (diz-se o objeto, se é talismã, amuleto ou patuá e do que é feito, que característica tem) **e fazei que** F... **que vai usá-lo com recolhimento, de acordo com vossa** vontade e vossa lei, obtenha de vós, que sois o único que podeis consentir pela vossa bondade e pela invocação de vosso santíssmo nome, a saúde do corpo, d'alma e tudo que as necessidades da vida lhe fazem pedir com devoção e fé por N. Sr. Jesus Cristo."

ANGINA

Angina do peito é uma dor intensa que se irradia freqüentemente para o braço esquerdo. Com ela não se deve brincar. Geralmente se origina de moléstia cardíaca, para a qual a orientação médica é sempre necessária.

Agora, se você quiser mesmo se livrar dessa dor no peito, a dor de angina, esta benzedura pode ajudá-lo também. Fazendo 3 cruzes sobre o peito dolorido, o benzedor repete:

"Em Belém há 3 meninas: uma cose, outra fia e a outra cura as anginas.

Uma fia, outra cose e a outra cura o mal traidor."

NB: esta benzedura deve ser repetida por 3 dias seguidos.

ANIMAIS

Animais em geral

Com 1 ramo de alecrim, guiné ou arruda benze-se o gato, cachorro, etc. recitando esta prece:

"Benzo-te, oh! pobre animalzinho, para que saia de teu corpo todo fluido ruim ou vibrações más provenientes de mau-olhado, inveja ou ciúme que hajam posto. Que passe para este ramo de planta abençoada, toda influência negativa que te está atormentado, seja de tristeza, de dor, angústia ou doença espiritual. Que o *anjo*-tulelar que vela por tua espécie, esteja neste momento me assistindo e dando-me forças para que te livre desses males e voltes a viver com a mesma alegria e disposição de antes, porque também és filho de Deus e Ele te concedeu vida para que tenhas progresso e cumpra a tua parte junto a nós humanos.

Deus de infinita sabedoria e bondade, dá-me forças para que eu tire deste animal, tua criatura, toda maldade que porventura afete-o em sua

existência normal. Junte ao amor que lhe devoto, as vibrações positivas e salutares que possam fazê-lo ficar são e isento de cargas fluídicas maléficas colocadas por algum irmão imperfeito que o inveje e o queira; faça-o curar-se de doenças ou mal-estar natural, vindas de alguma coisa que comeu ou sofreu, produzindo-lhe a perturbação. Faça, Senhor, com que o mal que tiver passe para este galho e desapareça depois em prejudicar quem quer que seja, mesmo a pessoa que consciente ou inconscientemente produziu o mal.

Assim seja."

NB: findo o benzimento, enterra-se o galho com que benzeu ou joga-se em água corrente ou no esgoto, para que os fluidos não prejudiquem alguma criança.

PARA PROTEGÊ-LOS

Muitas vezes os animais de sua casa aparecem doentes inexplicavelmente. Ou então começam a emagrecer e a perder suas qualidades.

Cães, pássaros, tartarugas, gatos e demais animais que criamos perto de nós também podem sofrer mau-olhado por parte de pessoas invejosas.

Seja porque os animais são bonitos, seja porque eles têm com você, que é o o seu dono, uma relação carinhosa. Em outros casos pode ser apenas porque fazem barulho à noite e coisas semelhantes, próprias dos animais domésticos.

Para defender seus animais de olho gordo e mau-olhado, pegue 1 galho de arruda, 1 de alecrim e 1 de manjericão.

Ferva, deixe esfriar e jogue, fazendo o sinal-da-cruz, sobre o animal, dizendo:

"Afaste-se olhado".

CONTRA QUALQUER MAL QUE OS ATAQUE

Numa fazenda ou sítio é muito comum ou animais serem atacados por doenças ou bichos que os vão consumindo. Se o mal está adiantado e os remédios já não resolvem, existe esta benzedura que serve para qualquer caso, qualquer doença, para todos os males dos animais.

O vaqueiro ou peão solta o animal e vai atrás dele, fazendo cruzes sobre o seu rasto com a mão direita. E dizendo:

"Maus que comem não se logram. Quem come e não reza não se salva. Oficial de Justiça não se salva. Delegado não se salva. Promotor não se salva. Juiz de Direito não se salva. E muitos padres não se salvam. Assim também não hão de se salvar os males que atacam este pobre animal. Que se afaste toda e qualquer doença, todo e qualquer bicho ruim e não fiquem nem mesmo o rastro desses males. Amém".

Benzedura umbandista

"Desçam as bênçãos de *Zambi* sobre estas criaturas para que sejam vigorosas, sadias e úteis para meu serviço e bem-estar. Elas manifestam a vida e a saúde de *Zambi*; elas crescem e se multiplicam abundantemente; elas vivem em paz e alegria exprimindo o amor do Pai para comigo. A proteção da Divina Presença as conserva sempre em perfeita saúde e as dirige de forma a estarem livres de todo perigo".

Gado

Chamar para si o favor de Deus, quando em desespero por ver seu gado doente, vítima de bicheira ou feitiço, é ver seus esforços coroados com bom resultado. O criador certamente lhe ajudará ao perceber sua dedicação incansável.

No caso de bicheira, principalmente de gado bravo, pegue palha de capim seco, ou melhor, palha da costa. Separe uma e faça com ela 1 nó, sem apertá-lo ou fechá-lo. Achegue-se ao animal e, bem junto da ferida, onde se encontram os vermes, aproxime a palha com o nó frouxo. Olhe por dentro dele, enquanto reza a seguinte oração:

"Dizem que o boi de *F*.... tem 3 bichos. É mentira, só tem 2.

Dizem que o boi de *F*.... tem 2 bichos. É mentira, só tem 1".

Dizem que o boi de *F*... tem 1 bicho. É mentira, não tem nenhum".

NB: terminada a oração, feche o nó e, sem olhar, jogue a palha para trás. Você deve proceder no mesmo jeito para cada ferida, pois, em cada uma as larvas depositam seus ovos. É importante, também, manter o curral sempre limpo e evitar a entrada de moscas e outros insetos.

APOPLEXIA

"Deus e N. Senhor, que tendo morto de apoplexia o bem-aventurado André Avelino estando oferecendo o sacrifício do Altar, te dignaste conferir-lhe a graça de recebê-lo no eterno santuário de tua glória e ser desde ali o intercessor para contigo dos que padecem deste mal, reverentes te suplicamos que por seus méritos e sua misericórdia seja

curado *F*... (aqui se pronuncia o nome do doente) **do ataque que o prostara e sirva tudo isso para honra e glória tua. Assim seja”.**

NB: depois de feita a oração rezando-se 1 pai-nosso a S. Avelino e 3 a Santíssima Trindade.

AR

Ar é paralisia facial, é hemiplegia, é paraplegia, enfim, toda e qualquer forma de paralisia, menos a paralisia geral que não compreende o vulgo que possa existir sem ficar o indíviduo lesado nas suas funções locomotoras.

Deu o ar é comum dizerem os nossos praianos. *Ar de paralisia*, ramo de paralisia, são expressões corriqueiras. Vêm da convicção de que, após 1 alimento ingerido quente, se a pessoa se expõe ao vento, a 1 golpe de ar, adquire a paralisia. Mas não só as paralisias faciais *a frigore*, são *ar*. Todas as outras, também. E a expressão tomou tal curso que, nos consultórios médicos, pacientes de boa instrução e com alguma leitura, temem, por exemplo, a hipertensão arterial porque pode acarretar alguma hemorragia cerebral... 1 *ar de paralisia*.

Benze-se assim, contra o *ar*, não só nos homens como também nos animais:

“Sai-te ar arejado

Paralisado

E constipado

Vai-te para os ares a girar

Lá nos ares ficarás

E no corpo desta criatura

Nunca mais voltarás.

Deus andava pelo mundo

E todo o ar que benzia

Daquele corpo saía

Deus andava pelo mundo

Por que era benzedor

Todo o ar que benzia

Aquele ar se acabou

A Virgem Maria,

Quando pelo mundo andava

Todo ar que benzia

Este ar se acabava.
Ó Virgem Maria, ó Virgem Pura,
Me tirai este ar que tem
No corpo desta criatura.
As portas estão abertas
Que é o pro ar poder passar.
Neste corpo nunca mais voltará,
Nem pro meu passará! Amém!"

Nos olhos

Pega-se 1 copo de água, uma toalha dobrada, coloca-se a toalha sobre a cabeça do doente e em cima da toalha 1 copo de água, com a boca para baixo. Se o ar está muito atacado, a água ferve e diminui. Rezam-se 3 ave-marias para afastar o mal.

Faz-se o mesmo ritual durante 9 dias.

Este ar é apanhado com o reflexo do sol num espelho.

Quando o ar afeta os olhos

Deixa-se ao sereno 1 copo com água da fonte, onde se tenham posto 3 galhinhos de arruda, 3 dentes de alho com casca e 3 pingos de vinagre.

Banham-se os olhos, pela manhã, dizendo:

"Vai-te ar excomungado para as ondas do mar salgado".

Com alho e arruda

Macera-se num copo de água, por 1 dia, ou seja, dum dia para o outro, alho da horta e arruda, em partes iguais.

Os olhos são banhados, enquanto se reza este ensalmo:

"Ar e ramo de ar
Ar batido e paralisado:
Vai para as ondas no mar sagrado
Em nome do Pai, do Filho e do Espírito-santo".

Rezar 1 pai-nosso e uma ave-maria.

PRESO

"O ar vivo, o ar morto, o ar estuporado, o ar constipado, ar quebrador de osso, ar de paluchiva, ar tato, ar de energia.
— Onde está senhor S. João?
— Sentado numa pedra bruta. Estou aqui benzendo de ar vivo".

NB: repetir 3 vezes usando 3 ramos verdes em gestos de cruz.

ESTUPOR, GOLPES DE AR

¯ Rezar 1 ave-maria em cruz e dizer as seguintes palavras:

"Ar que te deu, ar que te daria, foi o ar do dia, ou gota fria e quem ha de curar é a Virgem Maria ou N. Sr. Jesus Cristo, filho de Deus vivo todo-poderoso".

¯ Uma ave-maria, com a mão na cabeça do paciente.

PARA ELE SAIR

O benzedor coloca a mão onde bateu o ramo de ar e reza:

"Jesus! O nome de Jesus me ajude
E onde eu ponho a mão
Ponha Deus a sua santa virtude".

CONTRA SEUS MALES

Contra os males do ar, usa-se 1 patuá, com esta oração:

"Cristo vive, Cristo reina, Cristo te ilumine.
Cristo te defenda de todo mau ar.
Aleluia! Aleluia! Aleluia!"

PARA TIRÁ-LO

Com 1 raminho de arruda, dão-se pequenos toques na cabeça da pessoa doente, enquanto se vai rezando:

"Meu Senhor me perguntou
Tu de que tratas, Maria?
Eu trato de Itiquisidade
De apoplexia,
Da gota coral e de todo mau ar.
E, se esta criatura
Tiver uma dessas coisas tais,
As areias do rio vão parar,
Porque eu lhe tiro pela cabeça
Senhora Sta. Teresa.
Eu tiro-lhe pela frente
Meu senhor S. Vicente;
Eu tiro-lhe por detrás
Senhor S. Brás;
Eu tiro-lhe pelo fundo
E N. Sr. Jesus Cristo
Por todo o mundo".

‾ Rezar 1 pai-nosso e uma ave-maria.

No Nordeste

Também os ventos são causas de ventosidades e paralisias; por isso os *ramos* que devem ser expurgados pela benzeduras. O ar enclausurado, a ventosidade, no Nordeste é a aerofagia com dor retro-esternal e dificuldade de eructação. É uma patologia que precisa de cura com 1 ramo de manjericão e o verso:

"Vai-te pros ares a girar.

Deus andava pelo mundo todo flato que benzia daquele corpo saía.

Deus andava pelo mundo porque era benzedor aquele flato se acabaria".

VARIANTE

Outra fórmula, parecida com a anterior e uma variante é a seguinte:

"Sai-te ar arejado paralisado e constipado.

Vai-te para os ares a girar lá nos ares ficarás e nunca mais voltarás".

ARROTO DO PEITO

A mãe quando está amamentando, às vezes, começa a sofrer de dores no peito. O seio também se apresenta muitas vezes como se estivesse inflamado e não se descobre a causa. Costumam dizer os antigos que isso é resultado de quando a criança arrota no peito, enquanto está mamando.

Não é difícil acabar com o problema. Basta a melhor amiga da mãe ou uma benzedeira profissional fazer 3 cruzes seguidas com o polegar esquerdo sobre o peito direito, ou com o polegar direito sobre o peito esquerdo. E ir dizendo também por 3 vezes:

"Casa-de-palha muito molhada, arroto no peito, isso não é nada".

† A seguir, rezar 1 pai-nosso e uma ave-maria, oferecendo-os à Virgem Maria.

ARTRITE

Esta benzedura se faz com azeite de oliva.

N. Sr. Jesus Cristo, no seu sofrimento da cruz teve dores nas mãos e nos pés. Então ele mandou Sto. Amaro curar quem sofresse desse mal.

Unge-se o pé com o sinal-da-cruz:

"Sto. Amaro andou pelo mundo curando as dores humanas por ordem de Jesus Cristo e da Virgem Maria.

O que por Sto. Amaro foi feito, agora será feito também em nome de N. Sr. Jesus Cristo, em nome de Deus-pai e da Virgem Maria".

Unge-se a outra mão:

"E por isso essa dor vai embora porque *F....* **merece, pela sua fé, não mais padecer. Em nome do Pai, do Filho e do Espírito-santo. Amém".**

NB: unge-se a mão com sinal-da-cruz.

ASMA

Os preparativos para esta benzedura precisam ser feitos pela própria pessoa que vai benzer. Ela mata uma galinha preta, tira o coração e o coloca com canela e quina numa garrafa de vinho branco. Guarda, depois, a garrafa durante 8 dias em lugar bem fechado, longe da vista de todos.

Passado esse prazo, dá 3 goles daquele vinho para o paciente. E, a cada gole tomado, o benzedor repete:

"Senhor, Senhor, fazei com que a água que aqui passa leve essa asma para bem longe".

ASSOMBRAÇÃO

Se você vai passar por 1 lugar que tem assombração ou precisa entrar numa casa sabidamente mal-assombrada, tome cuidado. É bom se prevenir antes de enfrentar a empreitada para não ter dissabores.

A 1ª providência é arrumar uma faca de prata. Depois, ao chegar perto da encruzilhada da assombração ou da porta da casa mal-assombrada, coloque a faca atravessada entre os dentes: mesmo que seja difícil, diga as palavras mágicas da benzeção:

"De assombração não tenho medo.

Nem de *alma* do outro mundo tenho receio.

Por aqui vou passar sem qualquer aperreio".

NB: dito isto, passe depressa pelo tal lugar ou pela porta. Enquanto mantiver a faca na boca, você não será molestado por *alma*-penada nem assombração de qualquer tipo.

ATAQUE

Nervoso

S. Valentim é o padroeiro dos doentes nervosos. Esta benzedura, dirigida a ele, aplica-se quando o doente tem uma crise nervosa, principalmente se esta é acompanhada de alguma violência.

Toma-se 1 ramo de arruda e 1 copo de água com sal. Molha-se o ramo de arruda e vai-se aspergindo sobre o doente nervoso, que esteja em crise. Ao mesmo tempo diz-se:

"Ia indo pelo caminho, Jesus e S. Valentim. Então Jesus foi quem mandou:

'Valentim meu bom santo. Cuide deste doente para mim'".

AZAR

PARA EVITÁ-LO

Os azares, no caso, são aqueles de origem espiritual, como quebrantos, olho-gordo, olho-grande, mau-olhado etc. Esta oração, para curar esses males, foi recolhida no interior de S. Paulo:

"**Em nome do Pai, do Filho e do Espírito-santo. N. Senhor me perguntou: de que tratas Maria? Eu trato de aquisidade, gota-coral, feitiço, malefício, caborje, azar. Se por acaso** *F...* **tiver algum desses males, na areia do rio ele vai parar.**

Eu te curo, *F...,* **se o mal estiver na cabeça, se estiver nesta banda, na tua frente, deste lado e no fundo, pois N. Sr. Jesus Cristo é por todo mundo. Assim seja".**

⁻ Em seguida, rezar 3 ave-marias.

AZIA

E MÁ DIGESTÃO

Esta benzedura para ser eficaz deve ser acompanhada de muita fé e respeito. O benzedor, enquanto for dizendo a oração, vai fazendo cruzes, com palma benta num domingo de Ramos, sobre o ventre do enfermo.

"**Oh! minhas 13** *almas*-**benditas, sabidas e entendidas, a vós peço pelo amor de Deus, atendei meu pedido. Minhas 13** *almas*-**benditas, sabidas e entendidas, a vós peço pelo sangue que Jesus derramou, atendei ao meu pedido.**

Meu Sr. Jesus Cristo, que a vossa proteção me cubra em vossos braços, me guarde no vosso coração e me protega com os vossos olhos. Oh! Jesus de bondade, vós sois meu advogado na vida e na morte. Peço-vos que atendei o meu pedido, o de curar *F...* do mal que a aflige, a azia e a má digestão. Amém".

EVOCANDO STA. SOFIA

"Sta. Sofia

Tinha 3 filhas:

Uma fiava

Outra tecia,

Outra benzia

De azia,

Em nome de Deus

E da Virgem Maria — Amém".

VARIANTE

"Sta. Sofia,

Tinha 3 fia,

Uma cosia,

Uma bordava,

Outra curava,

Mal de azia".

NB: repetem por 3 vezes e rezam após o pai-nosso, a ave-maria e o credo.

EVOCANDO STA. AFRA

"Sta. Afra tinha 3 filhas

Uma fiava

Outra rendava

Outra que sofria

De mal de azia".

Evocando Virgem Maria

"*F...* se tu tá com azia,
Com que se cura?
Com bafo e água fria
Da Virgem Maria".

Levanta-te bobo

"Azia, azeda,
Levanta-te bobo
De cinta desta pedra.
Bobo foste,
Bobo ficaste,
Levanta-te bobo,
Quem tu já saraste".

Azia-azeda — 1

"Azia, azeda,
Estou benzendo o mal
De cima desta pedra.
Em nome de Deus e da Virgem Maria".

AZIA-AZEDA — 2

"Azia, azeda,
Estou benzendo 1 bobo
Em cima duma pedra".

AZIA-AZEDA — 3

"Azia, azeda,
Vi 1 burro
Sentado numa pedra.

AZIA-AZEDA — 4

"Azia, azeda,
Tudo o que eu vi
Está debaixo da pedra".

Evocando S. João Maria[*]

"Bassorinha de S. João Maria
Vá curar esta azia,
Em nome de Deus
E da Virgem Maria".

O benzedor coloca atrás da orelha esquerda do paciente a raminho de "Vassourinha-de-S. João-Maria", espécie de vassoura do campo e recomenda que o mesmo esqueça que está com azia e que siga a cuidar dos seus negócios. Quando vê pelas costas, mentalmente faz uma cruz sobre os ombros do paciente e também mentalmente pronuncia as palavras atrás mencionadas.

[*]S. João Maria, aliás Sto. João Maria, como dizem no planalto catarinense, foi 1 monge que viveu por longos anos, em peregrinações, não só no Estado de Sta. Catarina, mas também nos do Paraná e Rio Grande do Sul. Entre os nossos sertanejos adquiriu fama de santidade e foi o ponto inicial do fanatismo verificado, naquela zona e que culminou com a cruenta luta do "Contestado".

Benzedeira
Maria da Glória (Bahia)

BANHO

Que benze, protege e perfuma

Para todo e qualquer mal, esta benzedura é também 1 pedido de proteção. E pode ser feita sem ajuda de ninguém. Ou seja: dispensa a pessoa da benzedeira.

Moem-se folhas aromáticas (eucalipto, por exemplo, ou melissa). Juntam-se 2 lt de água quente e banha-se cruzando o corpo do pescoço para baixo com a mão, dizendo:

"Senhor, Senhor, livre-me de todos os males, fazendo com que eu seja feliz e leve do meu corpo todas as más influências, trazendo para o dia de amanhã, ao raiar do sol, todas as virtudes e felicidades, para mim e para meus negócios. Peço também proteção espiritual para sempre. Amém".

† Rezam-se a seguir 3 ave-marias oferecidas ao protetor. O banho deve ser tomada às 4as ou 6as-feiras, em horas grandes, que são: 6, 12, 15, 18 e 24 hs.

BARRIGA

Para tirar

Esta benzedura precisa ser feita por pessoa que não tenha no nome qualquer uma dessas letras que formam a palavras b-a-r-r-i-g-a. Se tiver, não faz efeito e o benzido continuará barrigudo como sempre foi.

Corta-se uma boa porção de erva canqueja-doce e bota-se para ferver. Dessa infusão tira-se uma caneca e o resto coloca-se numa bacia onde o barrigudo tomará banho de assento, esfregando bem a barriga.

A água deverá estar o mais quente possível e depois do banho será jogada de maneira que possa correr como 1 rio. Ao jogá-la, o benzedor dirá:

"Como a água da carqueja-doce vai-se embora, que se vá a barriga de *Fulano*".

NB: a caneca que sobrou, o barrigudo deverá tomar ainda quente. Repetir isso durante 9 6as-feiras seguidas.

BEBEDEIRA

Evocando S. Plácido

Os alcoólatras são pessoas doentes, mas os simplesmente "bêbados cometas" ou sejam, aqueles que de tempos em tempos tomam uma bebedeira, são outra coisa. Mas a embriaguez do bêbado esporádico, mesmo momentânea, pode trazer mal não só à nossa família como à do próprio alcoólatra.

Ele pode se meter em brigas, se ferir e até mesmo perder a vida. Pode fazer dívidas de jogo impossíveis de serem pagas, cair e se machucar, ser enganado por mulheres de má vida. Enfim, 1 embriagado é presa fácil de milhares de males cotidianos.

Para curá-lo, na hora, da bebedeira, temos a "Benzedura de S. Plácido". Misturamos pó de café e azeite e depois acrescentamos água potável. Daí, fazendo o sinal-da-cruz sobre o corpo, dizemos:

"Por mais que a cabeça dê voltas, eu ponho sua cabeça no lugar, com a ajuda de S. Plácido".

NB: damos de beber a mistura ao bêbado.

Evocando S. Romano

Já nos referimos anteriormente ao terrível vício da bebida. Saber beber é uma arte, não saber, 1 desastre — nada mais sábio do que este dito popular.

A bebida, como vício, destrói lares, arruína vidas e causa tragédias. Quem não quer ver o seu marido, filho ou irmão livre desse terrível vício? Tenta-se de tudo, até com a colaboração do próprio bebum, mas o vício às vezes é mais forte do que a vontade. Neste caso, por que não tentar uma benzedura, que os antigos consideravam muito eficaz?

Pegue 1 copo de bebida alcoólica, cachaça por exemplo e mande o doente ficar olhando dentro, enquanto reza:

"Você, *F...*, olhe e veja o que mostra S. Romano. Veja a infelicidade que traz para casa quem bebe. S. Romano, com a força de Deus pai, do Filho e do Espírito-santo, vai curar você deste vício do álcool. Olhe no copo e veja os males que tem provocado na sua vida. São os males que o vício do álcool traz para aqueles que se deixam amarrar pela embriaguez.

Você *F...*, vai largar este vício que tanto mal tem trazido a você e à sua casa, com a ajuda de S. Romano, que intercederá junto ao N. Sr. Jesus Cristo".

NB: coloque uma colher de sal na bebida e dê para o doente beber. Reze em seguida 3 pais-nossos e 3 ave-marias.

DE PARENTE

Para marido, irmão, filho, sobrinho, tio, avô ou qualquer outro membro da família, quando se quer que deixe a bebida de lado.

Coloca-se 3 pedras de sal grosso num copo de cachaça e reza-se:

"— Bebida do demônio, que fazes a *F*...?"

E outra pessoa — podendo ser o *(F...)* mesmo — responde:

"— Eu enveneno o sangue, queimo a carne, desencaminho a alma".

E o benzedor completa:

"— Pois não envenenes o sangue, não queimes a carne e não desencaminhes a alma de *F*...".

NB: a seguir, faz-se uma cruz com o polegar direito molhado na mistura de pinga e sal sobre a testa e outras duas cruzes sobre as palmas das mãos da pessoa que se benze. Para terminar, o copo de pinga com sal deve ser atirado em água corrente.

DE MARIDO

Só tem valor e só se pode fazer esta benzedura se o marido bêbado estiver de acordo. Se ele for 1 desses que quer deixar a cachaça de lado e não consegue. Deve ser feita pela própria esposa.

Ela pegará uma dose de pinga (ou bebida que o marido mais estiver acostumado a tomar) e colocará junto dos pés de Sto. Onofre, dizendo:

"Meu santo eu vos ofereço esta bebida para que meu marido *F*... seja por vós orientado no caminho da justeza, da seriedade, da sobriedade".

A pinga ficará ali aos pés do santo durante 7 dias e 7 noites. Ao final desse prazo, a mulher pegará a dose e dará para o marido beber, mas ele terá de dizer antes de virar a bebida:

"Que esta seja a última dose que meu lábios tocam, em nome do meu bondoso Sto. Onofre, protetor dos desencaminhados pelo álcool".

Evocando Sta. Sofia

"Sta. Sofia
Teve 3 fia,
Uma fiava
Outra cosia
E outra no fogo ardia.
N. Senhora perguntou:
— Que faz, Sofia?
— Faço ingüento de alegria,
Para curar minha fia,
Padre-nosso e ave-Maria".

BENZEDURA

Geral — 1

Pegue 3 raminhos duma planta e bata-os de leve na pessoa a ser benzida, pronunciando a seguinte oração:

"S. Humberto Lameu se levantou. Seu pé direito coçou. Para onde você vai, Berto Lameu? Eu vou à casa da Mãe de Deus. Venha cá que eu darei seu cordão. Na casa que você entrar nem menino será abafado, nem ladrão será amorado. Deu sede e eu fui beber água na fontezinha da Glória. Escondeu com os *anjos* todos da Virgem N. Senhora. Birros andando, 7 candeias alumiando, 7 *anjos* lhe pegando. F..., você está-se curando? Se você está em perigo, porque Maria lhe feriu? Mas Sta. Joana D'Arc lhe põe as mãos e N. Senhora lhe cure de todas as doenças e de todos os males. Em nome do Pai, do Filho e do Espírito-santo. Amém".

BENZEDURA GERAL — 2

"Deus te fez, Deus te criou, Deus tire o mal que no teu corpo ou negócios entrou. Em louvor de S. Pedro e S. Paulo que tire este mau-olhado. Assim como Deus fez o mar sagrado, assim Ele te tire este mau-olhado. Assim como N. Senhor foi nascido em Belém e crucificado em Jerusalém, assim vá o mal desta casa e criatura, se por acaso o tem.

‾ Rezar então o pai-nosso e ave-maria em complemento.

BENZEDURA GERAL — 3

"Meu menino Deus te deu, eu te quero criar. Se tens doença rebelde, coisa de inveja ou de outro mundo, eu te quero tirar com as minhas santas palavras. Em nome de Deus e da Virgem Maria e das 13 palavras santas".

† Rezar o pai-nosso e a ave-maria.

BENZEDURA GERAL — 4

"Sai-te ar arejado, paralisado e constipado. Vai-te para os ares a girar. Lá nos ares ficarás e nunca mais voltarás. Deus andava pelo mundo e todo ar ruim que via, daquele corpo saía. Deus andava pelo mundo porque era benzedor, protetor e curador".

† Rezam-se o pai-nosso e a ave-maria.

BENZEDURA GERAL — 5

Eis 1 benzimento, muito utilizado pelos curandeiros e benzedeiras, para curar males gerais, provocados por inveja, ciúmes, quebranto, etc. Pegar uma tesoura (dessas usadas pelos barbeiros) e, como se estivesse cortando alguma coisa do corpo do benzido, ir dizendo:

"Com os poderes do Pai, do Filho e do Espírito-santo, eu corto, solto, desamarro, desato e desencanto, todo e qualquer olho-grande, inveja, mau-olhado ou quebranto, que aqui está preso, em nó, atado e amarrado a esta criatura, ficando livre por minha benzedura, mas sendo certo que é Deus quem cura. Que todo mal-feito, causado por ciúme ou despeito, seja agora todo desfeito. Se vier de pessoa preta, morena ou loura, seja cortado por esta tesoura".

Neste momento, com a tesoura somente aberta, em forma de "x", fazer cruzes sobre a pessoa e dizer:

"Pela mesma luz e pela fé da cruz de Sto. André, fluidos, raios, ondas de mal-estar, saiam todos e vão para o fundo da terra, para as ondas do mar, queimados pelo fogo ou sumam-se no ar, com os poderes da Virgem Maria, quero esta pessoa sadia, alegre e contente, com a proteção de S. Clemente; cheia de fé por obra de S. Tomé; feliz na vida, por graça de N. Sra. Aparecida; e livre desta cruz, por intercessão de Jesus".

NB: a seguir, aspergir (com 1 ramo de arruda, que já esteja num de copo com água pura) algumas gotas do líquido sobre a pessoa e encerrar o benzimento.

BENZEDURA DE CRIANÇA

"Deus onipotente, N. Senhora mãe amorosa, Jesus amado, mentores e anjos simpáticos a esta criança, a vós recomendo-a, pedindo ajuda e proteção para sair dela todo mal físico e espiritual, que possa prejudicá-la em seu desenvolvimento orgânico e mental, abençoando-a para crescer sadia e vigorosa, a fim de cumprir a missão que lhe está reservada neste mundo. Derramai sobre ela os bálsamos salutares para poder expelir vermes e lombrigas, curar-se de anemia, alergias, asmas, bronquites, doenças da pele, sangue, ossos, nervos, órgãos e outros males que lhe castiguem o corpo frágil e delicado, bem como as de causas psíquicas e espirituais. *Espíritos* caridosos e iluminados sejam-lhe padrinhos, amparando-a e protegendo-a contra qualquer tipo de vibrações maléficas que causam dores, males e perturbações provenientes de mau-olhado, quebranto, ciúme, inveja, maldades e feitiçarias.

Peço, ó Deus, luz, força e poder ao seu *anjo-da-guarda* para afastar *espíritos*-maus, inimigos e vingativos do passado, que das sombras de sua inferioridade, tentem alterá-la, tornando-a irrequieta e com o sono perturbado; zelar e protegê-la, crescendo forte e robusta, evitar perigos e males físicos, guiar-lhe mente, passos e movimentos, atenuar provocações e situações críticas, a fim de não criar neuroses e complexos em seu psiquismo ainda em seu caráter e personalidade condicionando-a à uma conduta irregular e diferente da que for necessária para cumprir as tarefas que lhe cabem no plano terreno e trabalhar pelo próprio aprimoramento espiritual quando estiver adulta. Deus a abençoe".

BEXIGA

Invocando S. Libório

Munida dum ramo verde, a pessoa que vai benzer deve assinalar a bexiga do doente fazendo sobre ela o sinal da cruz com o ramo. Reza em seguida:

"Bem-aventurado S. Libório, rogo-vos a vossa intercessão junto ao onipotente para que este vosso contrito de voto *F...,* não seja mais atormentado dos males da bexiga, cálculos, areias, frouxidão ou retenção das urinas.

Senhor Deus, que vos dignastes conceder ao vosso bem-aventurado S. Libório o poder de curar os males da bexiga, nós vos rogamos que pelos méritos do vosso santo, o vosso servo, *F...,* se veja livre dos tormentos que o afligem. S. Libório, curai *F...;* S. Libório, socorrei *F...;* S. Libório protegei *F....* Assim seja".

BICHAS

Para expulsá-las

O benzedor abraça o paciente por trás, passando os braços sob as axilas, mais popularmente conhecidas como "sovacos". Na parte da frente, as mãos do benzedor devem ficar cruzadas na altura da barriga do benzido, de preferência sobre o umbigo. E repete 3 vezes as palavras e os gestos que se seguem:

"Assim como Deus e a Virgem Santíssima e o Eterno Pai estão em seu sagrado altar (retira as mãos e coloca-as nas costas do paciente, na altura dos rins), **amansai esta bicha e chegai em seu lugar, a que estiver embolada e amarrada. E desamarre e chegue a seu lugar e que essa bicha role por intestino abaixo, assim como eu creio em Deus-pai, Deus-filho e Deus Espírito-santo, Amém".**

NB: feito isso, o benzedor coloca as mãos (1° a esquerda, depois a direita) cruzadas sobre a cabeça do paciente. E reza 1 pai-nosso, uma ave-maria e uma salve-rainha, oferecendo-as em louvor da morte de N. Sr. Jesus Cristo. Ao terminar as rezas, tira as mãos duma vez, puxando-as ao longo do corpo do paciente, até os pés.

Outra simpatia

1° alguém da família, seja a mãe, o pai, a tia, uma irmã ou irmão ou até mesmo avô, terá de roubar 1 ovo da casa dum vizinho. Não pode fingir que rouba. Tem que ir, fazer uma visita sob qualquer pretexto e sair da casa com 1 ovo roubado sem que as pessoas percebam.

Roubado o ovo, a mulher mais velha da família deve batê-lo bem com 1 pouco de sal e farinha de trigo, preparando-o pequenos bolinhos. Então frita-os em gordura de porco e dá para a criança com vermes comer. Ela come à vontade e o que sobrar é dado a 1 animal qualquer da casa ou da vizinhança.

Enquanto vai dando os bolinhos para a criança, de 1 em 1 a mulher mais velha da família diz:

"Bicha que está comendo esta criança por dentro, se contente com este bolinho do céu. Nele se 'enleie' e com ele deixe o corpo deste inocente".

E VERMINOSES

Com o doente deitado de costas, o benzedor colocará 3 ramos verdes em forma de cruz sobre o seu ventre e recitará a seguinte oração:

"Oh! Deus de Abraão, Oh! Deus de Issac, Oh! Deus de Jacó, compadecei-vos desta criatura vossa, *F...*, mandai em seu socorro o vosso S. Miguel Arcanjo, para que lhe dê saúde e o defenda de todos os males, curando-o das bichas, bicheiras, bicheirões que tanto o fazem sofrer.

Bicha, bicheira, bicheirão, S. Miguel Arcanjo está chegando, fugi, fugi para outra imensidão. Em nome do Pai, do Filho e do Espírito-santo".

Reza-se esta oração 3 vezes seguidas e depois 3 pais-nossos e 3 salve-rainhas, durante 3 dias seguidos antes do 1/2 dia.

ATAQUE DE BICHAS

Por *ataque de bichas* entende o povo toda e qualquer manifestação convulsiva. O *mal da terra*, que se conhece em todo o país, infesta em alta porcentagem os moradores das praias e várzeas litorâneas de Sta. Catarina. E eles atribuem à infestação helmíntica o aparecimento de muitas manifestações mórbidas que nem sempre — mas quase sempre — a ela são devidas.

É muitas vezes apenas o estertor das bronquites e da asma; ataque de bichas, qualquer convulsão, mesmo quando a causa que determina o seu aparecimento é outra. Entretanto, as anemias intensas que a verminose acarreta... são muitas vezes atribuídas às bruxas!

Para o *pianço* ou outra manifestação atribuída à verminose utiliza 1 benzedor de S. Francisco do Sul a seguinte oração:

"Bicha, eu te benzo,

Tu te consome.

Bicha, tu calma

Que Jesus tem poder!

Pra te consumir,

Pra te acabar,

Em nome de Deus

E da Virgem Maria".

Convulsões

Mas o quadro impressionante é o das convulsões. Quando elas surgem, afoba-se o povo da casa. Aos pés da criança são colocados sinapismos de mostarda, de ovo, de hortelã. Todo o mundo se assusta. E o benzedor é chamado, como recurso imediato. 1 deles, A. M., da Costeira do Ribeirão, na Ilha de Sta. Catarina (Caiacanga-açu), afirma ter salvo inúmeras crianças com "ataque de bichas" com a seguinte benzedura:

"*F...* em nome de Deus-pai salvador de Deus-filho, em nome de Deus Espírito-santo, que vive, salve de moléstia quem padece das bichas, que elas comam sua própria carne e convertam-se em água, em nome do Pai, do Filho e do Espírito-santo, Amém".

Outra

"O poder de Deus-pai e a sabedoria de Deus-filho e a virtude de Deus-Espírito-santo, assim livre serás, *F...*, da enfermidade que padeces das lombrigas que comem tuas carnes; que se converta em água, em nome de Jesus Cristo Nazareno, que seja conosco; Amém".

Em criança

Esta benzedura só serve para os momentos de crise, quando a criança está se contorcendo por causa do ataque das bichas em seu organismo. Ela deve ser feita com muita concentração e só depois de não terem dado certo os sinapismos (cataplasmas, medicamento pastoso aplicado entre 2 panos) de ovo, hortelã e mostarda, colocados aos pés da criança. O benzedor esfrega a barriga doente e vai dizendo em voz alta:

"Em nome de Deus-pai, salvador de Deus-filho. Em nome de Deus Espírito-santo, que vive. Salvem de moléstia quem padece das bichas. Que elas comam sua própria carne e se convertam em água. Em nome do Pai, do Filho e do Espírito-santo, amém".

Com números

Maria da Conceição Reis Martins, benzedeira idosa, benze de ataque de bichas assim: Primeiramente, fala o nome da criança bichenta, 3 vezes. Em seguida, vai dizendo os algarismos, de 9 para trás, 3 vezes: de cada vez, com o dedo polegar, vai fazendo a numeração em cruz, na barriguinha da criança, também de trás para diante: 9, 8, 7, 6, 5, 4, 3, 2, 1.

```
                    9
                    8
                    7
                    6
        9 8 7 6 5 4 3 2 1
                    4
                    3
                    2
                    1
```

Em seguida, diz-se estas palavras:

"Quebranto, mau-olhado,

Bicha aguada,

Bicha assustada

Nem uma".

NB: por último, reza-se 3 ave-marias.

BICHEIRA DE ANIMAIS

Contra bicheira, além de medicamentos (calomelanos, creolina) é eficaz a reza contra a bicheira, no rastro do animal ou na presença dum lenço ou 1 objeto do dono. Os bichos caem e a ferida limpa-se, à medida que a reza opera o benefício. 1 rezador é precioso, porque nem toda a gente, recitando fórmulas, é capaz de curar bicheiras.

COM UMA FOLHA

Cura rápida e certa é também a das bicheiras: Com uma folha tenra de capim faz-se 1 laço frouxo, olha-se demoradamente com o olho esquerdo o pequeno círculo e murmura-se em voz baixa, de corpo vegado para diante: **"Esses bichos hão de aumentar como o serviço de domingo e dia santo".** Fecha-se o laço sem mais olhar e o atirava para trás de costas. O animal não caminha mais que 50 mt com as larvas na ferida. Estas caem, rapidamente, como sob a ação de cáustico poderoso. (De Rio Prata, MG)

De alecrim

Benzer, 3 vezes, com 1 raminho de alecrim dizendo:

"Assim como serviço de domingo, de dia santo, não leva ninguém adiante, as línguas má e desacriditadêra fala do que vê e do que não vê, assim os bichos desta bicheira há de cair tudo, ou vivo ou morto, dum num, de 2 em 2, de 3 em 3, de 4 em 4, de 5 em 5, de 6 em 6, de 7 em 7, de 8 em 8, de 9 em 9.

NB: jogar o raminho de alecrim no fogo.　　　　　(De Betim, MG)

Com 3 folhas — 1

Tomam-se 3 folhas verdes, procura-se o rastro do animal que está doente com bicheira, cruzam-se as folhas por cima do rastro, cobre-se com uma pedra, e diz-se:

"Bicho-figueira
Foge dessa bicheira
Com os poderes das 3 pessoas
Da Santíssima Trindade.
Dum a 1, de 2 a 2
De 3 a 3."

(De Barueri, SP)

COM 3 FOLHAS — 2

Apanham-se 3 folhas duma árvore qualquer e abre-se-lhes 1 furo no 1/2: depois toma-se 1 e, visando-se a bicheira pelo orifício, pronunciam-se estas palavras:

"Bicheira amaldiçoada, os bichos que te comam e que te caiam, com os poderes de Deus e da Virgem Maria. Assim como esta folha é verde e seca, bem assim secará esta malvada bicheira, com os poderes de Deus e da Virgem Maria. Amém".

NB: o rezador, à medida que vai rezando, joga as folhas para trás, por cima do ombro.

No rastro — 1

No rastro dum pé de rês coloca-se uma folha em posição horizontal; no rastro duma das mãos, outra folha em posição contrária; uma pedra sobre cada folha. Quando as folhas estiverem secas... os bichos caem

(De Jacutinga)

COM 3 CIPÓS

Tomam-se 3 cipós de 20 cm de comprimento cada 1; fazem-se 3 laçadas com eles, colocando uma por vez diante do olho direito, quando se mira o animal atacado pela bicheira, enquanto se vai cerrando a laçada. Terminada a operação, jogam-se os 3 cipós para trás, sem olhar onde caíram.

(De 7 Lagoas)

NO RASTRO — 2

Colocam-se no rastro do animal doente e do lado atacado pela bicheira, duas folhas cruzadas, tendo por cima delas uma pedra; à medida que as folhas se vão secando... os bichos vão caindo. (De 7 Lagoas)

COM A FACA

Corta-se com uma faca o rastro do animal doente; tira-se a placa de terra com vegetação e vira-a com as raízes para cima; quando estas se secarem... os bichos caem (De Jacutinga)

COM PALHA DE MILHO — 1

Muitas vezes o animal com bicheira se perde na mata e poderá acabar morrendo se não for curado em tempo. Se a questão é essa, o dono da fazenda ou do rebanho pode usar uma benzedura que cura à distância mesmo. Que tem-se revelado muito poderosa na cura de bezerrinho com bicheira no umbigo; vaca com bicheira no ubre; cavalo pisado com bicheira no lombo; cachorro com bicheira nas orelhas.

O benzedor procede assim: toma 2 fiapos de palha de milho e vira na direção que sabe — ou imagina — estar o animal perdido no pasto ou na mata. Ergue os fiapos fazendo cruz no alto, no rumo escolhido e diz, concentrado e com fé:

"Bicho, vai para frente, assim como aqueles que trabalham aos domingos e dias santos".

COM UMA PALHA DE MILHO — 2

Outra maneira de curar a bicheira é a seguinte: toma-se uma palha de milho e faz-se uma laçada do mesmo tamanho da ferida atacada; cerra-se o laço e joga-se para trás dizendo: **"Serviço em domingo não vai para frente... e esta bicheira também não vai!"** E assim cairão os bichos dentro de 3 dias.

Com 10 PEDRAS

"Os filhos de Israel S. 10
De 10 tira 1, ficam 9
De 9 tira 1, ficam 8
De 8 tira 1, ficam 7
De 7 tira 1, ficam 6
De 6 tira 1, ficam 5
De 5 tira 1, ficam 4
De 4 tira 1, ficam 3
De 3 tira 1, ficam 2
De 2 tira 1, fica 1
De 1 tira 1 noves fora deu nada
Assim como Jesus Cristo seguiu adiante
Assim será os bichos dessa bicheira
Que vai saindo de 1 em 1
               2 em 2
               3 em 3
               4 em 4
               5 em 5
               6 em 6
               7 em 7
               8 em 8
               9 em 9
               10 em 10 até o derradeiro."

O rezador deve pegar 10 pedras na mão e virar de costas para a pessoa ou animal a ser rezado, a seguir vai andando e declamando a oração, jogando as pedras de 1 a 1 para trás, por cima das costas, até terminar.

⁻ Rezar depois 1 pai-nosso para as 5 chagas de N. Sr. Jesus Cristo.

Com CAFÉ DE PROSTITUTA

Do interior de S. Paulo, região de S. João da Boa Vista, mais precisamente no distrito de Itobi, vem uma benzedura contra bicheira muito peculiar. Diz ela:

Se o animal está atacado da danada da bicheira, deve o seu dono tomar duma porção de café socado por uma mulher de vida perdida (prostituta), escolher o nome dum sujeito bem dos safados e rumar para uma encruzilhada de estrada de terra. Lá chegando, o benzedor com o animal despejará o café socado em formato de cruz, acompanhando o sentido das duas estradas que formam a encruzilhada.

E dirá ao mesmo tempo:

"Em nome do meu compadre *F...*, **o homem mais à-toa que tem por aqui e, com o café socado num dia de domingo, pela mulher à-toa,** *F...*, **sendo os 2 amaldiçoados por Deus, eu te curo essa bicheira".**

NB: o último punhado do café será atirado sobre o animal doente. Caso o bicho não consiga caminhar até a encruzilhada, o dono deve fazer tudo e levar o último punhado até onde ele estiver e atirar lá mesmo.

Com Deus e a Mãe Santíssima

1 outro rezamento de bicheira, do Vale do Paraíba, traz duas fórmulas mágicas:

"Eu (pronuncia-se o nome do benzedor) **te benzo, bicheira, com as palavras de Deus e nossa Mãe Santíssima. Pois, assim como serviço de domingo não vai para frente, esta bicheira não há de ir, os bichos que vão pras areias gordas".**[*]

De longe

O vaqueiro, de longe, sem ver a rês atacada de bicheira, concentra-se a benze-se, lançando este ensalmo:

"Mão que comeis, a Deus não louvais e nesta bicheira não comereis mais. Há de cair caminho de 10 em 10, de 9 em 9, etc., até de 1 em 1 e nesta bicheira não ficará nenhuma".

NB: reza 3 pais-nossos e 3 ave-marias. O ensalmo é oferecido às 5 chagas de N. Sr. Jesus Cristo.

Com uma palha de milho

Faz-se com uma palha de milho uma laçada do tamanho da ferida. E, apertando-lhe o nó, dizem: **"Como não vai adiante serviço de domingo, não irá adiante esta bicheira!"**

E joga-se para trás das costas a laçada. Dizem que a cura é certa.

(*) Areias gordas — Brasileiríssimo: nome popular do Inferno.

Curador de rastro

Chama-se de "Curador de Rastro" no sertão do Nordeste, aos feiticeiros ou simples curiosos, que faziam cair os bichos (vermes) das bicheiras dos animais de pasto (boi, vaca, cavalo, porco, etc.). Quando aprecia 1 boi atacado de bichos, era chamá-lo. Ele chegava, olhava o rastro do animal e fazia sua mandinga. No dia seguinte, o animal amanhecia curado.

O segredo da simpatia? Um deles a muito custo, contou:

"Eu chego, ajoelho em frente ao rastro do animal com bicheira e rezo assim: **Quem dessa carne comer e a Deus não louvar, caia de 1 em 1, de 2 em 2, de 3 em 3, de 4 em 4, de 5 em 5, de 6 em 6, de 7 em 7, de 8 em 8, de 9 em 9, de 8 em 8, de 7 em 7, de 6 em 6, de 5 em 5, de 4 em 4, de 3 em 3, de 2 em 2, de 1 em 1 e depois não ficará nenhum.'**

NB: é preciso dizer isso com muita fé. Em seguida, rezar 1 pai-nosso e 1 ave-maria. Terminando, cubro o rastro com uma pedra e vou-me embora. Os bichos do animal caem todos e a ferida sara. É tiro e queda".

Outra

Explica o prof. Luís da Camara Cascudo, que tais recitativos são ensalmos numéricos em colocação decrescente que obrigam à diminuição das entidades sob sua influência na mesma ordem em que foram os números indicados. Toda a Europa conhece essa tradição e a emprega não apenas como força mágica como também acalantos.

O ensalmo mais popular entre os curadores-de-rastro é o seguinte:

"Mal (ou bichos) **que comeis**
A Deus não louveis! (Ainda caireis!)
E nesta bicheira
Não comerás mais!
Hás de ir caindo:
De 10   em 10,
De 9   em 9,
De 8   em 8,
De 7   em 7,
De 6   em 6,
De 5   em 5,
De 4   em 4,
De 3   em 3,
De 2   em 2,
De 1   em 1!

E nesta bicheira
Não ficará nenhum!
Há de ficar limpa e sã
Como limpas e sãs ficaram
As 5 chagas
De N. Senhor".

NB: depois risca-se no ar uma cruz e os bichos caem.

VARIANTE

"Males que comeis, a Deus não louvais!
Permita meus Deus, que todos caiais!
De 1 em 1, de 2 em 2, de 3 em 3, de 4 em 4, de 5 em 5, de 6 em 6, de 7 em 7, de 8 em 8, de 9 em 9, de 10 em 10, que não tenham pés!"

TUDO PARA TRÁS

O benzedor vai andando para trás, rasgando uma palha, jogando os fiapos por cima dos ombros e vai falando sem parar o nome duma gente ruim, velhaca, de maus costumes. Feito isso e, se o nome da pessoa tem força, bicho não fica 1...

COM 1 CÍRCULO

Na cura das feridas (bicheiras) dos quadrúpedes, o rezador toma uma palhinha flexível e enlaça as duas extremidades de modo a formar 1 círculo de diâmetro mais ou menos igual ao da ferida, círculo que é posto em face da parte ofendida do animal e diz:

"Foge doença
De bicho mau
Da santa presença
De S. Nicolau.
Verme da terra
Na terra dura,
S. Nicolau
Fez tua sepultura."

Traçando uma cruz

No litoral do Nordeste, assim é que a rês doente, primeiramente, fica identificada, na sua ausência, examinando-se as coincidências do caso com as depressões constatadas na areia. Então o vaqueiro que entende do riscado analisa o terreno pisado, verifica o fato e traçando uma cruz, com acentuado e pachorrento cuidado, retira a terra de 4 pontas correspondentes às 4 pernas da cruz. Coloca a terra colhida numa xícara com água — joga a mistura pelas costas — dizendo:

"Assim como está xícara se esvaziou,
A bicheira da rês... (diz o nome)
Ficará curada,
Ficará curada."

Ajoelhando-se

Para curar bicheiras dos animais há uma reza "milagrosa". E não há necessidade da presença do animal doente! Basta seu rastro, diante do qual se ajoelha o curandeiro, coloca sobre o mesmo alguns garranchos em forma de cruz e benzendo-o com 1 ramo verde recita, fervoroso, esta curiosa reza:

"Em nome do pai eterno,
Eu te mando pros inferno...
Pra casa do juiz,
Ou de muié meretriz...
Pra casa de advogado,
Ou de homem amancebado...
Pra casa do escrivão,
E faça dele seu pão...
Caia tudo de 7 em 7,
Na ponta do canivete...
Caia tudo de 3 em 3,
E se acabe duma vez...
Com o poder de S. Brás,
Caiam todos para trás..."

Benzedura forte — 1

"Assim como a mulher do padre
Não assiste à missa inteira,
Assim cairão todos os bichos
Desta bicheira."

BENZEDURA FORTE — 2

Pela manhã, em jejum, sem lavar a boca, dirige-se para perto do animal sem tocá-lo, diz as seguintes palavras:

"Bom dia, bicho berne, bicho de imundície, o que está fazendo no corpo deste animal? Deus permita que aumentes tanto como a mesa em que se come e não reza. Em nome de Deus e da Virgem Maria. Amém."

NB: dizer 3 vezes consecutivas, em 3 dias seguidos. Logo na 1ª benzedura, isto é, no dia seguinte a ela, os bichos começam a 'debulhar' e por fim acabam secando.

BENZEDURA FORTE — 3

**"Assim como a mulher do padre
Não assiste à missa inteira,
Assim cairão todos os bichos
Desta bicheira."**

NB: o benzedor indaga a cor do pêlo do animal e a direção em que o mesmo se encontra.

BENZEDURA FORTE — 4

O benzedor deve estar munido de 1 "brevinho" denominado 'patuazinho das imundícies' (convém notar que poucos são os mortais que têm a honra de conhecer este segredo, suas características e fases) e com a frente voltada para a bicheira empunha o mencionado brevinho, levanta-o à altura da testa e descreve no ar 3 cruzes invertidas, ou de cabeça para baixo (segundo a expressão usual), dizendo:

"Do filho do Pai, do santo, do *espírito*, Amém." Com o mesmo brevinho descreve 1 círculo ao redor da bicheira e prossegue: **"Pelo sangue do bom Abel, pela torre de Babel. E pelos trabalhos nos dias santificados e dos domingos, que Deus amaldiçoou — eu também te maldigo, bicharedo, judiação..."**

O benzedor dá 3 passos à retaguarda e exclama de cada vez: **"Daqui só para trás — daqui só para trás — daqui só para trás."**

NB: se a "criação doente" estiver presente, está realizada a cerimônia; e se a mesma estiver ausente, depois de estar a par da direção do animal, e de seu respectivo pêlo, a cerimônia é repetida 3 vezes.

O brevinho é confeccionado da seguinte maneira: num dia de 6ª-feira santa, torna-se 1 pedaço de algodão (fazenda) que ainda não foi lavado, costura-se à mão, com linha branca, na forma dum sequitel; depois coloca-se nele uma antiga moeda de prata, 3 cruzes de capim e 3 bichos de bicheira, atados pelo 1/2, por 1 fio de linha branca. Em seguida é costurada a boca do sequitel e o mesmo é enterrado com seu conteúdo em terras de mata virgem e desenterrado no domingo de Páscoa, às 10 hs da manhã, pronto para entrar em ação. O gesto de descrever 1 círculo ao redor da bicheira é para limitar-lhe o raio de ação.

BENZEDURA FORTE — 5

O benzedor procura o rastro do animal que traz a bicheira e recorta-o na terra com uma faca de ponta e inverte o molde assim recortado. 1º o rastro da mão de montar, depois do pé do lado de laçar, depois da mão de laçar e por último, do pé do lado de montar. E, cada vez que inverte o molde, pronuncia o seguinte: **"Se és da Serra, vá pra terra! Se és do ar, vá pro mar!"** Toma 3 fios de linha branca e, de costas para o local da operação, dá 3 passos à frente e a cada 1 joga 1 pedaço de fio, no qual deu 1 nó cego, para trás, pensando firmemente na destruição da bicheira. Não deve olhar pra trás nem mandar ver o animal durante 3 dias.

BENZEDURA FORTE — 6

O benzedor deve fazer cruzes com 1 ramo de arruda molhada em água corrente. Durante a benzedura vai jogando a água para trás das suas costas, e reza:

"Esta imundície que aí criou, foi mal que aconteceu uma varejeira em ti pousou e aí depositou a bicheira nesse pobre animal. E assim como ela entrou, assim deve sair, para desaparecer para sempre. Amém."

BENZEDURA FORTE — 7

O benzedor deve indagar previamente a cor do pêlo do animal, mandando virar as suas pegadas no terreno antes de recitar a oração:

"Este animal de... (tal pêlo), **que tem bicho, em...(tal) lugar, Deus permita que de 9 em 9, de 8, de 7, etc., todos os bichos caiam, não ficando nenhum."**

BENZEDURA FORTE — 8

Assim como as 3 Pessoas da Santíssima Trindade são certas e verdadeiras, saiam os bichos desta bicheira. Caiam de 7 em 7, etc.".

NB: a 1ª vez, reza 5 vezes a oração acima; a 2ª, 3 vezes e a 3ª uma vez. Se a benzedura é feita à distância, vira-se o benzedor para o lado em que presumivelmente se encontra o animal atacado.

BENZEDURA FORTE — 9

"Em nome do Pai, do Filho e do Espírito-santo. Amém. Faraó tinha 19 filhos; morreu 1 ficaram 18; morreu mais 1, ficaram 17; etc.; morreu mais 1 e ficou só 1; de 1 morreu 1 e ficou nenhum. Assim os bichos desta bicheira hão de morrer de 1 em 1, até que não fique mais nenhum. Amém."

NB: a benzedura é realizada fazendo o benzedor o sinal-da-cruz e persignando-se ao final."

BENZEDURA FORTE — 10

"Adão tinha 10 filhos; de 10, parou-se em 9; de 9 parou-se em 8; etc.; de 2 parou-se em 1 permita Jesus que estes bichos caia tudo de 1 em 1; que ela seja tão atrasada como serviço de domingo".

BENZEDURA FORTE — 11

Ainda para as míases de animais, recolhidas foram em Sta. Catarina mais as seguintes:

"Isidora era mulher; bichos agudos, que leve o diabo tudo" (3 vezes); **"A bicheira deste animal há de aumentar tanto, como a pessoa que trabalha em domingo ou dia santo'."**

BENZEDURA EM ALEMÃO

Tais rezas e simpatias são tão eficazes, que até os colonos alemães as utilizam, como a seguinte fórmula recolhida pelo prof. Egon Schaden mostra que o benzedor prepara 3 hastes de capim com as quais faz 1 laço. Segura-o diante dos olhos e olha através do mesmo a ferida em que estão os bichos e recita:

"Tão certo como não se tira proveito de trabalhos servis em domingos e dias santos, tão certo não hão de prosperar doravante, os bichos neste animal e serão colhidos pela morte rápida. Em nome da Santa Trindade, fique liberto de seu mal."

PARA DEBELAR A BICHEIRA DO ANIMAL OU DO HOMEM

3 palhinhas da espiga do milho.

Pede-se em honra a N. Sra. Aparecida para curar a bicheira. Numa palhinha arma-se uma laçada e na medida em que se vai fechando, dizer o seguinte:

"Tinha 10-9-8-7-6-5-4-3-2-1 e de 1 em 1, não tem nenhum."

E assim proceder com as 3 palhas e com as mesmas palavras.

BICHOS

DO PÉ

Em Pernambuco, para acabar quer com as pulgas, quer os bichos dos pés, o processo é mais complicado. Num dia de 5ª-feira, à tarde, varre-se bem a casa e a pessoa que tem de fazer o benzimento, levanta-se no outro dia muito cedo, não fala absolutamente, não boceja e nem abre a boca. Reza por 3 vezes 1 ave-maria, toma depois 1 bochecho d'água e borrifa os cantos da casa dizendo mental e repetidamente:

"Pulgas e bichos
Fiquem citados
Que de hoje para amanhã
Vocês são mudados."

VENENOSOS

"S. Silvestre de ramo
Vós que nos livre de tudo
7 cão raivoso, home temeroso
Jogo de chanfra, ferro frio, água do rio
Morte supilante amém."

NB: repetir 3 vezes com 3 ramos verdes em gestos de cruz várias vezes
‾ A seguir rezar 1 pai-nosso para N. Sra. do Desterro.

BRONQUITE

A bronquite é 1 mal que atinge milhares de pessoas. Depois de ter tentado o tratamento dessa doença pela Medicina, você tem ainda uma chance de combatê-la com uma benzedura de S. Bernardo de Sena.

Para levar a efeito tal remédio, é preciso que tenha uma série de ingredientes, a fim de preparar uma unção: penas de urubu, óleo de oliva, sal, salsa e alecrim. Torre as penas do urubu guarde o pó. Depois junte a salsa e o alecrim, cortados aos pedacinhos, ao óleo de oliva. Daí, misture o pó das penas do urubu e diga, ungindo a testa e a garganta do doente:

"Ai, da bronquite de *F*.... Tenha pena S. Bernardo de Sena.

Por isso curo este doente do mal em nome do Pai, do Filho e do Espírito-santo, amém."

BUCHO

VIRADO

O "vento-virado", ou "ventre-virado" é muito comum na roça. Acredita-se que o mal venha de sustos ou movimentos bruscos ocasionados em crianças de pouca idade. Uma benzedeira de Sorocaba, interior de S. Paulo, curava o chamado "bucho virado" fazendo seguidas cruzes com o polegar direito untado de azeite, sobre a barriga das crianças e declamando:

"Com 2 te botaram

com 3 eu te tiro

com as forças de Deus.

Olhando de homem ou mulher

há de ser arretirado.

Oh! meu Deus

e a Virgem Maria

há de ser arretirado esse olhado

com os poderes de Deus

e da Virgem Maria.

Se for o bucho virado,

se for pulmão virado

com os poderes de Deus

e da Virgem Maria

deve ser arretirado."

CAÍDO

Conhecido como ventre-derrubado ou bucho caído, esse mal ataca por demais as pessoas que fazem esforço físico no trabalho. A 1ª providência é o repouso. Quem estiver de "bucho caído", que não se atreva a continuar lidando na enxada, na lavagem de roupa na beira do rio, em nada. É preciso deitar logo. A 2ª providência é chamar uma benzedeira das boas. Se não houver uma por perto, que chame uma comadre ou mesmo 1 parente. Pai, filho ou qualquer outro homem não serve. Esta benzedura que segue tem de ser feita por mulher. É assim:

Com o doente deitado de costas, com a barriga pra cima, a benzedeira passa a mão espalmada fazendo cruz sobre o ventre e repetindo 3 vezes:

"Deus quer, Deus pode,
Deus acaba tudo quando quer.
N. Sr. Jesus Cristo
acabará com bucho caído
e tudo quanto quiser."

Benzedor
José dos Santos (Pará)

CAMPAINHA-CAÍDA

É a uveíte. Quando a úvula se inflama, aumenta a necessariamente de volume, sendo que o edema a torna às vezes tão longa que se assenta sobre as papilas do V lingual, causando uma desagradável sensação. Para afastar o mal invoca o benzedor o santo padroeiro contra os males da garganta e 2 santos médicos, S. Brás e S. Lucas, nas seguintes benzeduras:

BENZEDURA — 1

"S. Brás e S. Lucas,
Esteira rota,
Levanta-te campainha
Do céu da boca!"

BENZEDURA — 2

"O padre vestiu-se e se arrevestiu-se e subiu pro altá
Campainha caída passa pra teu lugá.
Campainha caída Deus que te botou
Deus que adornou,
Deus te alevantou
Com os poderes de Deus-padre, Deus-filho, Espírito-santo. Amém".

NB: Suspende os queixos e puxa as orelhas e suspende a croa da cabeça com as mãos sujas de cinza. Reza 3 vezes.

 ̄ Depois reza 1 pai-nosso e 1 ave-maria em intenção da hora da missa que o padre sobre pro altar.

BENZEDURA — 3

Campainha-caída para os curandeiros e benzedeiras de várias regiões, são geralmente todas as doenças da garganta e sua cura através do benzimento é feita da seguinte maneira: Puxam levemente os cabelos no centro da cabeça do doente, no sentido duma cruz e, depois, fazem também cruzes na garganta com o dedo polegar, enquanto dizem:

"Jesus Cristo quando no mundo andou, foi curando todos os males. Puxo estes cabelos para esta campainha alevantar. Jesus Cristo, Ave Maria! Com o dedo polegar, levanto esta campainha! Tu hás de ficar livre de campainha-caída, dor de garganta e todo mal de garganta".

NB: repetir por 3 vezes.

† Rezar após o pai-nosso, a ave-maria, o salve-rainha e o gloria-ao-pai.

CARNE QUEBRADA E NERVO TORTO

Em *carne quebrada e nervo torto* se incluem todas as entorses, distensões musculares, mialgias, artralgias e outras dores, tão freqüentes entre os trabalhadores braçais, pescadores lavradores e tropeiros 1 esforço maior e *as cadeiras* (região lombar) doem; ou a musculatura dos membros; ou a do abdômen. 1 passo em falso, uma negaça dum animal, 1 tropeço — e uma articulação estala. Estala, dói e *incha*. Tudo isto é carne quebrada. E, se não for, é nervo torto. E o remédio é benzer, isto é coser com benzedura, para que cesse a dor, para que volte o membro a funcionar, para que o edema desapareça.

Evocando Deus, a Virgem e S. Frutuoso

"— O que coso?
— Carne quebrada,
   Bem cavargada
   E nervo torto.
— Assim mesmo coso.
   Se for carne quebrada
   Eu coso;
   Se não for,
   Descoso.
   Em nome de Deus
   Da Virgem Maria
   E de S. Frutuoso"

NB: S. Frutuoso é padroeiro dos aleijados.

Evocando Deus, a Virgem e S. Virtuoso

"— Que coso?
— Carne quebrada e nervo torto.
— Isto mesmo eu coso
   Em nome de Deus e da Virgem Maria,
   E de S. Virtuoso.
   Se for carne rendida, torne a soldar,
   Se for nervo torto, torne a ir a seu lugar".

NB: a pessoa que benze toma dum pedaço de pano e duma agulha com linha e vai costurando, enquanto reza a benzedura. Da 1ª vez será repetida 9 vezes; da 2ª, 7; e da 3ª 5.

EVOCANDO S. VIRTUOSO

"S. Virtuoso

De que qui eu coso

Carne quebrada, nervo torto, osso rendido

Assim mesmo eu coso com os poder de Deus e da Virgem Maria."

NB: repetir 3 vezes, costurando 1 pedaço de pano com uma agulha e linha no local ferido.

EVOCANDO S. SILVESTRE — 1

"— Que coso?"

— Carne quebrada, nervo torto.

— Se é carne quebrada, eu coso,

  Se não é, descoso.

  Glorioso S. Silvestre"

EVOCANDO S. SILVESTRE — 2

"Carne quebrada

Assim mesmo eu coso

Carne quebrada, nervos tortos, veia rendida,

Osso deslocado, osso desmentido e carne rasgada.

Com os poder de Deus e S. Silvestre

Jesus Cristo será meu mestre

Pai, Filho e Espírito-santo, Amém."

NB: repetir 3 vezes com 3 ramos verdes em gestos de cruz várias vezes.

EVOCANDO S. FRUTUOSO — 1

"O que benze?

Carne quebrada em louvor a S. Frutuoso

Assim mesmo eu benzo

Osso rendido, nervo torto, veia rebentada, carne quebrada."

NB: repetir 3 vezes usando 3 ramos verdes em gesto de cruz várias vezes

‾ A seguir rezar 1 ave-maria para Jesus Cristo.

EVOCANDO S. FRUTUOSO — 2

"Coso pra S. Frutuoso
Carne quebrada, nervo torto, osso rendido
E veia gravada"

NB: repetir 3 vezes usando 3 ramos verdes em gestos de cruz várias vezes

‾ A seguir rezar 1 pai-nosso com 1 ave-maria para N. Sra. da Boa-vida e N. Sra. da Saúde.

EVOCANDO S. FRUTUOSO — 3

"Eu te coso carne machucada
Veia cravada, nervo retrocido
Osso rendido
De frio e jeito e força
Assim mesmo eu coso meu S. Frutuoso
Com as 3 ave-marias
Ave-maria da carne machucada
Ave-maria da veia agravada
Ave-maria do nervo retorcido
Ave-maria do osso rendido
Assim mesmo eu coso
Meu S. Frutuoso"

NB: repetir 3 vezes com 3 ramos verdes em gestos de cruz várias vezes.

EVOCANDO S. FRUTUOSO — 4

"O que é que coso?
Assim mesmo eu coso
Osso rendido, nervo magoado, veia sentida, carne quebrada
Assim mesmo eu coso
Em louvor a S. Frutuoso"

NB: no decorrer da benzeção usa uma agulha com linha e vai costurando 1 pedaço de pano em cima do local machucado. Ao terminar deixar o pano costurado 7 dias.

EVOCANDO S. FRUTUOSO — 5

"Com os poderes de Deus e da Virgem Maria, senhor Frutuoso, o que eu coso? Carne quebrada, nervo desconjuntado, carne machucada, osso desapertado. Senhor S. Frutuoso, rezo esta desmentidura. Ofereço ao S. Frutuoso, com os poderes de Deus e da Virgem Maria, Amém"

EVOCANDO N. SRA. DO DESTERRO

"Deus te benze de carne quebrada
Osso rendido, carne machucada."

NB: repetir 3 vezes com 3 ramos verdes em gestos de cruz, várias vezes; a seguir rezar 1 pai-nosso com 1 ave-maria para N. Sra do Desterro.

EVOCANDO S. GILAFONSO E S. FRUTUOSO

"Eu te benzo de carne quebrada, nervo torto,
Veias arrebentadas, ossos rendidos
S. Gilafonso, S. Frutuoso
Assim mesmo eu coso"

NB: repetir 3 vezes usando uma agulha com linha e 1 pedaço de pano no decorrer da declamação da declamação vai costurando o pedaço de pano. Também benzer com 1 galho de espinhos em gestos de cruz várias vezes e quando termina coloca o galho de espinho debaixo duma pedra.

EVOCANDO A VIRGEM

"Carne quebrada
Nervo agravado
Veia rendida
Assim mesmo eu coso
Com os poder da Virgem Maria"

⁻ Depois reza-se 1 pai-nosso com 3 ave-marias. Benzer com ramo verde.

EVOCANDO DEUS E A VIRGEM — 1

"— De que eu coso?
— Carne quebrada, osso rendido, nervo agravado.

— Assim mesmo eu coso

Com os poder de Deus e da Virgem Maria"

NB: na medida em que vai sendo declamada a oração, ir costurando 1 pedaço de pano com linha e agulha no local ofendido.

VARIANTE

"— O que coso?"
— **Carne quebrada, osso rendido e nervo torto.**
— **Isto mesmo eu coso"**

EVOCANDO DEUS E A VIRGEM — 2

"— O que corto?
— **Carne quebrada e nervo torto.**
— **Assim mesmo benzo, em nome de Deus e de Sto. Afonso;**
Se for carne quebrada que torne a soldar;
Se for nervo torto, que vá para o lugar,
Em nome de Deus e da Virgem Maria."

NB: da 1ª vez, repete-se 7 vezes; da 2ª vez, 5 e da 3ª, 3.
~ Rezar 1 ave-maria oferecendo-a a Deus e a Sto. Afonso

EVOCANDO DEUS E A VIRGEM — 3

"— O que coso?
— **Carne quebrada e nervo torto.**
— **Coso carne para sarar, em nome de Deus e da Virgem Maria"**
(3 vezes).

EVOCANDO DEUS, A VIRGEM MARIA E STO. AFONSO

"Eu benzo de carne quebrada, veia aberta e nervo torto; osso escondo por nome de Deus, da Virgem Maria e de Sto. Afonso"

VARIANTE

"Eu benzo de carne quebrada e nervo torto; quem quiser ganhar a vida que ganhe com o próprio corpo".

EVOCANDO JESUS

"Carne quebrada
Osso rendido

Nervo desmentido
Com os poderes de Deus e da Virgem Maria
Esse osso será colocado
Assim como o meu sangue foi colocado na veia
Jesus Cristo em sua ceia
Esse osso não será rendido
Nem a carne desmentida"

⁻ Depois da oração, oferece 1 pai-nosso para Jesus de Nazaré.
NB: pode benzer com 1 tição ou ramo verde.

Evocando S. Francisco

"Carne trilhada,
Nervo torcido,
ossos e veias
E cordoveias,
Tudo isso eu coso
Com louvor
De S. Francisco".

NB: deve-se costurar, com uma agulha enfiada de linha, a região, enquanto se recita.

Evocando Deus e Sto. Afonso

"— O que coso?"
— Carne quebrada e nervo torto.
— Se for carne quebrada,
  Que torne a soldar;
  Se for nervo torto,
  Que volte ao lugar,
  Em nome de Deus e de Sto. Afonso"

Evocando Sta. Vitória

Sta. Vitória é quem toma conta daqueles que se machucaram em quedas. Por isso muitas benzeduras para ferimentos feitos em quedas invocam o nome dela. Esta antiga benzedura não foge à regra:

Com uma bacia onde se fez uma mistura de água e sal grosso, a qual será utilizada para benzer, encharcar 1 pano branco limpo. Dizer:

"Jesus quando viu que S. Pedro tinha caído e se machucado, disse a ele:

— Tome água e tome sal, Pedro

E depois Sta. Vitória ouviu e repetiu:

— Tome água e tome sal.

Eu aqui e agora, com a força que me dão o Pai, o Filho e o Espírito-santo e Sta. Vitória, lavo sua machucadura com água e sal, pois é o remédio que Deus mandou e Sta. Vitória aprovou. Eu lavo e saro suas machucaduras em nome do Pai, do Filho e do Espírito-santo."

CASA

PARA LIVRÁ-LA DOS MAUS ESPÍRITOS

Para que uma casa seja 1 lugar de gente feliz, é preciso mandar embora os maus *espíritos* que lá estejam. São maus *espíritos* que se apegaram àquela casa e perturbam os moradores para estes irem embora. Para expulsar tais hóspedes não benquistos assim os conjuramos:

"Eu vos conjuro, *espíritos*-rebeldes, habitantes pertubadores desta casa. Eu vos conjuro para que desapareçam daqui e isso faço contando com a força luminosa de Deus e dos grandes *espíritos*. Adonai, Elhoin e Jeovah por tantos nomes que tenha, os mandará para seu verdadeiro lugar. Não há força contra a força de Deus."

Pegar água benta e ir benzendo:

"Eu benzo esta casa em nome das forças celestiais."

NB: feito isso nos 4 cantos, acender incenso e rezar em silêncio 1 pai-nosso.

PARA QUE O MAL NÃO A ATINJA

Para evitar que qualquer mal atinja sua casa, você deve consagrá-la a Deus. Com este objetivo o benzedor benze todos os cantos dela molhando

1 ramo verde num copo de água benta. Todos os moradores devem estar presentes e acompanhar o benzedor nesta oração:

"Em nome do Pai, do Filho e do Espírito-santo. Pai Eterno Onipotente, lançai vosso misericordioso olhar sobre esta casa e sobre a família que nela habita. S. Miguel, príncipe das hostes celestiais, com vossa espada afugentai os demônios, maus-*espíritos*, *entidades*-malfeitoras, do recinto desta casa. Deus, humildemente, vos dedicamos esta residência, rogando por vossa benção sobre ela, a fim de que, livres das influências nefastas, possam todos que nela moram habitá-la em paz e sossego. Assim seja."

Para guardá-la

Esta é a benzedura certa para que a sua casa seja plena da presença de Deus:

"A ti, Deus Pai Onipotente, humildemente pedimos que bendigas a nossa entrada nesta nova casa. Pedimos que te dignes a santificar esta moradia como abençoastes a casa de Abraão e de Jacó. E fizestes estar dentro delas os teus santos anjos.

Faz então que tais anjos guardem e defendam esta nova casa, de todo o *espírito*-mau e defendam nosso corpo dos malefícios que Satã queira mandar contra ele. Não só de satã nos defenda, mas de seus mandados, *espíritos* do mal. Dá Senhor, a esta nova casa, abundância de virtude celeste e toda a felicidade desta terra. Por Jesus Cristo N. Senhor."

Quando se sai de casa

Quando se sai de casa para trabalhar ou por outro motivo qualquer dirá o seguinte:

"Poderei fazer tudo com a ajuda de Jesus... ele me ajudará"

CASAMENTO

Para conservá-lo firme

Diante da pessoa que precisa desta ajuda, pegue 7 folhas de planta "comigo-ninguém-pode". Acrescente 7 flores de "amor-dos-campos", uma por cima da outra e faça com elas 1 rolo. Escreva o nome do conjuge da pessoa a quem ajudar em papel branco e virgem. Depois chame pelo nome da pessoa enquanto coloca o papel branco no 1/2 do rolo das plantas.

Acenda uma vela de cabeça para baixo (com o pavio para baixo) num pires branco. Coloque o pires com a vela e segure a mão direita da pessoa fazendo nela o sinal-da-cruz e diga:

"Fulano (a) **nunca sai da vida de** *Fulana* (o)"

Vá dizendo isso até a vela se apagar. Quando a vela se apagar, peça à pessoa para quem fez a benzedura que faça 1 embrulho de tudo e coloque no seu jardim.

NB: nunca faça esta benzedura em dias de 2as ou 6as-feiras. Esta pratica não pode ser repetida.

CAXUMBA

DE MENINO

A caxumba é uma doença desagradável, pois ataca as glândulas paratireóides, fazendo-as inchar no pescoço. Além disso, todos temem muito que a caxumba, nos meninos, possa atacar a bolsa escrotal. Para combater a caxumba existe uma benzedura infalível:

Devemos comprar uma colher pequena de pau ou pegar uma que nunca tenha sido usada.

Em seguida arrumamos, numa xícara pó de café. Pegamos a colherzinha de pau e enquanto mexemos com ela o pó de café repetimos várias vezes, mas só no pensamento:

"Aquele que for
assim marcado,
da caxumba será curado."

NB: passamos então sobre cada lado do pescoço fazendo em cada uma delas o sinal-da-cruz.

BENZEDURA DE STA. CATARINA

"Caxumba, caxumbada
Eu de ti não quero nada,
Toma logo uma umbigada"

CEGUEIRA

A cegueira é dos mais tristes males que atingem as pessoas. E há doenças que podem levar a 1 tal estado de falta de visão. Está claro que o 1º a se fazer é consultar 1 médico, mas também temos a "benzedura de Sto. Albino" contra a cegueira.

A pessoa que benze deve ter em sua mão direita 1 algodão molhado em água e sal e, com esse algodão, fazer o sinal-da-cruz, alternadamente, num olho e outro dizendo:

"Quando Jesus curava os cegos e fazia os cegos verem de novo, a multidão o chamava de santo. Assim Sto. Albino me deu esse poder de curar a cegueira, em nome de N. Sr. Jesus Cristo e da Santíssima Trindade. Em nome do Pai, do Filho e do Espírito-santo. Amém."

CHAGAS

"Com a permissão de Deus, eu te corto todas as chagas do corpo e do *espírito*, eu sou Lázaro filho de Deus vivo, tive o meu corpo em chagas. Chagas teve Jesus e todas foram fechadas, fechado será o teu corpo para todos os males que aparecem, estou ao lado de Cristo, Lázaro, eu sou o curador trazendo os cães que curam com sua saliva sagrada.

Salve S. Roque

Salve S. Lázaro em nome da Trindade:

Jesus Maria e José!"

NB: depois de fazer esta prece, por 1 pouco de saliva em cruz com o dedo polegar em cima da ferida e quando está todo o corpo faz o sinal-da-cruz na testa, nas duas mãos e nos 2 pés. Esta prece serve também para as bicheiras dos animais fazendo 5 dias seguidos.

CISCOS

Se 1 argueiro (cisco) entrou em seu olho ou de outra pessoa, não querendo sair e o está incomodando, experimente fazer este benzimento em sí mesmo ou da outra pessoa, para descobrir se você tem dom de curar pelo benzimento: Ponha 1 dos dedos da mão esquerda sobre o olho onde está o cisco, esfregando-o levemente e dizendo:

"Sta. Luzia passou por aqui, com seu cavalinho comendo capim. Salve Deus-pai, Deus-filho, Deus-*espírito*-santo, que há de tirar este cisco ou argueiro de mim!"

NB: se preciso repita o ato por mais duas vezes.

CIÚME

O ciúme é uma doença. Mas é difícil o ciumento reconhecer isso. Contudo, se o ciumento ou a ciumenta se dispuserem a se livrar de seus ciúmes, uma benzedura poderá fazer com que o mal desapareça de suas vidas.

Mistura-se azeite com gergelim torrado, até virar uma pasta. Esquenta-se 1 pouco desta pasta num pires com 1 pires com uma vela.

Faz-se 1 sinal-da-cruz na testa da pessoa e diz-se:

"Com a força de Deus te benzo, para que não tenhas mais ciúmes, porque essa doença muito lhe faz sofrer e padecer. Peço a Sta. Filomena que nos ajude nesse apego que tens sobre a pessoa (dizer o nome da pessoa de quem se tem ciúmes) Que tudo seja solto em nome do Pai, do Filho e do Espírito-santo. Amém."

COBRAS E ANIMAIS PEÇONHENTOS

As benzeduras contra as cobras e animais peçonhentos podem ser divididas em 2 grupos: as preventivas e as curativas. As 1ᵃˢ, naturalmente, são destinadas a afastar do caminho do homem os animais perigosos e a evitar que seja ele vítima do ataque de algum deles, conseqüentemente, empeçonhado.

Pertecem a este grupo as seguintes orações, que o paciente mesmo deve saber recitar e levar sobre si, escritas, para conjurar o perigo:

EVOCANDO S. BENTO

"Meu glorioso S. Bento, que subiste no altar, desce de lá, com tua água benta e benze os lugares por onde eu andar, afugenta as cobras e bichos peçonhentos: que não tenham dentes para me morder nem olhos para me olhar. Valha-me, S. Bento, Filho, valha-me, meu *Anjo da Guarda* e valha-me a Virgem Maria. Amém"

EVOCANDO S. BENTO — 1

"S. Bento na água benta
Jesus Cristo no altar,
Os bichos fedorentos que tiverem no meu caminho,
Se arredem que eu vou passar.
Em nome do Padre e do Filho e do Espírito-santo"

EVOCANDO S. BENTO — 2

"S. Bento na água benta,
Jesus Cristo no altar,
O bicho que estiver no caminho,
Arrede que eu vou passar"

EVOCANDO S. BENTO — 3

"S. Bento e água benta,
Jesus Cristo no altar.
Todo bicho e cobra que tiver no caminho,
Arrede que eu quero passar"

EVOCANDO S. BENTO — 4

"Em nome do Padre, do Filho e do Espírito-santo e S. Bento n'agua
benta e Jesus Cristo no altar, cobra maldita te arreda, que eu quero passar."

EVOCANDO S. BENTO — 5

"S. Bento n'água benta,
Jesus Cristo no altar.
Bicho venenoso
Arreda deixa eu passar"

EVOCANDO S. BENTO — 6

"S. Bento, bento no altar,
Tira o inimigo do caminho,
Que eu quero passar"

NB: estas orações são todas semelhantes, variando muito pouco os seus
respectivos textos e trazendo a invocação exata a S. Bento, que, de fato,
é o protetor contra os ataques dos animais peçonhentos.

EVOCANDO S. BENTO — 7

Contra *ofendido de cobra*, mordida de cobra, coloca-se 1 copo de água
no chão, atrás dele uma tesoura aberta, como apenas 1 ponta fincada no

chão. Enquanto se diz a oração, vai-se fechando, devagar, a tesoura. Sabe-se que a pessoa mordida terá ou não a cura se a água tremer e o benzedor não conseguir dizer a oração. A pessoa, o vivente não tem cura. Se o doente piscar o olho e este tremer e, em seguida fechar, sem abrir mais, *aquele vivente já é morto. Não vai mais tê respiração*. Em caso de não se errar a oração, a água e nem o *sangue tremer*, isto é, o benzedor não ficar nervoso, *apavorado* e mais, se uma luz em frente não apagar, não haverá perigo. A pessoa salvar-se-á. Uma das orações diz o seguinte:

"*(Fulano)*, **você tem o que no seu corpo?**

— **Tenho veneno de cobra. — Não é cobra. Que seja veneno de cobra. Tiro no nome de Jesuis, Senhor S. Bento. Cascavel, jararaca, jurucutinga, jurucucu, jurucutu. Agora, nesse momento, Senhor S. Bento da água benta, Jesuis Cristo no artá. Sai, veneno daí! Dêxa fio di Deus criá. Nesse momento digo, o Senhor S. Bento, veneno de quarqué bichu mau peçonhento. Cascavél, jurucutinga, jurucucu, jurucutu. Esse veneno foi entrado pelo buraco que foi feito pelo dente. Senhor S. Bento, que tire esse veneno, pelo mesmo lugar qu'esse veneno entrô. Mêmo lugá esse mesmo veneno saiu. Esse mêmo lugá, esse veneno faste. Saiu este veneno! De quarqué bicho máu peçonhento. Oh! vivente, vai vivê! Tirô esse veneno, qui Jesuis num dá os poder de viver com veneno. Só Sinhor S. Bento qui pode tirá os veneno. 1º lugá qui entrô, esse mêmo lugá foi saído e foi afastadu. Em nome de Jesuis, esse vivente foi curado. Saiu o veneno! Cabô! Fulano, você não sente nada. Levante e anda. Como bicho mau, peçonhento, andô pra e pra longe de você, o mêmo veneno andô, saiu pelo mêmo lugá qu'ele entrô. Foi cascavél, foi jararaca, foi jurucutinga, foi jurucucu, foi jurucutu todo bicho mau peçonhento. Quarqué qui foi, saiu em nome di Jesuis, Senhor S. Bento. Amém.**"

EVOCANDO S. BENTO — 8

"Senhor S. Bento,

Água benta

Que tira o veneno,

Do bicho peçonhento.

Bendito de paca

Louvado de cotia

Se mais eu achasse

Mais eu comia,

Comadre adeus,

Até outro dia"

EVOCANDO S. BENTO — 9

"Senhor S. Bento, livrai-me das cobras e dos bichos peçonhentos"

EVOCANDO SANT'ANA E MARIA

"Santana é mãe de Maria e Maria é mãe de Jesus:
Palavras santas,
Palavras certas
Deixa esta casa
De cobras deserta
Saiam de 9 a 8, de 8 a 7, de 7 a 6, de 6 a 5, de 5 a 4, de 4 a 3, de 3 a 2, de 2 a 1, até que não fique nenhuma".

As orações do 2° grupo são destinadas a curar o paciente já mordido pelo animal peçonhento e que se supõe envenenado:

EVOCANDO JOSÉ E MARIA

"Cipó, por Jesus, José e Maria!
Jesus desceu do céu a terra
Por Sta. Helena, pela pedra d'ara
Por S. Bento,
Pela Hóstia consagrada,
Pela chave do sacrário
Pelas 3 missas do Natal
Por todos os *anjos* e santos do céu
Assim como Jesus abrandou as ondas do mar sagrado,
Assim abrande este mal do teu corpo para fora.
Em nome de Deus e da Virgem Maria".

EVOCANDO S. PATRÍCIO

"Estava S. Patrício na porta do Reino de Deus, sentado, quando avistou uma cobra. Gritou S. Patrício:

— Misericórdia, Senhor!

— O que viste, S. Patrício? — perguntou Deus.

— Cobra, Senhor!

— Sai da porta, S. Patrício, deixa a cobra entrar.

A cobra entrou, Deus perguntou:

— Queres pernas para andar ou veneno para matar?

A cobra respondeu:

— Veneno para matar.

S. Patrício perguntou:

— Senhor, vós ides dar veneno a 1 bicho tão feroz, para nossos filhos acabar?

— Cala, S. Patrício, que darei as palavras para curar".

Ai delires, ai delares, com o nome de Deus e da Virgem Maria eu te vou curar. Amém".

Evocando Deus

O benzedor deverá saber o nome da pessoa, o sexo, a idade, e a variedade da cobra que atacou o mesmo, recitando, em seguida, por 3 vezes o seguinte:

"Alia, dalia, Deus manda que o veneno desta cobra nada seja; Deus que tudo manda, manda que esta cobra morra e *F...* sare".

¯ 3 pai-nossos de trás para deante. Amarra 1 ramo de arruda e esconde até a pessoa sare.

Evocando S. Bento, Maria, José e Jesus

Com a mesma finalidade, diz outra oração:

"— Lá-lô. Subâ subatane. Jesus, Maria e José, S. Bento. O que mordeu, ô vivente?

— Foi cobra.

— Não foi cobra. Cobra não tem os podê de mordê vivente. Cobra só tem os podê de mordê Quelemente di Jesuis. Agora, nesse momento, com Sinhor S. Bento, qui arretira esse veneno, por mesmo lugá qui foi entrado. Veneno qui seja afastado, em nome de Jesus."

† Deve-se repetir a oração 2 vezes.

VARIANTE

"Láia, ladáia, lamana, sabatana, ave-maria.

Ó meu Deus, permitai que por meio desta palavra se extinga o veneno deste bicho mau peçonhento do corpo desta criatura (ou animal) que é Linho, Lemi, Isaó.

Bilamin, sabatana, ave-maria."

CONTRA SUAS PICADAS

Toma-se 1 barbante grosso e amarra-se em duas partes, em torno do lugar picado, na forma de cruz. Como se fosse uma cobra cruzando com a outra, sobre o furo da picada. Amarra-se bem firme o barbante em duas partes e repete-se por 3 vezes, com as mãos sobre a cruz de barbantes:

"Cobra, filha de serpente, pensaste que mordeste F..., mas a ele não mordeste. Mordeste foi o ar, o vento, a brisa que soprava naquela hora. E, assim como eu te ordeno, o teu veneno vai embora".

† Depois de repetir por 3 vezes essas palavras, reza-se 1 creio-em-Deus-pai, oferecendo às *almas* fiéis a Deus, pedindo que evitem todo o mal benzido.

PARA NÃO ENCONTRÁ-LA NO CAMINHO

Quando no Nordeste 1 bando de homens vai entrar no mato fechado para alguma empreita de limpeza ou em busca de alguma rês desgarrada, é costume chamar o benzedor para que ele faça esta benzedura de proteção contra cobras.

O benzedor desenha no chão uma estrela de 5 pontas e põe em cada ponta uma pedra de sal. Depois retira uma pedra, dizendo:

"Esta é a 2ª chaga de meu Sr. Jesus Cristo".

Coloca o sal num copo d'agua e reza 1 pai-nosso. Retira a 2ª pedra, dizendo:

"Esta é a 2ª chaga de meu Sr. Jesus Cristo".

Coloca o sal no copo e reza outro pai-nosso. E assim por diante, até tirar as 5 pedras e rezar 5 pais-nossos. Terminada a 5ª oração e colocada a 5ª pedra no copo, ele dá aos homens que entrarão no mato. Cada 1 deles toma 1 gole da água salgada e reza baixo 1 pai-nosso, pedindo a proteção divina contra as cobras e demais bichos peçonhentos. Feito isso, é só entrar no mato sem medo.

PARA AS PESSOAS PICADAS DE COBRAS

Vire-se do lado em que estiver enfermo (longe ou perto), dê a volta em redor da vítima, rezando o credo, arregace a boca das calças e a manga da camisa (3 dobras) cruze o pé direito sobre o esquerdo e o dedo polegar por cima do indicador (retire de si algum aço, ferro e dinheiro e inicie a oração.

"Oh, estrela gloriosa e preciosa que Deus criou como defensor do veneno de *(Fulano)*. Permita a Deus que esse veneno se transforme em sangue para sustento do seu corpo, em nome dos 7 mistérios divinos, para sempre. Amém".

Dizer Jesus 5 vezes e em cada 1, 1 pai-nosso, 1 ave-maria, 1 glória ao pai, em intenção dos 7 mistérios divinos e das 5 chagas de N. Sr. Jesus Cristo.

"Assim como Jesus Cristo está salvo e são das suas 5 chagas, salvo seja *(Fulano)* do veneno desta serpente; que Deus pode Deus quer, Deus faz tudo quanto quer e assim será feito tudo com o nome de Deus, para o bem da caridade. Amém".

DE COBRA VENENOSA

Mordida de cobra venenosa, é coisa séria. A 1ª coisa que você pode fazer pela vítima é tomar todas as providências necessárias. Depois, sim, faz esta benzedura:

Pegue 3 ramos duma planta (de preferência arruda ou espada-de-são-jorge) e agitando-os em volta do doente, em forma de cruz, diga:

"Oh! estrela gloriosa e preciosa, que Deus criou como defensora do veneno de *F...*, permita que seu corpo seja em nome de 7 Mistérios Divinos, para sempre, amém.

Assim como Jesus Cristo está salvo e são das suas 5 chagas, salvo seja *F...* do veneno da serpente. Deus pode, Deus quer, Deus faz, tudo o quanto quer. Assim será feito tudo com o nome de Deus. Amém. Em nome do Pai, do Filho e do Espírito-santo".

¯ Rezar em seguida 1 pai-nosso, uma ave-maria e 1 creio-em-Deus-pai.

EVOCANDO JESUS, MARIA, JOSÉ E S. BENTO

"Jesus, Maria, José e S. Bento
Grande é o nome de Jesus, Maria, José e S. Bento
Santo é o nome de Jesus, Maria, José e S. Bento
Ilia, Ilós, Edna, e Sabata e Sabatana".

NB: repetir 3 vezes, com 3 ramos verdes, em gestos de cruz várias vezes. A seguir rezar 1 pai-nosso e 3 ave-marias. Se o rezador errar a declamação, a oração perde o efeito, a 1ª providência é não citar a palavra cobra.

Evocando Sto. Antonio de Guiné

"Sto. Antonio de Guiné

Mansa tudo quanto é bravo

Deus que é Deus pode

Deus que faz tudo quanto quer

Assim como Deus faz tudo quanto quer

Vós tira veneno de cobra

E tudo quanto é bicho feroz".

NB: repetir 3 vezes, com 3 ramos verdes em gestos de cruz várias vezes. A seguir rezar 1 pai-nosso e uma ave-maria.

VARIANTE

"Sto. Antônio de Guiné,

amansa tudo o que é bravo.

Deus que é Deus pode,

Deus faz tudo quanto quer.

Assim como Deus

faz tudo quanto quer,

vós, meu Sto. Antônio de Guiné,

Mandai pra longe

todo veneno de cobra

E de tudo quanto é bicho feroz."

Com 1 ramo de arruda

Damázio Damião Ferreira nasceu em Sta. Justa, Município de S. Francisco. Depois foi viver em Luizlândia, onde se tornou 1 famoso curandeiro. Fazendo cruzes com 1 ramo de arruda sobre o ferimento, era assim que ele benzia mordida de cobra:

"O veneno desta cobra, eu comprei e paguei com 3 vinténs. Não devo nada a ninguém.

Grande é o nome de Jesus. Maria José e S. Bento. Por ser 1 santo muito milagroso, me ajudai a tirar o veneno deste vivente."

NB: antes de começar a benzedura, Damázio Damião amarrava a volta do ferimento com duas embiras de milhoró (corda de casca de árvore), de maneira apertada, formando 2 torniquetes.

Evocando S. Pedro

Benzedura para modida de cobra ou calango uma das mais comuns no Brasil. No ambiente rural, essas picadas peçonhentas acontecem quase todos os dias. Para curar picadura de cobras ou, como se diz, calango, pode-se utilizar, também, a benzedura de S. Pedro, o 1º papa da Igreja. Usar óleo de oliva e ungir o ferimento, enquanto se diz:

"S. Pedro entrou no 1/2 do mato.

Jesus disse: — Tome cuidado,

pode ser picado por cobra ou calango.

Nem dito isso, S. Pedro disse: — Ui!

Então, Jesus ungiu o pé onde o calango tinha picado e disse: — Agora, Pedro, você já sabe, ensine os outros como é que se cura peçonha.

Pedro me ensinou e eu te benzo e peço em nome da cura."

† Rezar 3 pais-nossos e 3 aves-marias.

Benzimento de Betim

Benzer a vítima, fazendo 1 sinal-da-cruz no chão, com 1 galhinho e de alecrim rezar: **"Bicho mau não fendeu F..., fendeu foi esta cruz do Senhor S. Bento. Amém."** Apanhar 1 punhadinho de terra de cada quarto da cruz riscada no chão e colocar num copo de água... dando-o ao paciente para beber, depois de fazer 3 sinais da cruz sobre o copo.

Benzimento de 7 Lagoas

S. Bento é o protetor dos mortais contra mordeduras de cobras e de outros bichos de peçonha. Por isso deve-se rezar, para ser protegido:

"Glorioso S. Bento, vós sois o nosso protetor diante de Deus e defensor dos perigos do corpo e da arma; nóis vos invocamos pra que, por meio da santa-cruz com que já tantos prodígio operaste, nos defendais das mordedura de cobra venenosa. A santa-cruz seje a nossa proteção a fim de que o veneno da cobra infernar à nossa arma. Em nome do Pai, do Filho e do Espírito-santo, amém."

Benzimento de Jacutinga

Esta benzedura também é protetora ataque de cobras e curativa de sua mordedura, e reza:

"Glorioso S. Patrício e S. Bento: vós foste aquele senhor que trabalhava em sua missão quando era chamado a este fim pra retirá as cobras do lugar que elas atentavam. Vós chamava todos esses bichos ferozes junto aos seus pés; dali vos mandava a retirada deles pelas ondas do mar sagrado; no momento que vós enviavas esses bichos, eles seguiam por aquela direção, que até sua barba pendia na mesma direção da sua voz; pr'ali os bichos seguiam. Amém."

NB: enquanto se reza vão-se fazendo sinais-da-cruz sobre o corpo da vítima, desde a cabeça até o local ofendido... *"que o veneno daí não passa"*.

CURA À DISTÂNCIA — 1

Se a cura é feita à distância a reza é feita sobre o corpo do *"recadeiro"*:

"Jesus Ave-Maria,
água benta no altar;
as cobras do caminho,
S. Bento vai vigiar.

S. Bento, água benta,
Jesus Cristo no altar;
as cobras do caminho,
vão deixar eu passar."

CURA À DISTÂNCIA — 2

† Rezar:

"Bicho mau, mardito, cê pensa que fendeu *F*...? Cê fendeu foi o fio de S. Clemente, S. Freu Li Ló, Lana, Flama, Salabatalia, Jove e Cobra."

Benze-se com 1 espelho por cima da cissura; este espelho deverá "suar", pois *"chama o veneno do lugar ofendido"*

CURA À DISTÂNCIA — 3

† Rezar:

"Cobra, cê num fendeu *F*...; cê fendeu foi a batina do Frei Cremente de Jesuis. Jesuis, quano no mundo andô, andô c'um carnerinho na mão, amansano todas fera braba zi lião. A pipa cobra e pipa cobra é de Jesuis de Nazaré. Ladainha e Landamim, que cura todo fendido de toda fera braba pra sempre sem fim *F*..., a cobra é bicho mau, feroz, mais ela num te fendeu; ela fendeu foi o subano e o sabana e o sabactano."

† 1 "Quem-dos-padre" e 1 "sarve-rainha".

Esta oração tem a seguinte origem:

Patrício era bispo que chamava as cobras para seus pés e as mandava para o mar sagrado. Tinha tanta força e poder sobre esses bichos que quando assim fazia suas barbas até se inclinavam para os lados que as cobras seguiam.

CURA À DISTÂNCIA — 4

Fazer a seguinte benzedura: riscar no chão 1 signo de Salomão e tirar de cada lado uma de suas pontas 1 punhadinho de terra; colocar a terra num copo de água, dando ao paciente para beber.

Caso a vítima esteja impossibilitada de ir até o benzedor poderá ir 1 "*recadeiro*"... que o efeito é o mesmo.

CURA À DISTÂNCIA — 5

† Rezar:

"Fogo, cê num queimasse *F...,* cê queimasse a padre frei Cremente, porque ele num sente dor. A água num tem sede; mostrai os vossos grandes milagres no corpo do padre frei Clemente."

O benzedor diz as palavras acima fazendo o sinal-da-cruz sobre o local ofendido, com rosário; com 1 copo de água serve este ao doente... ou ao "*recadeiro*", se o doente não puder se locomover; o restante da água é jogado em água corrente... que levará o mal. (Perdões)

COBREIRO

Lembra o meu colega Oswaldo Cabral, que o cobreiro é o herpes comum, muito encontradiço e vulgar, razão de sobra para que o número de benzeduras que se destinam ao seu tratamento seja avultado.

O cobreiro é atribuído pelo vulgo a várias causas, entre as quais a passagem pelo local em que se manifesta, duma lagarta qualquer, duma aranha, dum sapo, cobra, etc.

Nas orações a seguir o elemento fundamental provém da semelhança encontrada entre a afecção cutânea, em geral serpiginosa, com a cobra, donde, alias, o nome vulgar aplicado ao herpes, elemento fundamental que reside na fórmula *cortar a cabeça e o rabo*, para que não progrida — *não cresças, nem amadureças...*

Elemento ainda de assinalar é a freqüência da fórmula dialogada, entre o benzedor e o paciente, bem como agente empregado durante o benzimento: a água fria.

Há uma crença muito difundida, de que não deve o cobreiro *juntar a cabeça com o rabo*, isto é, juntar as extremidades, completar a volta. Esta crença explica 1 dos elementos da oração onde consta — *pedindo que ela não deixe cruzar.*

Outros elementos interessantes: certos termos criados pelo povo benzedor, como o *lavressas*, originalmente, talvez, *lavres* e assim criado para fazer rima com *creszas, verdessas,* (enverdeças), *amadureças* e *cabeças*...; como o *zagre*, também zagre, corruptela de ozagre.

Quanto aos santos encontrados são os mais variados. Não levando em conta 4 que não encerram qualquer invocação, notaremos que 5 delas fazem referências aos nomes de Deus e da Virgem Maria; duas a Jesus e S. José; duas, a Sto. André, duas, a Sta. Andria; e uma a cada uma das seguintes: Santíssima Trindade, Virgem Maria, Jesus, Sta. Iria, S. Silvestre, S. Simão e S. Lázaro.

Excetuados Deus, Jesus, as 3 Pessoas da SS. Trindade e a Virgem Maria, que são invocados para todas as doenças, apenas S. Lázaro é o padroeiro contra as doenças da pele.

S. José o é dos agonizantes; S. Silvestre não tem patronato médico; S. Simão é patrono contra os maus partos. Quanto a Sta. Andria não temos conhecimento da sua existência. Temos a opinião de que este nome foi *arranjado* para fazer rima com a *curaria, cobria, água fria.* Sta. Iria existe no agiológio, mas na benzedura entrou também pela rima...

Invocando a estrela

Para curar o cobreiro as benzedeiras e curandeiros se utilizam da seguinte benzimento:

Acende-se 1 pedaço de lenha de madeira no fogo, deixa-o com a ponta em brasa e toma-o após com a mão esquerda. Na mão direita tem-se uma faca de cabo de madeira. Apontando os 2 (o tição em brasa e a faca) para o cobreiro sem encostar na pele, pergunta:

"Estrela, quer que morra o bicho ou quer que viva a estrela?". Ao que o doente responde: **"Quero que morra o bicho e viva a estrela".** O curandeiro ou benzedeira diz: **"Então, morra o bicho e viva a estrela"**, ao mesmo tempo em que com a faca sobre a brasa do tição faz gestos de quem vai cortando, em forma de cruz. Repetir o ato 3 vezes e fazer o benzimento por 3 dias

NB: o doente deve ser alertado antes que não pode errar nas respostas, trocando as palavras, para não complicar o cobreiro.

Benzo, curo, saro

† 1 pai-nosso, 1 ave-maria. Com 1 ramo embebido em água, espargindo-as em cruz sobre a parte vermelha do paciente e dizendo o seguinte:

"Deixe cobreiro o *(Fulano)*, **livre assim como quer o Senhor. Eu te benzo, eu te curo, eu te saro, com a vontade de Deus, Amém."**

2 QUE PÕE, 3 QUE TIRA

**"Eu rezo de cobreiro
Em** *(Fulano de tal —* nome da pessoa)
**2 que põe
3 que tira."**

NB: repetir 3 vezes, com 3 ramos verdes em gestos de cruz várias vezes. A seguir rezar 1 pai-nosso com uma ave-maria para o santo da devoção.

DO NORDESTE

† 1 pai-nosso, ave-maria.

Com 1 ramo embebido em água, espargindo-as em cruz sobre a parte vermelha do paciente e dizendo o seguinte:

"Deixe cobreiro o *(Fulano)*, **livre assim como quer o Senhor. Eu te benzo, eu te curo, eu te saro, com a vontade de Deus, Amém."**

BENZEÇÃO

**"Se for de aranha tá cortado
Se for de sapo tá cortado
Se for de lagartixa tá cortado
Se for de cobra tá cortado."**

NB: não se usa ramo verde nessa benzeção e nem reza.

REPETINDO 3 VEZES

"Fulano de tal
**Se você tiver cobrero de cobra, lagartixa, sapo ou aranha
Eu corto a cabeça e o rabo."**

NB: repetir 3 vezes usando 3 ramos verdes em gestos de cruz várias vezes.

Deixando o 1/2

"Cobrero eu fui em Roma
Em romarei
Encontrei a serpente
Serpentei
Encontrei o cobrero
Encobrarei
Eu corto o rabo, a cabeça, o 1/2 eu deixei."

NB: repetir 3 vezes usando 3 ramos verdes em gestos de cruz várias vezes.

Que caia

"Que caia de 9 em 9, que caia de 8 em 8, que caia de 7 em 7, que caia de 6 em 6, que caia de 5 em 5, que caia de 4 em 4, que caia de 3 em 3, que caia de 2 em 2, que caia de 1 em 1. Em nome de Deus e da Virgem Maria, este cobreiro não aumentaria".

Para curar

Para curar esta doença de pele, chamada "cobreiro", que, imagina-se, foi produzida pelo contato com alguma roupa pela qual tenha passado uma cobra, o benzedor, enquanto benze, faz esta reza:

"Na proteção do Senhor, que fez o céu e a terra, eu entrei em Roma, em romaria, benzendo cobra, cobraria. Corto cabeça, corto 1/2, corto cobreiro. Mal entrei em Roma, romaria, benzendo lagartixa, lagartixaria, corto cabeça corto 1/2, corto rabo, corto cobreiro. Mal entrei em Roma, romaria, benzendo sapo, saparia, corto cabeça, corto 1/2, corto rabo, corto, corto cabeça, corto cobreiro, com os poderes de Deus e da Virgem Maria.

Em nome do Pai, do Filho e do Espírito-santo."

Com uma faca — 1

"Com 3 eu te corto
Corto o 1/2, corto o rabo, corto a cabeça

NB: repetir 3 vezes, usando uma faca em gesto de cruz várias vezes. A seguir reza, 1 pai-nosso com uma ave-maria.

COM UMA FACA E UMA PALHA

"— Isto que seria? Será fogo ou cobro? Com que aplacará?
— Com a bondade do pai-eterno e do filho da Virgem Maria.

Benze-se o cobro com uma faca, qualquer, fazendo cruzes.
Depois, pergunta-se ao paciente:

— Queres que o corte? — ao que este deve responder:
— Tomara eu já.

Em seguida corta-se uma palha, dizendo, simultaneamente, estas palavras:

**— Corto-te a cabeça e o rabo para que não crenças, nem
enverdeças, como a ama de Jesus Cristo não enverdeceu".**

COM BARBANTE E TESOURA

Os benzedores sempre combinam oração, fé e ciência popular, cuidando
da pessoa até vê-la livre do mal que a aflige.

No caso específico do cobreiro, que é uma espécie de dermatose, a
tradição popular nos diz que isso se dá quando uma cobra passa sobre a
roupa que uma pessoa vestiu. Se a cobra passou ou não, ninguém pode
afirmar sem ter visto, o fato é que fazendo esta benzedura descrita aqui
você pode resolver o problema.

A pessoa que vai benzer, pega 1 barbante virgem e mede com ele toda
a extensão à volta da ferida. Em seguida pega uma tesoura bem afiada e
pergunta ao doente:

"— O que estou cortando?"

O doente responde:

"— Cobreiro bravo".

O benzedor diz a seguir:

"— É isto mesmo que corto, a cabeça e o rabo".

Neste instante corta as duas pontas do barbante.

NB: o ritual é repetido durante 3 vezes para cada ferida. Feito isto,
recolhem-se os barbantes do chão, os quais são queimados a seguir.

COM 1 DIÁLOGO

No município de Penhascos, os benzedores costumam cortar o cobreiro
usando 1 ramo de qualquer planta com bastante espinho, que pode ser desde

roseira até 1 talo de cactos. Sem deixar tocar no local do cobreiro, o benzedor apenas ameaça encostar os espinhos fingindo esta conversa:

"— **Pedro, que tendes?**

E ele mesmo responde:

— **Senhor, cobreiro.**

— **Pedro, curai.**

— **Senhor, com quê?**

— **Espinhos do mato.**

— **Espinhos não, Senhor.**

— **Então com que te querei curar, Pedro?**

— **Com águas das fontes e flores do mato.**

— **Pois então com elas, curai".**

NB: terminada essa parte, o benzedor colocará sobre o cobreiro algumas flores silvestres e esparramará sobre elas 1 pouco de água do rio, de fonte ou de poço.

Com água de mina

Enquanto se orvalha o cobreiro com pequenos borrifos de água de mina onde foram molhados os 3 ramos verdes, vai se travando o diálogo do ensalmo:

"— **Pedro, que tendes?**

— **Cobreiro, Senhor.**

— **Pedro, curai.**

— **Senhor, com quê?**

— **Com água de mina".**

Com água das fontes e ervas dos montes

As perguntas são feitas pelo benzedor e as respostas ficam por conta do doente.

O benzedor finaliza, benzendo em cruz com os ramos verdes o cobreiro e dizendo:

"**Eu te benzo, cobreiro.**

Com água da fonte e ramo do monte".

NB: os 3 ramos verdes devem ser atirados imediatamente em água de rio. Rezar 1 ave-maria.

Com vassoura-rainha

Molham-se 3 galhos de vassoura-rainha em água pura e passam-se por cima do cobreiro:

O benzedor pergunta:

"— Que corto?"

O doente responde:

"— Cobreiro."

"— Cobreiro eu corto: cabeça, tronco e rabo" — replica o doente.

NB: em seguimento, repetem-se 3 vezes essas palavras. Depois disso, dependuram-se os galhinhos da vassoura-rainha numa árvore, para secar. Rezam-se 3 pais-nossos.

VARIANTE

- Ave-maria.

Com uma faca, cortar (no ar) em direção ao cobreiro, em cruz, proferindo as seguinte palavras: **"Cobreiro: eu te corto a cabeça, o rabo, os pés, a raiz o coração, se és sapo ou sapão, aranha ou aranhão e a raiz do coração, ou bicho de qualquer nação em nome de Deus todo poderoso. Amém".**

"— Que é que eu corto?

Pergunta o benzedor, na 1ª volta:

— Cobreiro" — O doente responde.

NB: assim, 3 vezes.

Depois de 3 voltas, pega-se o cipó e se atira na água corrente.

Com uma faca virgem

Esta doença, muito comum no interior do Rio Grande do Sul, costuma ser cortada com muitas benzeduras. Uma delas consiste em passar uma faca virgem, de boa qualidade e de cabo preto, sobre a parte afetada, fazendo-se uma cruz, enquanto se diz:

"Eu te corto coxo, coxão, sapo, sapão, cobra, cobrão, largato, lagartão, e todo o bicho de sua nação, para que são crenças e não apareças e nem dobres o rabo com a cabeça. Sta. Iria tinha 3 filhas, uma se assava, outra se cozinha e outra pela água ia. Perguntou N. Senhora o que fazia: que cuspisse e assoprasse, que sararia.

NB: cospe-se e assopra-se. Em seguida reza-se 1 pai-nosso e uma ave-maria.

VARIANTE — 1

Esta benzedura se faz pondo e tirando a lâmina duma faca afiada sobre o cobreiro. O benzedor deve perguntar:

"— Que corto?

E o benzido responde:

— Cobreiro".

Então o benzedor segue declamando:

— Cobreiro, fogo, lobo selvagem.
Eu te corto a cabeça, o 1/2 e o rabo.
Que seque e não lastre mais. Em nome das 3 pessoas da Santíssima Trindade, que é Deus Pai, Filho e Espírito-santo".

VARIANTE — 2

Pegue uma faca nova de cozinha com ponta e sem uso, coloque-a por cima bem pertinho do cobreiro, sem contudo encostar nele com o lado de corte da faca e faça 7 cruzes. Feitas as cruzes, dizer as seguintes palavras:

"Cobreiro sai-te daqui que a cruz de Cristo está sobre ti".

VARIANTE — 3

Usando ainda uma faca virgem, procedendo como acima, fazer agora apenas uma cruz e dizer as palavras:

"Corto o bicho, rabo e cabeça,
voltarás atrás, não irás adiante
morrerás onde nasceste".

NB: essas duas últimas, devem ser feitas por 3 dias seguidos, apenas uma vez do dia.

VARIANTE — 4

"Te corto, cobreiro brabo
Te corto a cabeça e deixo o rabo".

VARIANTE — 5

"Cobreiro bravo
Eu te corto a cabeça e o rabo,
Cobreiro bravo há de secar,
Cobreiro bravo há de sarar".

COM ARRUDA

Pega-se 1 ramo de arruda, molhando-o em água fresca, tirada duma moringa de barro. Com o ramo embebido vai-se aspergindo sobre o corpo do doente e pronunciam-se as seguintes palavras:

"Deixa, cobreiro *F...* livre.

Eu te benzo, eu te curo, com a vontade de Deus, amém".

† Rezar em seguida 1 pai-nosso e 1 ave-maria oferecidos a Sta. Sofia.

COM 1 RAMINHO VERDE

Cobreiro, ou herpes zoster, é doença incômoda e dolorosa, que não poupa nem crianças, nem adultos. Vem quando menos se espera e seus transtornos são grandes. Além da dor e da comichão, seu aspecto é feio, criando, inclusive, problemas psicológicos nas pessoas quando se manifesta no rosto, onde os lábios, geralmente, são os locais mais visados.

No interior, o povo costuma lançar mão das benzedeiras para sanarem seus males. Para curar o cobreiro, faz-se assim: o benzedor deve rezar 1 pai-nosso e uma ave-maria em louvor ao apóstolo S. Pedro e fazer o sinal-da-cruz 3 vezes, com 1 raminho verde, sobre a área afetada, ao mesmo tempo em que pergunta:

"— Aonde vai Pedro?

— Vou para a romaria. Curando de cobreiro a cobraria. Curo cobreiro com funcho e água fria. Com os poderes de Deus e da Virgem Maria. Assim seja".

COM UMA FRUTA VERDE

"— Que corto?" (pergunta o benzedor)

— Cobro. (responde o benzido)

— Cobro,

    Fogo,

    Lobo selvagem,

    Eu te corto a cabeça,

    O 1/2 e o rabo,

    Que tu não cresças

    Nem amadureças

    Que seque e não lastre mais

Em nome das 3 Pessoas da Santíssima Trindade, que é Deus-pai, Filho e Espírito-santo".

NB: benze-se com uma faca, cortando-se em cruz 1 fruto verde, por 3 dias. No 1º, 9 vezes; no 2º, 5 e no 3º, 3.

COM 1 GALHO DE SABUGUEIRO

"Cobro, cobrão, zague, sarampo

Daqui eu te benzo

Com areia do monte

E água da fonte,

Para que não cresças

Não verdessas

Não levressas

Não juntes o rabo

Com a cabeça.

Corto o rabo

E corto a cabeça".

NB: benze-se com 1 galho de sabugueiro e água fria.

COM 1 TALO DE MAMONA

O mesmo ensalmo pode ser feito com 1 talo de mamona, como no benzimento de verruga:

"— Que corto? — pergunta o benzedor.

— Cobreiro brabo.

— Isso mesmo eu corto: cabeça, 1/2 e rabo".

NB: desse modo, 3 vezes. Os restos do material do ensalmo são atirados em água de ribeirão.

COM RAMOS VERDES

"— Que isso Pedro?

— Cobreiro senhor

— Com que se corta?

— Água da fonte, raminho do monte assim mesmo eu corto

Se for de aranha há de secar
Se for de caranqueijo há de secar
Se for de lagartixa há de secar".

NB: repetir 3 vezes em gestos de cruz várias vezes, usando ramos verdes.

COM FUNCHO DE ÁGUA FRIA

"1 dia ia 1 pai
Caminhando mais 1 filho
Tinha 1 fogo laborando
Em cima do morro
E o filho perguntou:
— Meu pai que fogo é aquele?
— É 1 fogo que chama cobreiro.
— Meu pai com que ataia ele?
— Com funcho de água fria."

† Rezar pai-nosso e ave-maria.

NB: repetir 3 vezes usando 3 ramos verdes em gestos de cruz.

VARIANTE

"Cobrero de cobraria
Com que que se benze
Com funcho e água fria
Com os poder de Deus
E da Virgem Maria."

NB: repetir 3 vezes, com 3 ramos verdes molhados na água várias vezes.

COM UMA BRASA ACESA

"— Meu pai que fogo é aquele?
— Filho é o fogo do cobro
— Meu pai com que atalha aquele fogo?
— Meu filho é com terra de Jeová e ave-maria
Pai-nosso, N. Sra. do Livramento que cortai este cobro".

NB: repetir 3 vezes, usando uma brasa acesa espetada no garfo, cada vez que rezar. Assim que for terminando vai jogando as brasas dentro dum copo de água e reza 1 pai-nosso.

E 1 COPO COM ÁGUA

1 dos males mais encontrados na roça é o cobreiro, ou herpes. Acredita-se que ele surja quando algum bicho (lagarta, aranha, sapo) passa ou toca naquele ponto da pele. São muitas as benzeduras contra esse mal, bastante comum. Esta é uma delas:

O benzedor pega 1 ramo de mato e 1 copo de água, passa sobre o cobreiro 1 depois o outro objeto, acompanhando com as palavras:

"Eu te benzo cobreiro
Co'o ramo do monte
e a água da fonte
Te corto a cabeça
e retalho o rabo,
pra que não cresças
nem amadureças."

COM 1 PRATO COM ÁGUA

Deixa-se em cima da mesa 1 prato com água da fonte e 1 ramo verde de alecrim. Molha-se o ramo verde nessa água e vai-se aspergindo o doente de cobreiro, enquanto se diz o ensalmo:

"Jesus saiu em Roma,
Em romaria.
Rezando de cobreiro,
Com ramo verde e água fria;
Com o poder de Deus
E da Virgem Maria,
Seque o cobreiro de *Fulano"* (nome do doente).

EVOCANDO STA. ANDRIA — 1

"Sto. André perguntou à Sta. Andria
Com que se curava zagre ou cobreiro

Que teu corpo cobria.
E Sta. Andria respondeu que curava
Com funcho e água fria,
Em nome de Deus e da Virgem Maria"

EVOCANDO STA ANDRIA — 2

"Sto. André perguntou à Sta. Andria
Cobreiro com se curaria.
Sta. Andria disse:
Com água da fonte
A terra da guia,
Erva do monte, Em nome de Deus,
E da Virgem Maria."

NB: coloca-se numa vasilha 1 pouco de água corrente, 1 pouco de terra colhida em 3 encruzilhadas de estradas ou ruas. Depois, na vasilha, 3 ramos de alecrim ou funcho e benze-se. Cada benzedura é feita por 3 vezes, aspergindo-se a água da vasilha com 1 dos raminhos de alecrim ou funcho.

JESUS, MARIA, JOSÉ E NAZARÉ

"Cobreiro com que se curaria
Com funcho e água fria
E sélebre da boca 3 vezes por dia
Com os poder de Deus e da Virgem Maria
Vem Jesus, Maria, José e Nazaré
Vem Jesus, Maria, José e Nazaré
Vem Jesus, Maria, José e Nazaré."

NB: usar 3 ramos verdes em gestos de cruz várias vezes a seguir cospe 3 vezes no local. Rezar 1 pai-nosso com uma ave-maria para N. Sra. do Desterro.

EVOCANDO VIRGEM MARIA — 1

"Cobreiro eu te benzo e tu hás de sarar
Com este galhinho da Virgem Maria
Pedindo que ela não deixe cruzar
Cobreiro de aranha, de sapo, te benzo
E a Virgem Maria te há de curar"

EVOCANDO A VIRGEM MARIA — 2

Faça uma cruz sobre a parte afetada (sem tocá-la) com uma faca dizendo:

"Em nome da Virgem Maria, eu corto, sapo, sapão, lagarto, lagartão, aranha aranhão, cobra, cobrão e todos os bichos que se arastam pelo chão, eu corto".

Repita o ato por 3 vezes e na 3ª vez acrescente:

"Eu corto a cabeça, rabo e coração".

NB: o benzimento é feito em 3 dias, de preferência sempre a mesma hora.

EVOCANDO S. JOSÉ — 1

Coloca-se 1 prato com água em cima da mesa, ou 1 copo virgem cheio d'agua com 3 pitadas de sal. Borrifa-se o cobreiro com a mão esquerda molhada nessa água, fazendo em cruz o gesto sacudido de espalhar água.

Entrementes, reza-se esta oração:

"Jesus e José iam por 1 caminho prolongado.

José disse a Jesus:

— Que é isso Senhor?

Jesus respondeu:

— Fogo, José.

— Com que se apagará, Senhor?

— Com 1 copo d'água e 3 pedras de sal."

EVOCANDO S. JOSÉ — 2

"Indo José e Jesus

Por 1 caminho

Disse Jesus a José:

— O que tens José?

— Tenho cobro ou cobrelo...

— Anda, que eu te curarei.

E a erva do caminho

Em nome de Deus

E da Virgem Maria

Para que te seque".

NB: benzendo-se por 3 vezes.

EVOCANDO S. JOSÉ — 3

"Jesus ia por 1 caminho, encontrou José chorando e perguntou:

— O que tendes José?

— Ah! Senhor! Estou doente dum cobro selvagem.

— Vinde comigo, José que eu te curarei, com água da fonte e a erva do monte.

Que seque, seque e secará".

NB: bate-se por 3 vezes com a erva com que se está benzendo, sobre o cobreiro. O ramo deve ser molhado em água fria.

EVOCANDO S. SILVESTRE

"— O que corto?

— Cobreiro brabo

— Isto mesmo eu corto

Corto o rabo e corto o 1/2 e corto a cabeça,

Que não cresça e não amadureça.

No nome de Deus e de S. Silvestre,

Que esta benzedura sirva de preste (préstimo)".

NB: cortando com uma faca qualquer coisa de cor verde, executando-a por 3 vezes.

EVOCANDO S. SIMÃO

"S. Simão ia por 1 caminho e Jesus Cristo encontrou,

E Jesus Cristo perguntou:

— Simão, o que é que tu tens?

— Foi 1 bicho que me mordeu e estou com o meu corpo todo ferido e chagado".

Jesus Cristo respondeu:

— Corta a cabeça e a calda,

Que esse bicho secará

E nunca mais aumentará".

Aí o benzedor que estiver a benzer, recitando a sua oração, pergunta ao paciente:

"— O que corto?

— Cobro corto — responde o interessado.

— Assim como a chaga de Lázaro sarou, esta chaga também secará e nunca mais aumentará".

NB: diz a oração benzendo em cruz, com uma faca, "cortando" o "cobro".

EVOCANDO STA. IRIA

"Sta. Iria perguntou à Sta. Iria
Cobreiro bravo com quê se curaria.
Com ramo verde e água fria
Com o nome de Deus e da Virgem Maria
Só com isso se curaria".

EVOCANDO STA. SOFIA

"Estava Sta. Sofia detrás duma pedra fria, chegou Sta. Apolônia e perguntou: com que se cura empigem, cobreiro bravo, ardor fogo selvagem, sarna, queimadura, comichão e queimô?

Com água da fonte e ramo do monte, assim curou a Sagrada e sempre Virgem Maria, Amém".

Reza-se 1 pai-nosso e 1 ave-maria, oferecendo a Sta. Sofia e ao proferir estas palavras cabalísticas, a pessoa com 1 ramo embebido em água vai espargindo em cruz sobre a parte atacada do paciente.

EVOCANDO S. SINGRINO E STA. HIGRIA

"S. Singrino, Sta. Higria
Com que corta cobrero sinhô
ê cum chuchu de água fria e raminho de Sta. Maria".

NB: repetir 3 vezes usando 3 ramos verdes em gestos de cruz várias vezes.

EVOCANDO S. LOURENÇO

"S. Lourenço aqui eu digo
Eu corto a cabeça

Eu corto o rabo
Eu corto as pernas
Eu corto as mãos
Eu corto o veneno
Eu corto o cobreiro".

NB: repetir 3 vezes usando 3 ramos verdes em gestos de cruz várias vezes.

BENZEDURA DE GOV. VALADARES

Benzer, fazendo cruzes sobre o local, rezando:

"— O que eu corto?

— Cobrêro brabo.

— Assim mesmo eu corto: a cabeça e o rabo. Fui donde tava N. Senhora e perguntei: Virge Suberana, o que cura cobrêro d'água?

— Cura, Pedro, fogo sarvage e cobrêro com água da fonte e raminho do monte. Amém."

BENZEDURA CATARINENSE

"— Pedro o que tens?

— Senhor, 1 cobreiro.

— Pedro, Curai.

— Senhor, com quê?

— Com águas das fontes e ervas dos montes.

   Seca, seca, seca".

COM UMA FACA — 2

Benzer: põe-se o pé direito da vítima no chão e risca-se o contorno com uma faca; manda-se o paciente colocar a mão esquerda no chão, em outro lugar, e risca-se também seu contorno. Benze-se com a faca, em cruz, em ambas as marcas; o benzedor e o paciente mantêm o seguinte diálogo:

"— Que corto?

— Cobrêro

— Assim mesmo eu corto; com os poder de Deus e da Virgem Maria."

NB: o diálogo é feita por 3 vezes seguidas.

Evocando Sta. Egidia

† Benzer:

"Sto. Egídio perguntô pra Sta. Egida:
— Com que se cura empinge ou cobrêro? Arrespondeu Sta. Egida:
— Com funcho e água fria, pai-nosso e ave-maria".

Benzer com 3 galhinhos de funcho e colocá-los próximos da fumaça do fogão para secarem-se; quando estiverem secos... o cobreiro desaparece.

Evocando S. Pedro

† Ave-maria.

"— Pedro que tendes?
— Senhor: cobreiro!
— Pedro curai
— Senhor com que?
— Água das fontes e erva dos montes."

NB: benzer em cruz com arruda molhada em água. ‾ Sta. Maria.

Evocando Deus

† Sta. Maria.

Com uma faca cortar (no ar) em direção ao cobreiro, em cruz, proferindo as seguintes palavras:

"Cobreiro; eu te corto a cabeça, o rabo, os pés, a raiz do coração, se és sapo ou sapão, aranha ou aranhão ou bicho de qualquer nação em nome de Deus todo poderoso, amém."

Junto a 1 rio

O curandeiro e a vítima vão à margem dum curso d'água; leva o 1º, 3 raminhos de qualquer planta; toma 1 por 1 e molha n'agua, *"rio acima"*; bate com eles no local afetado pelo cobreiro, por 3 vezes, com cada 1, jogando-os para trás, no seco, sem olhar para onde caíram. A cerimônia é silenciosa. A água levará o mal e quando os raminhos estiverem secos... o cobreiro desapareceu.

Com bananeira

Benzer: corta-se 1 talo de folha de bananeira, de tamanho igual ao vão duma porta; quem vai benzer fica dum lado da porta e a vítima do outro; mantém-se o diálogo, enquanto o doente, cada vez que o benzedor dá 1 corte no talo, pula dum lado para outro no vão da porta:

"— Que corto?

— Cobreiro"

(O benzedor corta o talo.)

Assim faz 3 vezes e na última diz:

— Assim mesmo eu corto: a cabeça, o rabo e o 1/2."

O benzedor toma os pedaços do talo de bananeira e os coloca junto ao fogão; qunado estiverem secos... o cobreiro desaparece.

NB: dizem os curandeiros que se o desenho do cobreiro for curvo e suas pontas se encontrarem... *"vai no coração e mata o doente"*.

Benzedura pernambucana

"Estava Sta. Sofia detrás duma pedra fria, chegou Sta. Pelonha e perguntou:

— Sofia, com que se cura empige, cobrêro brabo, ardor, fogo selvage, queimadura, sarna, comichão e queimô?

— Com água da fonte e ramo do monte; assim curou a sagrada sempre Virgem Maria, amém".

CÓLICAS

Femininas

Na 'antiga Medicina chinesa o médico quando ia atender em consulta uma mulher, levava uma boneca. Isso porque não podia tocar no seu corpo, por ser imoral. Na verdade, esses tabus atrapalharam muito a Medicina na Antiguidade. Hoje em dia é diferente, mas quando tudo foi tentado para resolver doenças e dores nos órgãos genitais femininos e nada deu certo, vale a "benzedura de Sta. Mônica".

A mulher deve estar deitada e quem benze sentado do seu lado.

Aí, com 1 raminho de açafrão, molhado em água, vai fazendo o sinal-da-cruz e dizendo:

"A Virgem Maria sofreu para dar à luz o menino Jesus. Mas Ele nasceu. E ela deu a Sta. Mônica a chave para curar todas as dores das mulheres. Em nome do Pai, do Filho, do Espírito-santo, amém".

UTERINAS

Para esta benzedura são necessárias 3 vasilhas: de madeira, de barro e de ferro. Na de madeira coloca-se a água de rio. Na de ferro, água de poço. Na de barro, água de chuva (como pode não estar chovendo na hora da necessidade é sempre bom ter 1 pouco dessa água guardada em casa para a emergência).

A benzedeira molha o polegar direito em cada uma das águas e vai fazendo cruzes sobre o ventre da mulher com cólica uterina, enquanto diz:

"Águas pendentes só correm para o mar. Foram palavras que Deus disse. Madre procura teu lugar, com os poderes de Deus, da Virgem Maria. Amém".

DE PRISÃO DE VENTRE

Muito comuns em crianças novas estas cólicas, que fazem gritar o bebê e contorcer de dor o adulto, podem ser aliviadas da seguinte maneira:

O benzedor cruza o ventre do doente com 1 galho verde e reza:

"Terra, Mar e Sol. Terra que Deus escondeu. Onde está essa dor de barriga? Esse meu Jesus Cristo retirou. Como diz, corre vento. Corre, cura, com Jesus Cristo aqui na cura. Com esse vento, corre, cura. Curre na veia para ficar colocado nesta criatura F.... Com o nome de Deus-pai, Deus-filho e Espírito-santo, esse mal será retirado. Amém".

CÓLICAS EM GERAL

Para aliviar dores de cólicas, pegar 1 ramo de alecrim, arruda, espada-de-são-jorge, guiné ou comigo-ninguém-pode, molhá-lo em água límpida e agitá-lo em torno da pessoa doente, dizendo as seguintes palavras:

"Terra, Mar e Sol; a terra que Deus plantou, o mar que Deus molhou e o sol que Deus iluminou, escondem mistérios que só Ele sabe, só Ele criou e benzeu. Onde está esta dor de barriga, dos rins, do fígado ou de outro qualquer? Esta meu Jesus retirou, curou e pra longe

assoprou. Como se diz que corre o vento, a dor o vento levou e como esse vento corre e cura, não há mal que sempre dura, corre na veia, nos nervos, na pele para sair desta criatura. Este mal será retirado, mandado e jogado prô fundo da terra, do mar, do ar, pra nunca mais voltar e este irmão não atormentar, pelos poderes de Deus-pai, Deus-filho e Deus-espírito-santo. *Fulano* (dizer o nome do doente) você esta curado, sarado e vai com Deus ao lado. Amém".

COMÉRCIO

Para benzer o estabelecimento comercial

Antes que a loja seja aberta, o benzedor deve aspergir água benta, com 1 ramo verde, sobre todos os cantos do local, recitando, em seguida, a seguinte prece:

"Oh! *Espírito* que velas pelos negócios, dá a esta casa 1 dia bastante movimentado, para que *F...* consiga, através de seu trabalho honesto, manter o capital aplicado e obter razoável lucro, também honesto, a fim de estabilizar sua firma comercial, Livra-o da concorrência desonesta e que seus e que seus fregueses saiam daqui contentes e satisfeitos com as compras efetuadas. Afasta deste ambiente as forças negativas, contrárias, que lhe possam causar dano. Livra-o das vigarices, dos clientes espertos e dos prejuízos que possam ocorrer por circunstâmcias imprevistas. Em nome do Pai, do Filho e do Espírito-santo. Amém".

NB: É importante que o 1º freguês que entrar na loja não deixe de comprar, mesmo que para isso o comerciante, para agradá-lo, baixe os preços das mercadorias que ele deseja adquirir.

CONGESTÃO

Enquanto o benzedor diz devagar a prece da benzedura, o paciente ou alguém de parentesco com ele vai escrevendo as palavras numa folha de papel branco. O benzedor diz a prece com a mão direita espalmada com a mão direita espalmada sobre a cabeça do doente.

"F... criatura de Deus, Jesus te gerou, Jesus te formou, Jesus te reuniu, Jesus te defenda desse mal que te entrou.

F..., eu faço esse pedido em teu nome pelo amor de Deus, da Virgem Maria e do Santíssimo Sacramento. Amém".

NB: escrita a prece, o papel deve ser dobrado e costurado num saquinho pequeno para o paciente trazer ao pescoço e nunca mais sofrer de congestão.

CONSTIPAÇÃO

Durante anos e anos d. Maria Conceição Ferreira foi muito requisitada pelo povo de Juramento (MG), onde nasceu e viveu, para benzer mau-olhado, queimaduras, cobreiro etc. Mas a sua especialidade mesmo era a famosa "benzeção para constipação". Uma pratica rápida que d. Conceição fazia assim: 1º, colhia 3 raminhos de arruda, 3 de alecrim e 3 de guiné. Depois deitava o paciente de bruços e espalhava os raminhos em cruz sobre suas costas nuas. Para só então se concentrar em toda a fé e rezar.

"Constipação entra, constipação sai.

Deus tira esse mal.

N. Sra. da Aparecida que retira esse mal".

CONSTIPAÇÃO E ENXAQUECA

"Pato ruai, vertência do mau

Deus fez o sol, Deus fez a lua, Deus fez as estrelas e a santa claridade.

Pra tirar constipação e enxaqueca.

Suverti pra ondas do mar

Que é pra nunca mais".

CONTUSÕES

A parte machucada do doente deve ser envolvida por uma folha larga de planta verde, que permanecerá no local, atada por fita branca, até o final da oração.

O benzedor fazendo o sinal-da-cruz sobre o local afetado, rezará:

"Em nome do Pai, do Filho e do Espírito-santo. Com os poderes de Deus e da Virgem Maria, Senhor Frutuoso, o que é que eu coso? Carne quebrada, nervo desconjuntado? Sr. S. Frutuoso, eu rezo esta

desmentidura. Ofereço esta prece a Frutuoso, com os poderes de Deus e da Virgem Maria. Assim seja."

Ver *Machucaduras*.

COQUELUCHE

A coqueluche, ou tosse comprida, faz parte da vida de todas as pessoas. Em geral ataca na infância e faz sofrer muito as crianças. Provoca falta de ar, acessos de tosse e é muito desagradável.

Temos uma benzedura contra a coqueluche, que deve ser feita usando querosene para a unção. Quem vai benzer molha o dedo polegar num pouco de querosene e diz enquanto repete sempre a unção e a benzedura:

"Jesus andava pela terra e ouviu uma tosse comprida de criança. Então, Jesus chamou S. Nicácio que estava no céu e pediu a ele que se encarregasse de parar aquela tosse. S. Nicácio fez o nome do Pai, do Filho e do Espírito-santo, como eu faço agora e a tosse comprida foi ficando curta até desaparecer."

† Rezar em seguida 3 pai-nossos e 3 ave-marias.

CORAÇÃO

Contra seus males

Usar água salgada para aspergir com ramo de alecrim:

"Meu Deus, Pai Criador de todas as coisas. Meu Jesus Cristo. N. Senhor, que na cruz por nós padeceu. Virgem Maria, mãe imaculada. Espírito-santo da Santíssima Trindade.

F... **sofre de mal do coração, e, portanto, eu conclamo Sto. Arnaldo para vir e curar seu mal e sua dor.**

Sto. Arnaldo, a quem Jesus N. Senhor encarregou de cuidar do coração das pessoas. Aqui onde faço o sinal-da-cruz, com água e sal, será curado. Com a graça de Deus-pai, com a graça de Deus-filho, com a graça da Virgem Maria e com a sua bondade.

Em nome do Pai, do Filho e do Espírito-santo. Amém".

Contra as moléstias do coração

Quando o peito começa a doer, com a pressão oscilando perigosamente, nada como ter fé em Deus e contar com o auxílio duma boa e santa benzedeira. Sobretudo em determinados lugares do nosso Brasil, onde a assistência médica é praticamente inexistente.

No caso dos males do coração, o benzedor faz o sinal-da-cruz 3 vezes sobre o coração, do doente, pronunciando as seguintes palavras:

"Em Belém há 3 meninas. Uma cose, outra fia e a outra cura anginas. Uma fia, outra cose e a outra cura o mal traiçoeiro".

NB: em seguida, rezam-se 3 pais-nossos em louvor à Santíssima Trindade.

Para tirar corpo mole e preguiça

A benzedura que faz perder a preguiça e perder a letargia, do corpo mole, serve para ajudar àqueles que, embora não sejam moralmente vagabundos, estejam, por alguma razão, com 1 olhado ruim qualquer.

Faz-se 1 amassadinho de óleo de oliva, cebola picada e alho pisado. Chega-se ao paciente, entregando a ele a tigelinha, onde está a mistura, para que a segure. Então, unta-se o polegar da mão direita e faz-se o sinal-da-cruz, enquanto se diz:

"Saia a preguiça desta cabeça, saia a preguiça deste braço, saia a preguiça deste outro braço, saia a preguiça deste abdome, saia a preguiça do tórax, saia a preguiça da perna, saia a preguiça da outra perna, saia a preguiça dos pés e das mãos".

† Rezam-se, logo após, 3 pais-nossos.

CORPO

Para fechá-lo

Sobre a pessoa a ter o corpo fechado, o benzedor colocará 3 folhas de espada-de-são-jorge em forma de cruz: 1º sobre o peito e depois sobre as costas, dizendo, a cada vez, as palavras abaixo:

"Deus é o sol, Deus é a lua, Deus é a qualidade, Deus é o sumo da verdade. Assim como Deus é o sol, Deus é a lua, Deus é a quilaridade,

Deus é o sumo da verdade, tire o ar preto, o ar amarelo, o ar mudo, o ar surdo, o ar estuporado, o ar de quentura, o ar de nervoso, o ar de nevralgia, o ar de reumatismo, o ar de paresia, o ar de frieza, o ar de moléstia do tempo. Tire da cabeça, da carne, dos nervos, das juntas, para ir para as ondas do mar. O fruto do Espírito-santo S. 12. O 1º é o gosto, o 2 é a paz, o 3 é a caridade, o 4 é paciência, o 12 são os 12 apóstolos, 6 é a bondade, o 7 é a dignidade, o 8 é a mansidão, o 9 é a fé, o 10 é o modesto, o 11 é a continência, o 12 é os 12 apóstolos de N. Sr. Jesus Cristo. Paz domine S. Concorde. Aleluia. Amém".

OUTRA BENZEDURA

O benzedor faz uma cinta emendando espada-de-são-jorge para envolver a cintura da pessoa a ter o corpo fechado. Faz outra cinta com a mesma planta para envolver o peito e as costas da mesma pessoa, como se fosse uma bandoleira cruzada, rezando a seguir:

"Trago o teu corpo fechado com as chaves do santo sacrário. Dentro dele se encerra Jesus sacramentado, como sacrário se encerra. E assim como vós, Jesus, o teu corpo *F...* será guardado, a tua *alma* não será maltratada pelos teus inimigos e o teu sangue não será derramado. Jesus e a Virgem te livrarão *F...* dos malefícios, bruxarias e feitiços. E no teu corpo não entrará nem bala nem faca nem punhal. Ele está fechado com o manto sagrado de N. Sr. Jesus Cristo. Assim seja".

NB: em seguida rezar 3 pai-nossos e 3 ave-marias em intenção a Jesus.

CRIANÇAS

Protegê-las ao nascer

Segundo o benzedor Manciano da Silva, esta benzedura, feita logo no começo da vida duma criança, serve para protegê-la de todos os "ares" do mal. Afirma ele ainda que os *ares* do Mal são em número de 25, mas que esta única benzeção consegue deixar a criança protegida de todos eles para toda a vida.

Com 3 ramos de 3 ervas de cura (as que estiverem mais à mão, como arruda, alecrim, hortelã etc.) devidamente amarradas num feixinho, o curador faz cruzes sobre a cabeça e o corpo da criança nua dizendo:

"Em que dia nasceu *F...*?
Nasceu na 6ª-feira.

Em que dia se batizou *F*...?
Batizou-se na 6ª-feira.
Ai!, eu Jesus,
só queria advinhar
quem foi que batizou *F*...,
no dia de 6ª-feira!
Responda Jesus: ô filho,
não sabes quem batizou *F*...
No dia de 6ª-feira?"

OUTRA BENZEDURA

A criança deve estar nos braços da mãe ou do pai. A benzedeira munida dum raminho verde, traça o sinal-da-cruz sobre o corpo do bebê e recita a seguinte prece:

"Pai bondosíssimo, uma vez que vos dignastes permitir ao *espírito* desta criança vir novamente passar pelas provações terrestres, permiti, oh! Pai, que a sua inteligência aumente e se desenvolva, para que ela se aproxime mais de vós. Dai-lhe coragem e boa vontade. Dai-lhe amor e caridade. Dai-lhe forças para suportar as provações por que terá que passar, se assim for a vossa vontade. Livrai-a de todo o mal. Que cresça como as boas árvores, serena e forte. Que tenha fé e seja forte. Em nome do Pai, do Filho e do Espírito-santo".

CONTRA AS SUAS QUEDAS

Pela manhã com a criança ainda em jejum, e na presença dos pais, o benzedor, com 1 ramo verde a benzerá, proferindo as seguintes palavras:

"Disse o Sr. Jesus Cristo: 'Vinde a mim as criancinhas.' E eu vos peço, Senhor, protegei e amparai esta(s) crianças(s) não deixando-a(as) tombar sobre a pedra, barro madeira, ferro ou cascalho do chão. Em nome do Pai, do Filho e do Espírito-santo".

PARA SER INTELIGENTE

A pessoa que faz esta benzedura deve ser parente ou madrinha da criança que se quer inteligente. Sendo assim, o que deve ser feito é o seguinte: pegar uma rosa branca imaculada.

Colocar a rosa num copo com água e depositá-lo sob a cama da criança. Ali deixar ficar uma semana (7 dias). Ao fim deste tempo jogar fora a rosa e a água, num lugar onde haja grama.

Quando for colocado o copo em baixo da cama dizer:

"N. Sra. da Cabeça,
em nome de Cristo
não se esqueça
de cuidar desta criança,

PARA LIVRÁ-LA DO MEDO DE ANDAR

Para acabar com o medo que uma criança criou de começar a andar, a benzedeira precisa de ajuda da mãe. Enquanto ela fica duma lado dum porta fechada (com a criança) a benzedeira fica do outro (com 1 machado) e bate à porta, para a mãe perguntar:

"— Quem é?"
— Sou eu (a benzedeira diz o próprio nome).
— O que quer?
— Cortar o medo de *F*...".

Ao dizer isso, a benzedeira bate 3 vezes o machado no chão, acrescentando:

"—Isso mesmo eu corto!"

PARA BENZÊ-LAS

A benzedeira ou o benzedor deve trabalhar com 1 ramo verde de arruda, alecrim ou guiné, agitando-o em forma de cruz em torno da criança e dizendo:

"Deus é que é nosso Pai sabe o que faz. Que eu tenha a sua santa paz. Permita-me benzer esta criança para que tenha a santa bonança. Benzo esta criança com fé e confiança.

Jesus foi batizado no rio Jordão, por 1 santo de nome João. Saindo dali com todo encanto, foi abençoado pelo Espírito-santo. Como eu faço com os filhos meus, estou te benzendo em nome de Deus. Todo o teu mal eu bato e arremato, tiro daqui e jogo no mato.

Esta planta bendita que tenho na mão, tira a desdita do nosso irmão, limpando que seja por esta oração. Assim como estamos de lado de cá que todo o mal vá pro lado de lá, além do infinito, além do esquisito, e que o *anjo* que te amar leve tudo pro fundo do mar. Ou se quiser, o *anjo* da serra leve tudo pro fundo da terra. Em nome do Pai, do Filho e do Espírito-santo. Amém".

PARA BENZÊ-LAS

Existe uma outra benzedura em que se procede da mesma forma que a anterior, pronunciando a seguinte oração:

"Indo por uma guia topei a Virgem Maria, N. Senhora lavando os pés com água fria. Lavava 1 pé, lavava outro. Com a toalha de ouro enxugava o corpo todo. Mesmo *F...* estando assentado se acha prejudicado. Foi ela quem disse por sua santa e sagrada boca:

'O mar se avistou e o mar se abriu. Foram campos e relâmpagos e santas maravilhas. Quem esta reza rezar, vê *F...* livre e salvo de todas as doenças e todos os males. Em nome do Pai, do Filho e do Espírito-santo'".

† Rezar em seguida 1 pai-nosso e 1 ave-maria em louvor à Virgem Maria.

CONTRA TODAS AS SUAS DOENÇAS

Para benzer crianças ou os próprios filhos, pegue 1 ramo verde de arruda, molhe-o num copo contendo água benta, pura ou magnetizada e agitando-o no ar em volta da criança, diga a seguinte prece:

"Deus altíssimo e onipotente; N. Senhora, mãe amorosa; Jesus amado e poderoso; mentores e *anjos* simpáticos a esta criatura, a vós recomendo-a, pedindo ajuda e proteção, para que saia dela todo e qualquer mal físico e espiritual, que possa prejudicá-la em seu desenvolvimento orgânico e mental, abençoando-a para crescer sadia e vigorosa, a fim de cumprir a missão que lhe está reservada neste mundo.

Derramai sobre ela os bálsamos salutares para poder expelir vermes e lombrigas, curar-se de anemia, alergias, asmas, bronquites, doenças da pele, sangue, ossos, nervos, órgãos e outras quaisquer que lhe castigem o corpo frágil e delicado, bem como as de causas psíquicas e espirituais.

***Espíritos* caridosos e iluminados, sejam-lhe padrinhos, amparando-a e protegendo-a contra qualquer tipo de vibrações maléficas que causem dores, males e perturbações, provenientes de mau-olhado, quebranto, ciúme, inveja, maldades e feitiçaria.**

Peço, Oh! Deus, luz, força e poder aos seus guias e protetores para afastarem *espíritos*-maus, inimigos e vingativos do passado, que as sombras de sua inferioridade, tentem alterá-la, tornando-a irrequieta e com o sono perturbado; zelar e protegê-la, crescendo forte e robusta; evitar perigos e males físicos; guiar-lhe mente, passos e movimentos; atenuar provações e situações críticas, a fim de não criar neuroses e

complexos em seu psiquismo ainda em formação, que mais tarde possam afetá-la em seu caráter e personalidade, condicionando-a a uma conduta irregular e diferente da que for necessária para cumprir as tarefas que lhe cabem no plano terreno e trabalhar pelo próprio aprimoramento espiritual quando estiver adulta.

Que Deus te abençoe."

NB: se o galho de arruda murchar após o benzimento é sinal de que a criança tinha fluidos maus ou algo ruim. Pode-se repetir a prece com novo galho de arruda e ir tocando-o até que, findo o benzimento, ele permaneça viçoso.

ÓTIMO BENZIMENTO

Pegue 1 raminho de arruda ou alecrim e, agitando no ar em forma de cruz, em volta da criança, recite as seguinte palavras:

"**Criança linda, o que é que tens? Não fale, meu bem, não conte a ninguém, não mexa nenê, que eu vou te benzer. Oh! Olho-gordo, inveja ou quebranto, com 2 te puseram, com 3 eu te espanto, com os poderes de santo, Pai, Filho e Espírito-santo, te tiro do corpo e te boto num canto. Mato e arremato, te ponho de 4, te pego, te parto, te jogo no mato. Sai, mau-olhado, vento fechado, sai desgraçado, vai excomungado, não fiques parado, vai do outro lado, vai pra bem longe, lá no mar salgado.**

Meu bom Jesus, que morreu na cruz, tão cheio de luz, acorda a lembrança, porque foste criança; criatura mansa, pega o quebranto, põe no teu manto, acaba com o pranto. A Virgem Maria, de noite e de dia, já me dizia, que te curaria. Eu te levanto, desse quebranto e do mau-olhado, de tudo virado, desengonçado, mas em bom fado, tá tudo acabado. Criança mimada, já não tens mais nada, vai-te curada, a gente deseja, que vás à igreja e que assim seja".

NB: se quando estiver benzendo, notar que o galhinho da arruda ou de alecrim está murchando, jogue-o fora, pegue outro e reinicie o benzimento; mas se perceber que ainda se encontra viçoso, prossiga até o fim.

CRIMINOSO

PARA ENCONTRAR 1

Acenda uma vela branca junto a 1 copo de água. Pegue 1 galho de arruda e faça com ele o sinal-da-cruz sobre o corpo do caçador de criminosos e diga o seguinte:

"Juntem-se 9 almas, 3 queimadas, 3 enforcadas e 3 afogadas e vão elas onde (dizer o nome ou outro meio de identificação da pessoa procurada ele(a) está. Se estiver dormindo, 3 abalos bem fortes no coração receberá. Se estiver comendo, não comerá. Enquanto ao lugar em que ele(a) estiver eu não chegar, sossego de *espírito* ele(a) não terá. Quero que vão já, já, já. Que ele(a) não possa fugir e nem se esconder e se eu não puder encontrá-lo(a) no lugar onde está, que venha a mim empurrado pelas almas que mando lá. Quero que vão já, já, já. Em nome do Pai, do Filho e do Espírito-santo. Amém".

Benzedeira
Rute da Silva (Alagoas)

DEFESA

Do corpo e da mente

Cada vez mais somos ameaçados pelo perigos da vida de hoje. Desde quando saímos de casa até o momento de retornarmos, corremos inúmeros riscos e enfrentamos muitas dificuldades. Para defender nosso corpo e nossa mente podemos fazer, para nós mesmos e para aqueles que nos peçam uma benzedura muito eficaz.

A benzedura se faz com 1 cordão de algodão ou barbante forte (não importa que tenham sido usados antes para amarrar qualquer coisa).

Preparamos num cálice uma mistura de água e vinho e sobre ela colocamos algumas gotas de óleo de oliva. Tapamos a boca do cálice e o sacudimos até impulsionar tudo.

Deitamos o cordão dentro da emulsão e o deixamos aí mergulhado 1 certo tempo. Em seguida damos 9 nós no cordão, sendo que a cada nó devemos rezar 1 pai-nosso. Depois, usamos o cordão no pescoço.

DEFUMANDO

Limpando antes

Antes de começar a defumação, faça uma limpeza total na casa, não esquecendo as teias de aranha penduradas no teto. Depois da defumação, coloque flores brancas ou amarelas em todos os cômodos, menos no banheiro. Procure evitar brigas ou discussões no ambiente, para não cortar o efeito do trabalho. Enquanto defuma, reze:

"Defumo minha casa em louvor a Deus e ao Santíssimo Sacramento. Que saia todo o mal desta porta. Se for assim, como as 3 pessoas da Santíssima Trindade, que vá para cima de quem as botou.

Em louvor a Deus e à Santíssima Trindade, que vá este mal para cima de quem me botou.

Em louvor a Deus e ao Santíssimo Sacramento, entrem todas as fortunas por esta porta adentro".

Outra benzedura

Tendo 1 ramo de qualquer erva cheirosa ou 1 bastão de incenso, ou até mesmo com 1 bocadinho de capim seco, a pessoa deve pôr fogo e andar por toda a casa, defumando-a. E rezando:

"Com este defumador limpo a minha casa e meu corpo físico e astral, para que fiquem puros e protegidos contra os fluidos, influências ou interferências malignas. Que sobre eles não prevaleçam a inveja, o ciúme, o mau-olhado, o ódio ou quaisquer outros malefícios de pessoa más.

Que deles se afastem as _entidades_ indesejáveis, _espíritos_ maus ou obsessores que pretendam fazer-nos Mal. Que nesta casa entre a sorte, a saúde e meus caminhos sejam abertos para a minha felicidade, sob a proteção de meus _guias_".

DENTES

Explica o prof. Oswaldo Cabral que as benzeduras usadas como terapêutica odontológica podem ser divididas em 2 grandes grupos: o 1.º reúne todas as orações destinadas a propiciar 1 novo dente à criança, quando se lhe extrai 1 cariado, ou quando lhe cai 1 da 1ª dentição; o 2º à cura das dores de dentes.

Pertencem ao 1º grupo as seguintes:

Invocando S. Antão — 1

"Sto. Antão, Sto. Antão,

Levai este dente podre,

E dai-me outro são,

Em nome de Deus e da Virgem Maria".

_NB:_ joga-se o dente que cai da criança sobre o telhado, recitando a oração.

INVOCANDO S. ANTÃO — 2

"Dente são, dente são!

Sto. Antão, Sto. Antão,

Torna este dente podre

E me volta 1 são".

_NB:_ lançar ao telhado o dente.

Invocando S. João — 1

"S. João, S. João,
Pega este dente podre
Me dá outro são".

INVOCANDO S. JOÃO — 2

"S. João, pega este dente podre,
E me traga 1 são".

NB: jogar sobre o telhado.

Moirão, moirão

"Moirão, moirão,
Toma este dente podre
E manda meu dente são".

NB: as crianças a quem lhes caia 1 dente devem atirá-lo em cima do telhado para a galinha não comer e nascer bico no paciente.

VARIANTE

"Mouro, mourão,
Toma teu dente podre
Dá cá o meu são".

VARIANTE — 2

"Mouro, mourão
Toma lá 1 dente podre
E dá-me 1 são".
Ou:
"E dá para cá 1 são".

NB: coisa semelhante se pratica por todo o país invocando-se em algumas partes, *Palmeirinho, palmeirão,* ou *Cinza, cinzão,* deitando-se o dente para cima do forno em Sto. Tirso, enquanto em Barroso diz-se: **"dente fora, dente fora na cova"**. Ainda coisa idêntica, em S. Miguel (SC).

As orações do 2° grupo, destinadas à cura das odontalgias são as que se seguem:

Invocando Deus e a Virgem — 1

"Ou sol ou lua ou a claridade.
Sol e lua, por donde entraste tornai a sair,
Em nome de Deus e da Virgem Maria".

NB: 3 vezes.

Rezando em voz baixa

Tira-se ou risca-se o molde do pé do lado que dói o dente, no chão ou numa tábua. Sobre o molde, a começar da ponta para o calcanhar, escrevem-se as letras A, B, F, S (que significam ar, bicho, flato e sangue). O benzedor faz uma pequena cruz com uma faca depois de cada letra e crava a ponta da mesma, perguntando ao paciente:

"— Dói?"

E reza em voz baixa:

"Dente, se é ar que te atormenta, que saia ele neste momento, em nome de Deus e de N. Senhora".

E risca com a ponta da faca, para fora da letra. Se passou a dor, está terminada a simpatia. Se não passou, repete a operação sobre cada letra, dizendo flato, bicho ou sangue, conforme a que cortar.

INVOCANDO DEUS E A VIRGEM — 2

"Sangue, ponho-te em ti como Deus o pôs em si; sangue, ponho-te nas veias, como Deus o pôs na ceia; sangue, ponho-te no corpo, como Deus o pôs no horto; Que esta dor desapareça do teu corpo, em nome de Deus e da Virgem Maria".

Invocando S. Clemente

"Lua, luar de S. Clemente,
A vista para os meus olhos, a saúde para os meus dentes".

Telhadinho

"Telhadinho, telhadinho,
Aí te mando este dentinho,
Manda-me 1 mais bonitinho".

NB: referente ao 2º grupo, ver *Dor de dentes.*

DERRAMES CEREBRAIS

Para acordar uma pessoa desmaiada ou acudir alguém que tenha sido vítima dum derrame cerebral, de uma síncope ou apoplexia, o benzedor agita sobre o doente 1 ramo verde, fazendo movimentos em forma de cruz, enquanto vai dizendo:

"Deus e N. Senhor, que te dignaste conferir ao bem-aventurado André Avelino, morto de apoplexia, a graça de ser recebido no eterno santuário de tua glória e de ser desde ali o intercessor para contigo dos que padecem deste mal, reverentes te suplicamos que por seus méritos e misericórdia seja curado F... do ataque que o prostra. Assim seja".

† Reza-se em seguida 1 pai-nosso a S. Avelino e 3 ave-marias à Santíssima Trindade.

DESTRONCADURAS

Destroncado quer dizer, entre o vulgo, luxado.

As orações que se seguem são essencialmente de fundo religioso e se destinam à benzedura das luxações — *"juntas destroncadas ossos destroncados"* — e foram colhidas em zonas de colonização alemã, S. Bonifácio, Município de Palhoça.

Benzedura de Sta. Catarina — 1

"Quando Jesus foi pendurado na cruz, os seus ossos foram desconjuntados, mas quando ressuscitou, tudo estava novamente em perfeita ordem. Da mesma forma este osso há-de voltar para o seu lugar. Amém, Jesus."

NB: sobre a parte lesada, faz o benzedor, enquanto recita, o sinal da cruz. Repete a oração por 3 vezes. Esta benzedura também se faz em alemão.

BENZEDURA DE STA. CATARINA — 2

"Veia, ficaste contorcida, assim como Cristo está pendurado na cruz! Não te contorças e a torcedura não te fará mal algum".

NB: Esta benzedura também se faz em alemão.

DIABO

Para expulsá-lo do corpo

Esta prece é dirigida às pessoas que, por mil motivos, foram tomadas por *espíritos* obsessores ou de planos inferiores. Tem por objetivo afastar a ação maléfica desses *espíritos*:

"Em nome do Pai, do Filho e do Espírito-santo. Em nome de S. Bartolomeu, de Sto. Agostinho, de S. Caetano, de Sto. André Avelino, eu te arrenego, *anjo*-mau, que pretende introduzir-te neste filho de Deus e pervetê-lo. Pelo poder da cruz de Cristo, pelo poder das divinas chagas de Cristo, eu te esconjuro, maldito para que não possas tentar esta *alma* sossegada. Amém".

NB: à medida que for dizendo esta palavras, vá fazendo a cabeça da pessoa que você estiver benzendo.

DOENÇAS

Contagiosas

Qualquer que seja a doença contagiosa de que é vítima, nesta benzedura o doente fica com os braços abertos em cruz, enquanto o benzedor, com 3 galhos verdes, cruza o seu corpo, nas costas e na frente, assim como nos lados, do pescoço aos pés, rezando:

"Oh, bem-aventurado Sebastião e Roque, intercedei por nós a N. Sr. Jesus Cristo para que *F...* fique livre dessa epidemia ou doença contagiosa e de toda a moléstia de seu corpo e *alma*. Orem por ele bem-aventurados Sebastião e Roque, para que seja, do Filho e do Espírito-santo. Amém".

De criança — 1

"Deus te fez. Deus te gerou. Deus te desacanhe deste mal que te acanhou. Eu te benzo de todo mal que tiver no teu corpo: mau-olhado, quebranto e vento-virado.

Se estiver na sua cabeça. Divino Espírito-santo tira. Se estiver nos olhos, Sta. Luzia tira. Se estiver na boca, *anjo-da-guarda* tira. Se estiver na garganta, senhor S. Brás tira. Se estiver nos peitos, Sto. Aleixo tira. Se estiver nos braços, Sto. Anastácio tira. Se estiver na barriga, Sta. Margarida tira. Se estiver nas pernas, Senhor dos Passos tira. Se estiver nos pés, Sr. Bom Jesus tira.

Tira do osso, põe na carne. Tira da carne, põe na pele. E manda para as ondas do mar sagrado, onde não vê o galo cantar nem o filho do homem chorar nem o juramento zurrar, com as graças de Deus e da Virgem Maria. Amém. Assim como S. Clemente não mente, serviço no Domingo e dia santo não vai adiante, este mal não vai a frente."

NB: o paciente deve ficar deitado enquanto a pessoa que benze vai falando a oração em voz alta e fazendo cruzes com o polegar direito sobre as pernas do corpo mencionadas.

DE CRIANÇA — 2

Põe-se no fogo uma panela nova de barro, contendo água e cinza para ferver. Com essa água dá-se 1 banho na criança doente de pé. Enxuga-se em toalha nova, na qual coa-se a água depois. Assim que o côrpo da criança esfrie, 3 mulheres chamadas Maria levam-na, enrolada na toalha, até 1 pessegueiro no quintal. Ajoelhadas em torno da árvore, elas vão passando a criança de mão em mão por 3 vezes e dizendo:

"Toma Maria, este assombrado".

E a outra responde:

"Eu recebo em nome de Deus e da Virgem Maria".

NB: após completarem as 3 passadas, elas desenrolam a criança e enterram a toalha no pé do pessegueiro. Este acabará secando, mas a criança ficará curada.

DE CRIANÇA — 3

"S. Clemente corre o mundo num minuto e não se cansa. S. Clemente vem curar o mal desta criança.

S. Clemente, protetor das crianças que o Senhor mandou virem a ele.

S. Clemente, protetor dos meus filhos e dos filhos de todos os tementes a Deus, curai esta criança que ainda não conhece o mal, que ainda do batismo tem na boca o gosto do sal."

Colocar 1 pouco de sal na boca da criança.

"Curai esta criança que não sabe o que é o pecado. Curai esta criança que N. Sr. Jesus Cristo colocou sob vossa proteção.

S. Clemente, protetor da infância, rogai por nós."

† Rezar 3 pais-nossos.

Desconhecidas — 1

Benza o corpo do doente enquanto pronuncia esta oração e, em seguida, reze 5 creio-em-Deus-pai, credos em memória da Paixão e Morte de N. Sr. Jesus Cristo.

"Doença desconhecida, Mal ignorado ou intencionado do corpo desta criatura *F...*, sairás daqui e cairás por terra, pela vontade de Deus Todo-Poderoso, como caiu o preciosíssimo sangue de Jesus crucificado. A vontade de Deus é a maior das vontades. Em nome do Pai, do Filho e do Espírito-santo. Amém."

DESCONHECIDAS — 2

† Rezar:

"Estando sentado S. Pedro numa pedra, por ali passava Jesuis, que disse:

— Que tem, Pedro?

— Uma dor desconhecida, Senhor!

— Se fô dor, que passe, e, se fô argum ruim, exala!

— Este ar ruim e esta dor não sinto mais, Senhor."

¯ Rezar fazendo sinais-da-cruz sobre o local dolorido, com 1 rosário ou imagem.

Em qualquer parte do corpo

† Rezar:

"Jesuis, José andavam por 1 caminho; Jesuis caminhô, José sentô, Jesuis perguntô:

— O que é que tem, José?

— É uma dor de cabeça, dor de ovido e dor de dente; dor de zóio, dor nos braço, dor nas costa, dor nos peito e dor no corpo; dor nas perna e dor nos ósso; dor no sangue, dor nas veia, dor nas carne e dor nos nervo; dor de pontada, dor entrançada e dor encruzada.

— Nunca mais este irmão terá dor de cabeça, dor de ovido e dor de dente; dor de zóio... (repete tudo até *dor encruzada*). **Amém".**

NB: enquanto reza, vai o benzedor fazendo sinais-da-cruz sobre o local que dói.

(De Jacutinga)

Quando não se sabe qual

Quem costumava praticar esta benzedura para curas gerais era d. Maria da Praia, que viveu na praia de Mucuripe (Fortaleza, CE). Ela ia colocando a mão sobre as partes do corpo enunciadas e rezando:

"O nome de Jesus ajuda; onde eu puser minha mão, ponha Deus sua santa virtude. Cristo reina, Cristo vive, Cristo te ilumine. Cristo te defenda, aleluia, aleluia, aleluia. Se este mal estiver na tua cabeça, Sta. Teresa te ajude. Se estiver por esta banda, Sant'Ana te ajude. Se estiver na tua frente, S. Vicente te ajude. Se estiver atrás, S. Brás te ajude. Mas se esse mal estiver no fundo, N. Senhor seja por todo mundo."

Para curar 1 doente

"Deus fez o sol, Deus fez a lua... Deus fez toda claridade do Universo, grandioso e com a sua graça eu te benzo, eu te curo.

Vai-te sol da cabeça dessa criatura (se diz o nome dessa pessoa) **para que as ondas do mar Sagrado com os santos poderes do Pai, do Filho e do Espírito-santo.**

† Em seguida reza-se 1 pai-nosso e se for mulher, 1 ave-maria.

De pele

Para curar qualquer tipo de doença da pele (eczemas, sarna, erisipela, infecções e outras) faça esta benzedura:

Ponha 1 pouco de azeite num pires branco, molhe 1 pedaço de lã de ovelha neste azeite, passando-o na pele da pessoa doente dizendo:

"Esta doença (dizer o nome da doença) **dá na carne, da carne dá na pele, da pele dá no osso, do osso dá no tutano, do tutano dá no mar, do mar dá na praia, da praia vai-se embora. Amém".**

NB: em Sta. Catarina faz-se uma benzedura semelhante. Só que em vez do pedaço de lã de ovelha, molha-se 1 ramo de alecrim, no azeite, fazendo-se 3 cruzes com ele sobre a parte do doente do corpo. Depois disso corta-se o raminho em 3 pedaços e cospe-se neles para depois lançá-los no mar.

SARNA, COBREIROS, ALERGIAS ETC.

Pegue 1 galho verde de pimenteira-brava e, agitando-o no ar sobre as partes afetadas, benza o doente (ou a si mesmo) recitando a seguinte oração:

"Tudo no Universo é energia, movimento, força e vibração. Mas só Deus é poder. E pela harmonia de suas inteligentes e sábias leis, que

tudo prevê e provê, benzo-me (ou benzo a este irmão) com este vegetal tóxico, a fim de que, através de seus impactos magnéticos e vigorosos, se desintegrem os fluidos virulentos que alimentam os germes infecciosos da moléstia para qual é dirigido. Pela fé que possuo em Deus; pela confiança que deposito nos mentores espirituais; pela crença que alimento nos *guias* e *protetores*, tenho certeza de que hei de conseguir a cura, tão logo segue este galho com o qual chicoteio os vírus etéricos causadores da doença, jogando-lhes fluidos dispersivos para que a contraparte imaterial se dissolva e assim fique livre deste mal inconveniente e doloroso".

NB: a seguir, enterra-se ou se manda enterrar o galho da pimenteira-brava. À medida que ele for secando, a doença também irá saindo. Este benzimento, de excelente eficácia, só o fazendo, se verá o efeito curativo, assemelhando-se a 1 milagre.

ERISIPELA, SARNAS, ECZEMAS E DEMAIS INFECÇÕES DA PELE

Ponha 1 pouco de azeite num pires branco e, molhando 1 pedaço de lã de ovelha, nesse azeite, passe na pele da pessoa doente, dizendo as seguintes palavras:

"Pedro e Paulo foram a Roma. Pedro e Paulo vinham de Roma. Jesus Cristo os encontrou. Jesus lhes perguntou:

— Pedro e Paulo, o que vai em Roma?

— Muita erisipela, sarna, eczema e doenças da pele, Senhor e muita gente morre delas!

Ordenou-lhe Jesus:

— Pedro e Paulo: Voltem atrás e vão curar os doentes.

— Com que Senhor?

— Com azeite de oliva e lã de ovelha viva.

Com a graça de Deus e da Virgem Maria, que você sarará. Peço a Deus, a N. Sra. dos Remédios, aos *guias*, que por amor a este ser humano, escutem esta oração:

Virgem-soberana, Rainha-do-céu e da terra, estrela resplandecente, Senhora-dos-Remédios, sede a favor deste irmão, Mãe de Deus; sede o remédio eficaz aos seus males, às suas dores, suas aflições, aos seus martírios, aos seus trabalhos; livrai-o da peste; enxurgai-lhe o pranto; aliviai-o dessa dor que sofre; das doenças da pele; lançai os vossos misericordiosos olhos em torno dele, pobre pecador; lançai, Virgem-santíssima, sobre ele os vossos olhos de piedade com aquela ternura e amor com que lançastes ao sacrossanto cadáver de vosso adorado filho, Jesus Cristo, quando vos entregaram tão cruelmente maltratado. Se vos compadeceste desses ingratos, seus algozes, como o não fareis por este irmão que chora, que clama contra a impiedade para com seu filho tão bondoso. Rogai, Senhora-dos-Remédios, ao vosso amantíssimo filho, por este pecador, para que possa sem receio entrar nessa celestial corte, onde reinas para sempre. Assim seja".

Do estômago

Esta benzedura deve ser feita 9 dias seguidos e 3 vezes ao dia, tendo-se sempre no peito a Cruz da Caravaca. Após cada prece, dizer 13 pais-nossos e 3 ave-marias em intenção das 5 sagradas chagas de N. Sr. Jesus Cristo e do sangue derramado por S. Sebastião.

"**Magnânimo S. Sebastião, que tanto sofrestes pelo amor de N. Senhor e que, pela vossa infinita crença na eterna bem-aventurança dos céus, tanto sangue derramastes. Todo contrito e possuído de ilimitada fé, do joelhos venho suplicar concedais a graça de interceder junto ao Pai eterno e de seu santíssimo Filho, para que *F...* se veja livre da úlcera que tão cruciantes sofrimentos lhe causa.**

S. Sebastião, esta súplica vos é dirigida em nome do santo sangue que derramastes sem uma queixa, sem o menor lamento, com a serenidade dos justos e dos que sabem que os céus são o seu reino.

S. Sebastião, misericordioso, rogai por todos os crentes que neste mundo pecador sofrem.

S. Sebastião, rogai por nós.

Em nome do Pai, do Filho e do Espírito-santo. Amém".

Doenças em geral

"**Andavam Jesus e José**

Pelos caminhos de Lucré

Jesus andava, José sentava

Então Jesus perguntou:

— O que é que tens José?

— Estou doente (fala da doença)

— José, eu fiquei salvo e são

Das minhas 5 chagas

Ôce também vai ficar salvo e são

De toda essa doença que tá em seu corpo".

NB: repetir 3 vezes. ¯ a seguir rezar 1 pai-nosso e 2 ave-marias, para as 5 chagas de N. Sr. Jesus Cristo.

Infecciosas

As doenças todas se dividem entre as que "pegam" e as que "não pegam". As doenças que pegam, ou infecciosas, às vezes se transformam em epidemias, atingindo grande parte da população. Para nos defendermos delas, além de seguirmos os conselhos de saúde dos médicos, temos ainda uma benzedura contra o contágio.

Essa benzedura é feita com 1 ramo de hortelã molhado em água e sal grosso diluído. A pessoa que benze deve ir fazendo o sinal-da-cruz, enquanto diz:

"Passo pelo meio de todos e não pego a peste que investe contra a cidade. Assim disse S. Pedro de Toma, cheio de fé, diante de N. Sr. Jesus Cristo. E em seu nome eu benzo *F...* para que passe e repasse pelo povo e não pegue a peste que está na cidade. Isso em nome do Pai, do Filho e do Espírito-santo. Amém".

DE MACACO

Hoje em dia é mais raro, mas ainda acontece de uma criança contrair doença de macaco. Quando isso acontece, a madrinha precisa levar a criança até uma encruzilhada logo de manhã, aos 1os raios de sol. Então ela colocará o afilhado de frente para uma das 3 ruas e de braços abertos na direção das outras duas quadras que se juntam ali. A mãe acompanhará e responderá às perguntas da benzedeira no caso de a criança não conseguir falar. As palavras são estas:

"— O que tens?
— Macaco.
— Macaco curarei."

Sempre com a mão direita sobre a cabeça da criança e colocando-se atrás dela, a madrinha repetirá as palavras por 3 vezes seguidas. Depois da 3ª, todos irão embora para casa tomando o cuidado de não olhar para trás.

NB: na caminhada, a madrinha irá rezando 1 ave-maria e 1 pai-nosso.

QUALQUER TIPO DE DOENÇA

Esta benzedura tem a vantagem de servir a todo e qualquer tipo de doença, desde o tumor maligno, ao mais simples resfriado. O benzedor faz o sinal-da-cruz sobre o doente, utilizando para isso 1 ramo verde. Em seguida, reza 1 pai-nosso e 1 ave-maria e profere esta prece:

"Pai Eterno, Senhor Misericordioso e Justo. Pela Encarnação, Nascimento, Vida, Paixão, Morte, Ressurreição e Ascensão de N. Sr. Jesus Cristo. Por todos esses Santíssimos Mistérios, rogo firmemente que *F...* **seja curado de** (dizer o nome da doença).

S. Sebastião, S. Roque, S. Lázaro, Sta. Luzia, todos os santos protetores contra os males físicos, eu vos suplico proteção para *F....* **Curai-o, Senhor. Livrai-o, Senhor, da doença que o atormenta. Em nome do Pai, do Filho e do Espírito-santo. Amém".**

OUTRA

Nesta benzedura deve-se assinalar a parte afetada do corpo, fazendo o sinal-da-cruz, enquanto se reza:

"Sr. Jesus Cristo, suplico-lhe: curai *F...* deste mal. Pelos mistérios nos quais acredito, suplico à Santíssima Trindade pela intervenção da Santíssima Virgem Maria que livre e cure esta doença (dizer o nome da doença)**, obedecendo sempre à vontade de N. Sr. Jesus Cristo. Por S. Roque e S. Sebastião, pelas 11 mil Virgens, por todos os santos e santas celestiais. Em nome do Pai, do Filho e do Espírito-santo. Assim seja. Amém".**

TROPICAIS

Com 3 raminhos de arruda, molhados em água benta, o benzedor cruza o corpo do doente e reza:

"Senhor, vossa misericórdia é infinita, como infinito é o vosso poder sobre todas as coisas dos céus e da terra, que criastes. Nenhum crente pode ou duvida de vossa bondade e de vossos milagres, que são tantos que é impossível enumerá-los.

Por esta razão, Senhor, a vós me dirijo, certo de que estas minhas súplicas serão prontamente atendidas e que sabereis dar imediato alívio a esta criatura que tanto necessita do vosso amparo.

***F...* Senhor, está sofrendo de amarelão. Definha dia a dia. Seus padecimentos a todos compungem. E é preciso pôr 1 paradeiro aos seus males. É por esta razão que a vós recorro, certo de que sabereis compreender os sentimentos que me levam a vos pedir socorro."**

VENÉREAS

Com 1 raminho de alecrim o benzedor vai fazendo o sinal-da-cruz sobre o local onde a doença. Enquanto benze, diz:

"Jesus perguntou qual a mais triste doença que existe no mundo. S. Fiacro respondeu: é o imundo. O imundo é a doença que nasce do pecado para mostrar ao pecador que está errado."

Benze com o raminho, pede ao doente que feche os olhos e reze mentalmente 1 pai-nosso para o *anjo-da-guarda*. Benze de novo e diz:

"O que foi dado por Deus-pai para povoar o mundo, não serve para semear o pecado e a vergonha. S. Fiacro disso tudo sabe e já que viu o arrependimento de *F...* vai curar este mal odiento".

† Em seguida rezar 3 pais-nossos, 3 ave-marias.

Em animais domésticos

Muitas vezes, os animais de sua casa aparecem doentes inexplicavelmente. Ou então começam a emagrecer e a perder suas qualidades.

Cães, pássaros, tartarugas, gatos, e demais animais que criamos perto de nós também podem sofrer mau-olhado por parte de pessoas invejosas.

Seja porque os animais são bonitos, seja porque eles têm com você, que é o seu dono, uma relação carinhosa. Em outros casos, pode ser apenas porque fazem barulho à noite e coisas semelhantes, próprias dos animais domésticos.

Para defender seus animais de olho-gordo e mau-olhado, pegue 1 galho de arruda, 1 de alecrim e 1 de manjericão. Ferva, deixe esfriar e jogue, fazendo o sinal-da-cruz sobre o animal, dizendo:

"Afaste-se olhado".

DORES

De adolescente

Quando a criança já tem alguma idade ou mesmo chegou à maioridade, existe uma benzedura muito capaz de aliviar qualquer dor, muito usada na localidade de Benquerença e também no sertão de Augusto Severo (antigo Campo Grande) pela curandeira Chica Cardoso.

Tanto num lugar, como no outro, a benzeção é feita com 1 raminho verde (de preferência alecrim) que se agita diante do local afetado pela dor (pode ser de dente, de cabeça, de barriga etc.). A oração que acompanha os gestos é esta:

"Deus te engendrou,

Deus te desassombra, do mal que te assombrou.

Em louvor da Virgem Maria, quanto ela quis, tudo se fazia.

N. Senhora benzeu o menino com 1 raminho de alecrim branco Benza este *F...* **com 1 raminho verde do campo".**

De barriga

Contra as dores de barriga existem diversas rezas e benzeduras. É só escolher, vamos a elas:

COM 9 CRUZES

Faça 9 cruzes no umbigo do doente e diga as seguintes palavras, acompanhando cada cruz:

"Ostevum, Ostesa, Maléhit, Bany, Ampoca palla, dor de barriga, saia daqui que é Deus quem manda".

NB: isto deve ser repetido 3 vezes, assim como é preciso rezar 3 pais-nossos para a Santíssima Trindade.

COM CINZA

Tira-se a cinza do fogão, peneira-se em peneira fina. Depois coloca-se sobre uma tábua, em espalhada. Assenta-se sobre a cinza o pé do doente, tirando-se o *rastro*. A seguir, corta-se o *rastro* com uma tesoura em cruz, rezando:

"Cinza sim, dor de barriga, não com estas palavras eu corto a dor de barriga de *Fulano*, **em louvor de S. João.**

† Rezar então 3 vezes o creio-em-Deus-pai e 3 ave-marias.

NB: repete-se a benzedura da mesma maneira por 3 dias seguidos, juntando a cinza de cada vez para jogar no 3º dia, rio abaixo.

COM ÁGUA FRIA

"Água fria, correntia, não faça mal a esta barriga, nem de noite nem de dia, nem ao pino do 1/2-dia, nem às 10 horas do dia, por aqui passou o filho da Virgem Maria, perguntando o que faria".

† Pai-nosso, ave-maria. Reza-se 3 vezes.

COM BENZIMENTO DE BETIM

† Benzer em cruz o ventre da criança:

"F..., sua dor de barriga e sua corca (cólica) **eu corto; assim como Jesuis andô no vento de Maria Santíssima, também tenha dó e cura esse fiinho, de Deus, de corca ou dor de barriga, pra mim".**

† Rezar 1 pai-nosso e 1 ave-maria.

COM BENZIMENTO DE 7 LAGOAS

† Rezar:

"O interior é fio do Redentor. O Redentor disse: dou alívio a toda dor; se fô mar das tripa, desate; se fô calor; esfrie; se fô frieza, esquente. Assim como Deus é fio da Virge Maria. Amém".

† Rezar 1 pai-nosso e 1 ave-maria.

COM BENZIMENTO DO NORDESTE

"Sai dor de barriga que está ai, que a cruz de Cristo está aqui!
Com Deus para os que estão lá dentro
Com Deus para aqueles que sairem
Com Deus para os que vão chegar".

COM BENZEÇÃO

"Água no mar sagrado
Água de muita valia
Água fria corre de noite, corre de dia
Corre toda hora do dia
Com os poder de Deus e da Virgem Maria
Assim passa essa dor de barriga
Com os poder de Deus e da Virgem Maria".

NB: repetir 3 vezes, usando 3 ramos verdes em gestos de cruz várias vezes.

† A seguir, rezar 1 pai-nosso para N. Sra. da Boa Vida e N. Sra. da Saúde.

COM ÓLEO DE OLIVA

As dores de barriga podem ter 1 sem-número de causas nos sertões e no interior do Brasil. Para curá-las além dos remédios, existem muitas rezas, simpatias e benzeduras.

Esta benzedura que apresentamos deve ser feita da seguinte maneira:

O benzedor deve colocar 1 pouco de óleo de oliva num recipiente e, diante duma imagem de Cristo rezar, com as mãos postas sobre o olho, 1 pai-nosso.

Feito isso, deve agachar-se à frente do doente e dizer:

"Com o que aqui trago, para benzer com óleo, tudo o que é dor fugirá".

Chegue então mais perto do doente, faz o sinal-da-cruz com o óleo no seu umbigo e diz:

"Se aqui não havia dor antes, agora também não mais haverá. Pelo sinal-da-santa-cruz, livrai, Deus, *F...*, desta dor de barriga. Se aqui antes não havia dor, em nome de Cristo não mais haverá.

† Feita a benzedura, rezar 3 pais-nossos, fazendo a cada vez o sinal-da-cruz com o olho sobre o umbigo do doente.

De bexiga

Urina presa, pequenos cálculos renais, tudo isso provoca uma dor danada na bexiga. A pessoa resolve ir tanto ao banheiro. Uma benzedura simples, colhida no interior de Goiás, na cidade de Aruanã, barranca do rio Araguaia, pode acabar depressinha com o problema e aliviar a urina e a dor do paciente:

Pegam-se 3 galhos de hortelã, 3 de arruda e 3 de quebra-pedra. Colocam-se tudo numa caneca com água de rio corrente e aperta-se bem, esgotando a água até ficar apenas uma massa das folhas. Com o dedo indicador o benzedor passa essa pasta na testa do doente em forma de cruz, sempre feita da esquerda para direita. E vai dizendo:

"Água do rio, água corrente, essas bondosas, que curam doente; aliviai das dores e da urina presa este nosso parente".

De cabeça

Toma-se uma toalha branca nova, virgem, sem ser usada, dobra-se em 3, 7, ou 9 partes. Pega-se 1 copo de água bem limpa e coloca-se acima da cabeça do paciente dizendo para "tirar a dor":

"Assim como Jesus mostrou caminho ao cego, curou os enfermos e paralíticos de Sodoma e foi aquele que, com 3 pedacinhos de pão matou a fome dos filhos de Israel, peço a esse mesmo senhor que nos der a virtude e a graça e a divindade e a satisfação desta água, para que ao tomá-la F... fique livre da dor na cabeça. Amém".

NB: a seguir, o benzido toma o copo de água e, ao deitar, coloca o pano branco estendido sobre o travesseiro. Se a dor não sumir já no final da benzedura, é certo que não estará mais com a pessoa na hora em que se levantar no dia seguinte.

OUTRA BENZEDURA

Ungir a cabeça do paciente com azeite, fazendo o sinal-da-cruz. E rezar:

"Jesus chamou Pedro

E disse que Pedro

Era Pedra.

E nessa pedra

Jesus quebrou.

Jesus me deu essa força

A força que Deus me deu

De curar o que Ele curou,

**no tempo que no mundo andou
Por isso essa dor de cabeça
Será atirada, retirada e jogada na pedra".**

Ungir a cabeça do doente fazendo o sinal da cruz:

**"Com Deus e a Virgem Maria
Essa doença vai embora,
quebrada na pedra,
moída na pedra,
arrebentada na pedra".**

Ungir a cabeça do doente fazendo o sinal-da-cruz:

**"Jesus e Virgem Maria
Dai a *F...*
força, paz e conforto
tirando e quebrando na pedra
essa dor de cabeça
que há de se acabar"**

† Rezar 3 pais-nossos e 3 ave-marias.

ORIUNDA DUMA CONSTIPAÇÃO

Em 1 cidade chamada Brasília de Minas (MG), o benzedor Anastácio Soares da Cruz costuma usar essa benzeção para curar essa dor de cabeça proveniente de todo tipo de constipação. E com ótimos resultados.

"— Que curo?

O doente responde:

— Mal de dor de cabeça.

O benzedor:

— Aqui chegou o mal de dor de cabeça e vou te afastar, de constipação braba.

**Constipado, achacado, adoentado, torturado e sangue derramado
Que curo?**

O doente responde:

— Mal de dor de cabeça.

O benzedor finaliza:

**Mal do tempo, mau do vento.
Mal do dia, mau do sol,**

Mal do fogo, mau de água,
Mal da noite, mau da estrela,
Mau da estrela e ar ruim".

NB: enquanto benze o benzedor faz cruzes sobre a testa com o polegar.

COM UMA CRUZ AO PEITO

O doente deverá ter uma cruz junto ao peito e antes de ser feita a benzedura, faz-se o sinal-da-cruz. Ao final, paciente e benzedor rezam juntos, 5 ave-marias e 5 salve-rainhas em honra à Santíssima Trindade.

"N. Sr. Jesus Cristo veio ao mundo por obra do Todo-poderoso. N. Sr. Jesus Cristo sofreu a santa Paixão. N. Sr. Jesus Cristo foi crucificado pelos ímpios que ele perdoou mesmo na hora de sua morte. Ele ressuscitou. Ele é nosso rei. A ele rogamos que faça desaparecer as dores de cabeça que tanto sofrimento causam a *F....* Em nome do Pai, do Filho e do Espírito-santo".

COM 1 PANO MOLHADO

Pegue 1 pano branco "ou toalha" e dobre-o em 3 vezes. Molhe-o com 1 copo de água, deixando-o úmido. Coloque-o na cabeça da pessoa (ou de si mesmo) e diga 3 vezes:

"O sol nasceu, o sol suspendeu, o sol desapareceu; assim como o sol desapareceu, essa dor de cabeça também vai desaparecer, para não mais voltar".

Conserve o pano (ou toalha) úmido sobre a cabeça do doente e, ao mesmo tempo em que, com as mãos, você vai desenhando 1 triângulo no ar sobre o pano, faça a seguinte prece a N. Sra. da Cabeça, dedicada aos *espíritos* sofredores.

"Salve Imaculada! Rainha da glória, Virgem Santíssima da Cabeça, em cujo admirado título fundassem nossas esperanças, por serdes Rainha e Senhora de todas as criaturas. Refúgio dos pecadores, rogai por nós.

Esta jaculatória é repetida milhares de vezes em todo o universo, sobre o trono de glória em que estais sentada e volta à Terra, trazendo aos pobres pecadores torrentes de luzes e de graças.

Socorrei-nos, pois, ó Dulcíssima senhora! Não sejam nossos pecados e maldades obstáculos aos vossos favores! Sede para nós 1 constante auxílio em todas as nossas necessidades e dores, especialmente na hora da morte e depois dela, para que possamos, cobertos com o manto da vossa misericórdia merecer as alegrias da vida eterna. Amém".

LEVE OU PESADA

As pessoas benzidas por "seu" Joaquim Martins Borjes, de Janaúba (MG), costumam dizer que ele era o mestre dos mestres em acabar com dores de cabeça. Fossem leves ou daquelas arretadas que chamam de enxaqueca, "seu" Joaquim não enjeitava. Colocava 3 folhas de mamona na testa do infeliz e repetia sua oração, muito concentrado, por 3 vezes:

"Jesus Cristo,
quando andou no mundo,
sentou em pedra fria,
tirando a dor de cabeça,
enxaqueca e maresia".

QUANDO ELA NÃO PASSA

Se uma dor de cabeça não o (a) deixa em paz, o santo remédio então é apelar para 1 simpatia bem antiga, que não tem decepcionado aos que dela se valeram:

Recorte duas rodelas de papel branco e unte-as em seguida com azeite doce ou manteiga.

Fixe-as nas suas têmporas ou nas têmporas do doente, pronunciando as seguinte palavras, com fé:

"Cabecinha, cabeção.
Valei-me meu santo S. João,
Valei-me N. Sra. das Cabeças,
Que essa dor não espiche, não cresça.
Vá-se embora bem pra longe.
e não volte aqui mais não.
Em nome do Pai, do Filho e do Espírito-santo".

† Faça o sinal-da-cruz 3 vezes seguidas.

COM 1 LENÇO

Envolva a cabeça do doente com 1 lenço novo branco, colocando sobre ele 3 raminhos verdes em forma de cruz e reze 3 vezes:

"Deus que quisestes que o santo Aspácio se dedicasse, inteiramente a todos para a salvação das *almas*, derramai em nossos corações as doçuras de vossa graça. Dai a *F...* o alívio para os seus sofrimentos, a fim de que ele não cesse de vós louvar e bendizer, em companhia de Sto. Aspácio, cuja intercessão em favor de *F...*, imploro. Assim seja.

Sto. Aspácio, patrono especial contra as dores de cabeça, intercedei por *F...*".

† Reze em seguida 1 pai-nosso e 1 ave-maria.

PANO BRANCO OU TOALHA

Pegue 1 pano branco, ou toalha e dobre-o 3 vezes. Molhe-o num copo de água benta, deixando-o úmido. Coloque-o na cabeça da pessoa a ser benzida, ou na própria cabeça e diga 3 vezes:

"O sol nasceu, o sol suspendeu, o sol desapareceu. Assim como o sol desapareceu, esta dor de cabeça também vai desaparecer, para não mais voltar".

NB: conserve o pano "ou toalha" úmido sobre a cabeça do doente e, ao mesmo tempo em que com as mãos você vai desenhando 1 triângulo no ar sobre o pano, reze 1 pai-nosso e 1 ave-maria dedicados à N. Sra. da Cabeça, em favor dos *espíritos*-sofredores.

DEVIDO AO SOL

Em cima da cabeça do doente, coloca-se uma toalha dobrada muitas vezes e em cima da toalha 1 copo com água, com a boca virada para baixo e bem apertada na toalha. O benzedor sobe num banquinho, com a mão acima do fundo do copo e diz:

"Eu te benzo com as 3 pessoas da

Santíssima Trindade.

Valei-me minhas 3 pessoas

E fazei-me a santa caridade".

A fala é repetida 3 vezes e a pessoa com a mão livre, vai traçando cruzes na cabeça do doente. Daí vira-se o copo, agradecem-se às 3 pessoas da Santíssima Trindade.

† E rezam-se 1 pai-nosso e 1 ave-maria.

PELO PODER DE DEUS E DA VIRGEM MARIA

"Sol é sol

Sol é sereno

Sol é enxaqueca

Faz dor de dente

Ou dor de cabeça

Pelo poder de Deus e da Virgem Maria"

† A seguir reze 1 pai-nosso e 1 ave-maria.

COM BENZEÇÃO

"— Que curo?

— Mal de dor de cabeça

— Aqui chegou o mal de dor de cabeça

 Eu vou te afastar

 De constipação braba

 Constipado, achacado, doentado

 Torturado e sangue derramado

— Que curo?

— Mal de dor de cabeça

Mal do tempo, Mal do vento

Mal do dia, Mal do sol,

Mal do fogo, Mal d'água

Mal da noite, Mal da estrela

Mal da estrela e ar ruim."

NB: repetir 3 vezes com a mão em gesto de cruz várias vezes.

† A seguir rezar 3 pais-nossos ao santo da devoção.

INVOCANDO N. SRA. VARREDORA

"Fulano,

Deus é sol, Deus é lua

Deus é claridade

As 3 palavras de N. Sr. Jesus Cristo

Todas essas, são certas e são verdades

Arretira dor de cabeça

Seja ela tocada

De sol pelos anos passados,

De constipação rama

Seja pelo aro da lua

Aro das estrelas, aro do sol

Sereno da boca na noite

Sereno da madrugada

Pancadas de vento

Chamo os aros secos

Os aros frios

Mas Jesus Cristo é vivo

Mais vivo ele está

Com fé em Jesus Cristo

E dor de cabeça não é nada

O vento leva, joga nas ondas do mar

Pelo poder de Deus e da Virgem Maria".

NB: repetir 3 vezes, com 3 ramos verdes em gestos de cruz várias vezes.

† A seguir rezar 1 pai-nosso e 3 ave-marias para N. Sra. Varredora.

COM FOLHAS DE MAMONA

"Jesus Cristo quando andou no mundo
Sentou em pedra fria
Tirando dor de cabeça
Enxaqueca e maresia".

NB: colocar 3 folhas de mamona na testa da pessoa

† A seguir repetir a oração 3 vezes.

INVOCANDO A SANTÍSSIMA TRINDADE

"Deus é sol, Deus é luz, Deus é claridade
Deus será bondade
Assim como tem as 3 pessoas da Santíssima Trindade
Deus tira o sol, Deus tira sereno, Deus tira enxaqueca,
Maleta marizia e dor de cabeça
Com os poder de Deus e da Virgem Maria.
Pai, Filho, Espírito-santo. Amém".

NB: repetir 3 vezes.

VARIANTE

"Deus é o sol
Deus é a lua
Deus é a estrela
Deus é a claridão do dia
Deus é a claridão da noite
Deus é a enxaqueca
Vós te tira essa dor de cabeça".

NB: vai benzendo, colocando uma mão na testa e outra na nuca; depois coloca a mão esquerda por cima da cabeça com a direita em cima da esquerda.

INVOCANDO N. SENHORA

"Tava N. Senhora em sua pedra fria
Benzendo de dor de cabeça
Com os poder de Deus e Da Virgem Maria".

NB: repetir 3 vezes com 3 ramos verdes em gestos de cruz, várias vezes.

† A seguir rezar 1 pai-nosso com 1 ave-maria para o santo da devoção.

INVOCANDO STA. PELONHA

"Estava Sta. Pelonha
Do lado de cima do caminho
Em sua cadeira dourada
N. Senhor chegou e perguntou
— Que é que você tem Pelonha?
— Dor de cabeça Senhor
— Pois Pelonha pelo sol nascente, a lua poente e o sangue fervido
Peço N. Senhora que mate essa dor
Que nunca vale nada dor de dente".

NB: declamar uma vez só usando a mão em gesto de cruz várias vezes.

† A seguir rezar 1 pai-nosso com 1 ave-maria.

CONTRA CEFALÉIA

Eis 1 benzimento feito pelos curandeiros do interior para dor de cabeça. Pega-se 1 raminho de arruda, guiné, alecrim (qualquer 1deles), molha-se em 1/2 copo de água e asperge-se sobre a cabeça do doente, dizendo:

"Deus é sol, Deus é luz, é claridade. Deus será bondade. Assim como tem as 3 pessoas da Santíssima Trindade, Deus tira o sol, Deus tira sereno, Deus tira enxaqueca, Deus tira maleira, Deus tira maresia e dor de cabeça. Com os poderes de Deus e da Virgem Maria. Pai, Filho e Espírito-santo. Amém".

NB: repetir as palavras por 3 vezes. Se a dor de cabeça for proveniente de mau-olhado ou algum malfeito, a arruda deverá murchar-se no final do benzimento.

INVOCANDO A VIRGEM

Pegar 1 ramo de arruda, molhá-lo em água limpa e benzer o doente em forma de cruz, dizendo:

"Salve, Senhor S. Marcos! Jeus é filho, Jesus é Redentor, Jesus é Salvador. Assim como Jesus Cristo é filho, é Salvador e é Redentor, entrai na igreja e deixai esta dor. Rezai esta dor de cabeça; se for do sol, procurai os ares; se for do sereno, procurai as baixadas. Com pano de linho branco, enrolai 1 jarro de água fria, com os poderes da Virgem Maria, libertai esta dor de cabeça, da dor que a agonia".

Ver *Sol na cabeça*

DO CORAÇÃO

Quando o peito começa a doer, com a pressão oscilando perigosamente, nada como ter fé em Deus e contar com o auxílio duma boa e santa benzedeira. Sobretudo em determinados lugares do nosso Brasil, onde a assistência médica é praticamente inexistente.

No caso dos males do coração, o benzedor faz o sinal-da-cruz 3 vezes sobre o coração do doente, pronunciando as seguintes palavras:

"Em Belém há 3 meninas. Uma cose, outra fia e a outra cura anginas. Uma fia, outra cose e a outra cura o mal traiçoeiro."

† Em seguida reza-se 3 pais-nossos em louvor à Santíssima Trindade.

Dores em geral

Eis 1 benzimento muito usado pelos curandeiros para curar dores em geral, pontadas pelo corpo, pancadas, etc. Preliminarmente, deixa-se ao lado 1 ramo de arruda e 1/2 copo de água. Então, começa o benzimento com as seguintes palavras:

"Ia Jesus e José numa longa viagem. Jesus andava e José ficava. Disse Jesus a José:

— **Anda José!**

— **Senhor, não posso.**

— **Que tens, José?**

— **Senhor, uma dor de dentro, no peito, no pé, no braço, etc.** (diz-se o local da dor) **que tanto me atormenta.**

— **Anda, José. Assim como eu fiquei livre, são e salvo, sarei de minhas 5 chagas, assim tu, crê** *Fulano* (citar o nome do doente) **que tu hás de ficar livre desta dor. Dor de pancada, de pontada, moléstia do tempo, constipação e ramo e todos os males encausados. Assim, tu, crê** *Fulano* (repetir o nome do paciente) **que tu hás de ficar livre deste Mal".**

NB: rezar após o pai-nosso, a ave-maria, o salve-rainha e o glória-ao-pai. A seguir, asperge-se a água do copo molhada no ramo da arruda no local da dor, ficando ela assim benzida. Aí, o benzedor pergunta:

"A dor já passou?".

A resposta deve ser:

"Ainda não, mas já está benzida e logo passará por força deste benzimento".

Em qualquer parte do corpo

BENZEDURA DE JACUTINGA

† Rezar:

"Jesuis, José andavam por 1 caminho; Jesuis caminhô, José sentô, Jesuis perguntô:

— O que é que tem, José?

— É uma dor de cabeça, dor de ouvido e dor de dente; dor de zóio, dor nos braço, dor nas costas, dor nos peito e dor no corpo; dor nas perna e dor nos ósso; dor no sangue, dor nas veia, dor nas carne e dor nos nervo; dor de pontada, dor entrançada e dor encruzilhada.

— Nunca mais êste ermão terá dor de cabeça, dor de ouvido e dor de dente; dor de zóio... (repete tudo até *dor encruzada*). Amém".

NB: enquanto reza, vai o benzedor fazendo sinais-da-cruz sobre o local que dói.

BENZEDURA DE PERDÕES

† Rezar:

"Estando sentado S. Pedro numa pedra, por ali passava Jesuis, que disse:

— Que tem, Pedro?

— Uma dor desconhecida, Senhor!

— Se fô dor, que passe e, se fô argum ar ruim, exala!

— Este ar ruim e esta dor não sinto mais, Senhor".

¯ Rezar fazendo sinais-da-cruz sobre o local dolorido, com 1 rosário ou imagem.

PELO CORPO

Para benzer contra qualquer dor de corpo, toma-se 1 copo de água e coloca-se dentro dele 1 raminho de planta que não seja venenosa. Coloca-se sobre a cabeça do doente e segura-se ali, dizendo:

"— *F...* o que você tem?

E o paciente responde:

— Tenho dor no corpo.

E o benzedor retruca:

— Você não tem dor no corpo, que Jesus não deu licença, de essa dor no seu corpo ficar. Se ela aí estiver mesmo, eu tiro com o nome do Pai, do Filho, do Espírito-santo. Agora, neste momento vai saindo. Sai do tutano, passa pelo osso, passa pelos nervos, passa pela carne, passa pelo sangue, passa pelo couro, passa pela perna, passa pelo vento e do vento vai ao poço. Vai, dor dolorida, para onde galo não canta, pinto não pia, onde não existe nome de Maria. Em nome do Pai, do Filho e do Espírito-santo. Amém".

NB: em seguida, o doente deve tomar toda a água do copo.

Nas costas

O benzedor começa contando uma história, todo compenetrado. O benzido tem de prestar atenção e repetir a história depois. Se não conseguir, as dores nas costas não desaparecerão. A história é assim:

"Estavam Jesus e Sr. S. João no rio Jordão. E Jesus Cristo perguntou:

— João, o que tens que não andas nem caminhas atrás de mim?

— Senhor, não posso porque estou com uma dor magra reumática, encostada nos ossos, que não me deixa andar nem caminhar.

— Pois levanta, João e caminha atrás de mim. Porque assim como minha Mãe Santíssima ficou livre sã e salva de mim em seu ventre e assim como eu mesmo fiquei são e salvo das 5 chagas, assim ficarás tu livre dessa dor. Amém".

NB: no final, depois que o benzido repete a história e os 2 rezam juntos 1 pai-nosso e 1 ave-maria e a dor se vai.

COM ÓLEO DE OLIVA E SAL

Para curar dores nas costas, o benzedor deve 1º preparar a unção. Este preparo se faz tomando-se óleo de oliva na concha da mão. Neste óleo jogam-se 3 pitadas de sal, dizendo a cada vez:

"Adon Elhoin Adonai. Com essa unção *F...* sua dor sarai".

Feito isso ergue-se a concha da mão acima da cabeça do paciente e diz-se:

"Adon, Senhor do Mundo, meu médico e meu salvador. Curai e livrai dessas dores *F....* Porque só em seu encontro haverá alívio para seu sofrimento".

NB: em seguida deve-se esfregar o óleo e o sal nos lugares doloridos e, no final dizer:

"Amém Selah".

De Dentes

INVOCANDO STA. APOLÔNIA — 1

Antes de começar a benzer, o benzedor dever rezar 1 pai-nosso à Sta. Apolônia e 3 pais-nossos à Santíssima Trindade. Afinal, acabar com as terríveis dores de dente não é nada fácil.

Depois disso deve fazer movimentos em cruz, com 1 galho verde, sobre a boca e as bochechas do doente, enquanto vai dizendo:

"Bendita, Sta. Apolônia, que por tua virgindade e martírio mereceste do Senhor ser instituída advogada contra a dor de gengivas e

dentes, te suplicamos intercedes com o Deus das misericórdias para que esta criatura _F..._ fique completamente curada. Amém".

INVOCANDO STA. APOLÔNIA — 2

Acredita o povo que Sra. Apolônia seja a protetora daqueles que sofrem de dores de dentes. Daí esta benzedura invocando a santa para aliviar essas dores incômodas.

Acompanhado do benzedor, o paciente deve caminhar por 1 uma estrada de terra. Enquanto o 1º diz os versos, o 2º atira 3 pedrinhas para trás:

"Indo por 1 caminho, com Sta. Apolônia topei, assentada numa pedra. Em desatino, perguntei-lhe eu:

— Que te dói, Apolônia?

— Dor de dentes, Senhora...

— Pois Apolônia, pelo sol nascente, pela luz poente, por N. Sr. Jesus Cristo, que te pôs neste vento, assim te passe Apolônia, essa má dor de dente!".

INVOCANDO STA. APOLÔNIA — 3

Contra dor de dente, apanha-se alguns galhos duma planta e passando em forma de cruz sobre a parte da face, onde se localiza o dente dolorido, diz-se:

"Estava Sta. Apolônia (alguns curandeiros e benzedeiras falam "Pelonha") **sentada na pedra fria, com dores atordoada. Chegou N. Senhora e perguntou:**

— Que tens, Apolônia?

Ela respondeu:

— Dor de dente, Senhora.

Falou N. Senhora:

— Cala-te, Apolônia, pelo meu ventre, ficará _Fulano_ (dizer o nome do doente) **livre, são e salvo de dor de dente, pontada e ar de toda qualidade. Vai todo esse mal pras ondas do mar salgado, para todo e sempre. Amém".**

‾ Reza-se, após 1 pai-nosso, 1 ave-maria e 1 glória-ao-pai, oferecidos à Sta. Apolônia.

INVOCANDO STA. APOLÔNIA — 4

O benzedor diz estas palavras, enquanto traça cruzes no ar, do lado que o doente dói:

"— Sta. Apolônia, sentadinha numa pedra, N. Senhora apareceu e lhe perguntou:

— Apolônia, que tens?

— Dor de dentes, Senhora.

— Agora mesmo vou te benzer. Diz comigo, Apolônia:"

Doente e benzedor, juntos:

"Sol nascente,
Lua no horizonte:
Assim como N. Senhora
Trouxe o seu filho no ventre,
Assim sare a dor de vosso dente".

INVOCANDO STA. APOLÔNIA — 5

"Estava Sta. Pelonha sentada numa pedra mármore
Com dor de dente gemia
Passou a Virgem Maria e perguntou: O que tem Pelonha?
— Dor de dente senhora.
Pelo fogo ardente que te livrai do teu dente".

NB: colocar o dedão no rosto da pessoa em cima do local da dor fazendo gestos de cruz várias vezes.

INVOCANDO STA. APOLÔNIA — 6

"— Que que tem Pelonha?
— Dor de dente Senhor
  Levanta Pelonha
  Seu dente aliviou".

NB: repetir 3 vezes com o dedo em cima do dente doído.

† A seguir rezar 1 pai-nosso com 1 ave-maria e oferecer para Sta. Pelonha.

INVOCANDO STA. APOLÔNIA — 7

"Bendita Sta. Apolônia, que por tua virgindade e martírio merecestes do Senhor, ser instituída advogada contra a dor de dentes, te suplicamos fervorosos, que interceda com o Deus das misericórdias, para que esta criatura *F...*, seja sanada. Senhor, aceda benigno à suplica que te dirigimos. Amém".

† Rezar 1 pai-nosso à Sta. Apolônia e 3 à Santíssima Trindade.

INVOCANDO STA. APOLÔNIA — 8

"Encontrei Sta. Pelonha
Pra morrer com dor de dente Sta. Pelonha
Assim como N. Senhora sofreu para tirar vós do ventre

O anjo não sofre mais dor de dente

Fulano de tal".

NB: repetir 3 vezes, com o dedão em cima do dente doído.

INVOCANDO STA. APOLÔNIA — 9

"Sta. Pelonha viajando
Tinha 1 cristão sentado
Sentindo uma dor de dente
Pelonha vai procurá
— O que qui ocê tá sentindo?
— É uma dor de dente Sta. Pelonha.
— Tu creia 9 meses
No ventre da tua mãe
9 meses no ventre de Maria Santíssima
Creamos, no poente do sol,
No poente das estrelas
Creia em Sta. Pelonha
Não há de ser nada
Todos ossos é drumente
E os nervos ser morto".

NB: repetir 3 vezes com o dedão em cima do dente doído; a seguir rezar 1 pai-nosso com 3 ave-marias para N. Sra. do Desterro.

INVOCANDO STA. APOLÔNIA — 10

"Vinha N. Senhora do poente
À procura do oriente
Encontra Sta. Pelonha
Sentada em sua pedra mármore
Chorando com dor de dente
— O que é que tem Pelonha?
— Dor de dente senhora
Pelonha eu com o meu sagrado
Fui nos dentes
Rezando com dor de dente
— Serve Pelonha?
— Serve senhora
Com os poder de Deus e da Virgem Maria".

NB: repetir 3 vezes, usando 3 ramos verdes em gestos de cruz várias vezes.

† A seguir rezar 1 pai-nosso para N. Sra. da Boa Vida e N. Sra. da Saúde.

INVOCANDO STA. APOLÔNIA — 11

"**Minha Sta. Apolônia, em vos peço, pelas dores de dentes que vos sofrestes que façais essa dor passar; vos quereis vir tocar com a vossa santa mão e manda essa dor ir parar na pancada do mar, Amém".**

INVOCANDO STA. APOLONIA — 12

"**N. Senhora ia por 1 caminho e encontrou Sta. Apolônia gemendo. Disse:**

— O que tendes, Apolônia?

— Dor de dente, dor de queixo.

— Assim como N. Sr. Jesus Cristo esteve 9 meses no meu ventre, nunca mais te doa o dente e nem o queixo. Em nome de Deus e da Virgem Maria".

NB: nestas orações há de considerar a crendice popular de que o sol suportado demoradamente pode causar a dor de dentes, outra que atribui igual efeito aos raios da lua, outra ainda no ar que se introduziu no canal dentário aberto. Com estas considerações ter-se-á compreendido o texto das benzeduras.

PARA ACABAR COM ELA

Esta benzedura era praticada por d. Bernardina Angela Ribeiro, em Novo Mundo, interior da Bahia. Com a mão direita espalmada, ela fazia 3 cruzes diante do rosto do paciente, enquanto rezava:

"**Deus é a lua.**

Deus é a claridade.

· As palavras são ditas à verdade.

Curai essa dor de dente de *F...* **que está atacando dor de pontada, constipação, friagem.**

Cólica que deu na cabeça, deu no dente, deu na lagarta do dente, deu no queixo.

Vós tirais esse parreiro, jogais nas ondas do mar, que esse dente de *F...* **há de sarar".**

OUTRA VARIANTE

Fazendo cruzes na direção do dente dolorido, com o dedão para cima, o benzedor deve dizer:

"Lua-nova hoje que te sei, livre de dor de dente, livre de má gente, livre de fogo ardente.

Sr. Jesus Cristo no altar, esse dente tem de rebentar, esse dente tem de rebentar, esse dente tem de abalar, esse dente tem de sarar.

Esse dente tem de ir, pras ondas do mar, pras ondas de Belém, com Deus adiante e a paz na guia da Virgem Maria. Amém".

† Repetir 3 vezes esta oração. No decorrer da declamação, fazer 3 cruzes no lugar doido, com o dedão para cima.

INVOCANDO S. NICODEMUS

Esta é uma benzedura que pode ser feita pelo próprio paciente, se não tiver nenhuma outra pessoa por perto quando for atacado por repentina dor de dente. Tudo que a pessoa precisa é encontrar 1 lugar de areia, onde não tenha crescido o mato. Pode ser numa beira de estrada, numa praia, numa margem de rio, qualquer lugar. Encontrando o areal, deve arrancar uma vara de qualquer árvore próxima, tirar todas as suas folhas e falar em voz alta, enquanto escreve na areia as mesmas palavras:

"S. Nicodemus, sarai este dente.

Sarai este dente, sarai este dente.

Este dente, dente!"

Ao final, com a mão esquerda a pessoa deve ir apagando as palavras da areia, de trás para frente e repetindo essa ordem:

"Dente..." etc.

INVOCANDO STA. LUZIA E STA. APOLÔNIA

† Rezar:

"N. Senhora desceu do céu com sua vela benta acesa na mão e entrou na sua canoa pro rio abaixo, afastando tudos Satanais. Assim como N. Senhora fastô tudos Satanais, fasta esta dor de dente, hoje neste dia, de F.."

† 3 pais-nossos e 3 ave-marias oferecidos à Sta. Luzia e à Sta. Pelonha (Apolônia).

BENZEDURA CATARINENSE — 1

"Estava Pelônia assentada numa pedra-mármore; passou Deus e perguntou:

— Que tens, Pelônia?

— Senhor, muita dor de dente.

— Se é dor de dente que te passe, se é bicho, que morra, se humor, que se seque. Em nome de Deus e de S. Silvestre".

BENZEDURA CATARINENSE — 2

"Uma dor de dente que me atormenta. Se é dor, que passe; se é bicho, que morra; se é ar, que se espalhe; se é sangue, que se meta nas veias. Em nome de Deus e da Virgem Maria".

BENZEDURA PORTUGUESA

"Jesus, nome de Jesus (3 vezes). Estando S. Clemente atrás duma pedra, N. Senhora o encontrou e lhe perguntou:

— Tu, que tens, Clemente?

— Senhora, dói-me muito o meu dente, dói-me muito o meu dente.

— Pelo poder de Deus, assim como meu filho andou 9 meses no meu ventre, assim sares tu, Clemente (aqui se diz o nome da pessoa doente).

— Se é mar, que se espalhe, se é ar, que se arrume, se é bicho, que morra".

† 1 salve-rainha à N. Senhora.

BENZEDURA MINEIRA

† Rezar:

"Ó gloriosa Pelônia, por aquela dor que padeceste quando por ordem do tirano vos fôro arrancado os dentes que tanto decoro traziam ao vosso angélico rosto, obtém do Senhor a graça de estarmos sempre livre de qualquer moléstia relativa a este sentido ou pelo menos de sofrê-la constantemente com imperturbável resignação".

PELAS ONDAS

"Vai dor de dente pelas ondas do mar
Vai dor de dente pelas ondas sagradas".

NB: repetir 3 vezes, com 3 ramos verdes em gestos de cruz várias vezes.

† A seguir rezar, 1 pai-nosso com 1 ave-maria para o santo da devoção.

INVOCANDO DEUS

"Deus é a lua
Deus é a claridade
As palavras são ditas a verdade
Curai essa dor de dente de *Fulano*
Que tá atacano
Dor de pontada
Constipação, friagem
Cólica que deu na cabeça

Deu no dente
Deu na lagarta do dente
Deu no queixo
Vós tirai esse parreiro
Jogais nas ondas do mar
Que esse dente de *Fulano* há de sarar".

NB: repetir 3 vezes, com a mão direita em gestos de cruz várias vezes.

† A seguir rezar 1 pai-nosso e 1 ave-maria para o santo de devoção.

BENZEDURA ARGENTINA

"Estando S. Pedro chorando à beira do rio Jordão, passou o Senhor e lhe disse:

— Que fazes aqui, Pedro porque estás tão triste?

— Estou padecendo duma dor de dentes.

— Escreve estas palavras e se te curara

S. Pedro lhe disse:

— Graças ao Senhor, por este favor".

NB: a oração deverá ser escrita e entregue ao paciente, que a usará como 1 amuleto.

BENZEDURA COLOMBIANA

"Jesus, Jesus, ó Pai celestial, pela virtude que tens, eu te peço encarecidamente que me ouças neste conjuro de dor de dentes de *(Fulano de tal)* e que se escrever-me que seja conjurado e há de ficar limpo e são; creio, creio e para crer que está curado, creio em Deus-pai".

PELO AMOR DE JESUS

"Dor de dente, dor de cabeça
Pai, Filho e Espírito-santo
Oh! meu Jesus estais sentado
Da pena e dedo
O que é que eu faço com a dor de dente desse senhor
Que dói como o dedo
Apóstolo Pedro, com o poder de Deus-pai,
Deus-filho e Espírito-santo
Que essa dor de dente
Há de secar, acabar e aliviar
Essa dor pelo amor de Jesus".

NB: repetir 3 vezes, usando o dedão em gestos de cruz várias vezes.

† A seguir rezar 1 pai-nosso com 1 ave-maria para Jesus Cristo.

E NEVRALGIAS

O doente, após 3 bochechos de água com 1 pouco de sal grosso, será benzido no local dolorido de sua boca pelo benzedor, que o assinalará com 3 gestos em cruz, ao mesmo tempo em que vai rezando:

"Em nome do Pai, do Filho e do Espírito-santo. Sta. Apolônia, que por amor a Jesus fostes martirizada, dizei comigo estas palavras, fazendo comigo o sinal-da-cruz sobre o lugar dolorido deste pobre filho de Deus: Por minha ordens afasta-te mal". (sinal da cruz). **"Se for uma gota de sangue secará"** (sinal da cruz). **"Se for 1 verme ou micróbio morrerá"** (sinal da cruz). **"Assim seja".**

NB: em seguida rezar 1 creio-em Deus-pai em louvor a Sta. Apolônia.

EM GERAL

† Rezar 1 ave-maria.

Com uma agulha e linha virgem, dar 1 ponto num pano virgem, rezando a metade da prece ave-maria; mais 1 ponto e a metade dum pai-nosso; mais 1 ponto e rezando a metade da salve-rainha.

Toma-se uma latinha de água fervendo (em ebulição) e coloca-se debruço num prato sobre a mesma água em que se entornou (da lata) essa água retorna da lata e com a mão sobre a mesma, completa-se as outras metades das preces.

NB: se a lata absorver toda água entornada, não é mais preciso continuar a fazer o benzimento e se ficar 1 pouco de fora, é preciso completar os 3 dias e no fim do 3º dia, deve-se queimar o pano. (É do sertão mineiro.)

INVOCANDO N. SRA. DE LOURDES

"Bendita sejais vós, oh puríssima Virgem, que vos dignastes a aparecer 18 vezes, resplandecente de luz, de doçura, de beleza, na gruta de Lourdes e dizer à humilde e inocente menina Bernardete, que no êxtase Vos contemplava:

— Eu sou a Imaculada Conceição!

Bendita sejais pelas graças extraordinárias que não cessais de derramar por estes lugares.

Por vosso coração de mãe, oh Maria e pela graça que vos deu a santa Igreja, nós vos conjuramos de rogar pelo soberano Pontífice, para que se realizem as esperanças do dogma da vossa Imaculada Conceição. Oh, Maria, que concebestes sem pecado, rogai por nós, que a vos recorremos. Amém".

De garganta — 1

Diante do doente dizer a reza, enquanto benze:

"N. Senhor e S. Martinho iam pelo mesmo caminho, quando encontram S. Pedro caído no chão.

— O que fazes aqui? — perguntou o Senhor.

E aí S. Pedro respondeu:

— Estou muito mal de dor de garganta. A garganta está inflamada.

Cristo disse:

— Põe os 5 dedos da sua mão direita sobre sua garganta e em honra da Santíssima Trindade, seu mal será curado".

NB: com a mão direita quem benze deve envolver de leve a garganta do doente. Depois disso, rezar 3 pais-nossos e 3 ave-marias.

PARA DESVIRAR A CAMPAINHA DA GARGANTA

Benzer o ar:

"Em nome de Deus-pai, em nome de Deus-filho, em nome do Espírito-santo, ar vivo, ar morto, ar de estupor, ar de perlazia, ar arrengado, ar excomungado eu te arrenego em nome da Santíssima Trindade que saia do corpo dessa criatura (ou animal) **e que vais parar no mar Sagrado para que vivas são e aliviado".**

† 1 pai-nosso e 1 ave-maria e 1 credo.

DOR DE GARGANTA — 2

Pegar 1 pouco de azeite, e com o dedo fazer massagem no braço esquerdo (na frente) pulso-nervo principal de baixo para cima, demoradamente, que a dor passará.

NB: essa massagem é feita bem junto ao pulso.

Depois de orar aos protetores, e a S. Brás, pedindo a intercessão a Deus, fazer o paciente sentar-se e por trás do mesmo, colocar as mãos no centro de seu pescoço e vai-se puxando lentamente até a base da orelha, 3 vezes seguidas (orando 1 ave-maria); depois puxa-se a parte superior da orelha (3 vezes); e continuando a orar, puxa-se o cabelo junto a coroa 3 vezes e para terminar colocar a mão em cruz sobre a cabeça.

Na mão

"Levantai de madrugada
Para falar com Conceição

Encontrei N. Senhora

Com uma palminha na mão.

Pedi 1 galinho

Mas ela disse que não

tornei a pedir

Ela me deu 1 cordão

1 cordão de 5 voltas

Ao redor do coração.

S. Antônio, S. Tadeu

Desamarre este cordão.

Meu apóstolo, meu irmão

Pegue-me pela mão

E leve-me a Belém ou à uma fonte

Onde o demônio não me encontre

Nem de noite nem de dia".

DE OUVIDO

Para curar dor de ouvido, ou até mesmo uma surdez, existe uma antiga reza que pode ser feita por qualquer pessoa que se encontre ao lado de outra que sofra deste mal. Antes, porem, untam-se os dedos indicadores com óleo de cozinha ou azeite. Depois, coloca-se cada dedo num dos ouvidos do doente e diz-se:

"Jesus nasceu, Jesus morreu, Jesus subiu aos céus e por isso será curada a dor que *F...* **tem no corpo".**

Repete-se esses dizeres 3 vezes e reza-se em seguida 3 pais-nossos em honra à Santíssima Trindade, continuando assim:

"Jesus nasceu, Jesus morreu, Jesus subiu aos céus e por isso será curada a dor que *F...* **tem no corpo. Senhor meu Jesus Cristo, que curou o surdo-mudo de Decápole só tocando suas orelhas e dizendo: 'sejam abertas', dê-me a graça para em seu nome e imitando os seus milagres — já que não posso imitar suas virtudes — possa curar este mal de ouvido** (ou de surdez) **de seu servo. Amém".**

† Reza-se novamente mais 3 pais-nossos.

No pescoço

O pescoço é 1 ponto do corpo que está sujeito a uma série de males. Os males mais comuns que o atingem são os da coluna vertebral. Os famosos maus jeitos que por vezes deixam alguém de pescoço torto por dias e dias. Sendo 1 ponto perigoso de se lidar, é aconselhável ir ao médico.

Mas, temos também a "Benzedura de S. Lopo", que dá muitos resultados contra as torções do pescoço.

Esta benzedura é feita com 1 raminho de mato comum e seco. Quem benze deve ir fazendo o sinal-da-cruz sobre a cabeça e o pescoço do doente, dizendo:

"Jesus mandou e eu peço, em nome da Santíssima Trindade e em nome de S. Lopo, essa caridade de curar esse pescoço torcido".

† Rezar 3 pais-nossos e 3 ave-marias.

Nos rins

O doente deve ficar deitado de barriga para baixo, enquanto quem o benze, munido de 3 raminhos verdes, faz o sinal-da-cruz seguidamente sobre os rins doloridos, ao mesmo tempo em que reza:

"Em nome do Pai, do Filho e do Espírito-santo. Jesus, Jesus, Jesus. Muito sofrestes na terra. De vós muito judiaram os homens ímpios, que em vós não souberam reconhecer, antes de vossa santa morte, o Redentor.

Jesus, Jesus, Jesus. Certo estou de que não olvidarei suas súplicas que aqui vou fazer em favor de *F...* 1 penitente que muito vem sofrendo dos rins e que muito deseja uma cura que apenas de vós pode ser obtida. É imenso o seu sofrer em consequência das dores de rins que o atormentam. Noites e noites, dias e dias é atacado por estas dores, que não o deixam 1 só momento, que aumentam de intensidade. Peço-vos encarecidamente que o socorrais. Assim seja".

Dor em geral

"— Pra onde vai José?

— Não sei Sinhô

— O que é José?

— Uma dor Sinhô

— José, se for dor passa

Se for bicho morre

E se for vento vaste".

Benzedor
Olegário Martins (Rio Gr. do Sul)

EMBARAÇOS

Na vida

"Com 2 eu te vejo, com 3 eu quebro encanto. A palavra de Deus e da virgem Maria é quem cura quebranto, mau-olhado e olho ruim. Leve o que trouxeste.

Deus benza *F...* com a Santíssima Cruz. Deus defenda de mau-olhado, de quebranto, de macumba, de feitiço, de malefício e de todos os males que lhe fizeram.

Quem está fazendo ferro? Quem está fazendo é o demônio. Eu sou o aço. Tu és o ferro, eu sou o aço, tu és o demônio e eu o embaraço, com os poderes de Deus, Jesus e a Virgem Maria. Em nome do Pai, do Filho e do Espírito-santo".

NB: Esta benzedura é feita com raminho de arruda molhado em água benta, cruzando-se a pessoa embaraçada. Além disso a cada do paciente deve ser aspergida com água benta.

Para cortá-los

O benzedor, munido de 3 ramos de arruda ou guiné, fará o sinal-da-cruz sobre o corpo do doente, nas costas, na frente e nos lados, dizendo:

"Senhor Deus, todo poderoso, venho implorar vossa proteção para que afasteis de *F...* todo o mal, todos os embaraços, todas as perturbações.

Cortai o olho grande e o malefício deste vosso filho, protegendo de todos os perigos o seu corpo e a sua *alma*. Protegei-o Senhor, dos espíritos das trevas, obsessores malignos. Afastai dele a inveja, a maledicência, as intrigas e as inimizades.

Pelos vossos santíssimos nomes: Javé, Elohim, Sabaót, Adonai, recebei esta súplica, recebei esta prece. Assim seja".

EMBRUXAMENTO

Persiste ainda, em certas zonas litorâneas de Sta. Catarina, a crença de que as crianças e anêmicas e desnutridas são embruxadas, isto é, acreditam os moradores que as "bruxas" chupam, à noite, o sangue daquelas. O que há, em geral, é a verminose.

Neusa Nunes recolheu em Tubarão a seguinte oração contra as "bruxas" isto é, destinada a afugentá-las das casas:

"Bruxas que bruxas são?
Freio na boca e rabicho na mão.
Não entres nesta casa, nem nesta habitação.
Deixa esta criança em paz
Que ela não lhe quer não.
É melhor que vá para as areias gordas
Para a sua habitação".

ENCAROÇADO DE LEITE

Coisa muito comum é a mulher que amamenta ter o peito encaroçado de repente. E tome compressa e nada de resolver. Então é hora de benzer. No interior do Mato Grosso, cidade de Miranda, dona Marta aprendeu com uma velha índia e traduziu a benzedura que usa até hoje com bom resultado. Ela acende 1 cachimbo de barro, dá 3 pitadas e solta a fumaça sobre o peito da paciente, dizendo também por 3 vezes:

"Homem bom me deu pousada, mulher ruim me fez a cama; entre a cama e a lama, que te sare esta mama".

ENGASGO

Lembra o Prof. Oswaldo Cabral, que ao engasgado chama o vulgo de "afogado". A forma mais comum do engasgo se verifica com a fixação duma espinha de peixe na parede da faringe, sendo freqüente, principalmente, nas crianças. 1 fragmento de osso, pontiagudo, despercebido do paciente na ocasião de tomar os alimentos, também se apresenta em alguma freqüência, nos casos de engasgo. Sendo acidente relativamente comum, o número de benzeduras é bastante grande.

Citaremos, inicialmente, as que trazem a invocação a S. Brás, padroeiro oficial da Igreja contra os males da garganta: S. Brás, nestas orações recebe várias denominações complementares, para efeito de consonância. Numas o encontraremos como S. Brás de Mourão; noutra, como S. Brás de Lobo; noutra ainda como S. Brás de Lupe.

As orações são breves, as palavras simples e o efeito, ao que parece, reside na própria invocação do que na maneira especial ou particular de fazê-la.

INVOCANDO S. BRÁS DE MOURÃO

"S. Brás de Mourão

Afogue os homens

As mulheres não". (ou as mulheres e aos homens não, conforme se trate de homem ou mulher o "afogado").

INVOCANDO S. BRÁS, S. LUCAS E S. MOÇO

"S. Brás, S. Lucas e S. Moço,

Se é espinha ou osso,

Para baixo ou para cima,

Sai-te deste pescoço".

INVOCANDO S. BRÁS DE LUPE

"S. Brás de Lupe, o que diz, ó moço (ou moça)?

Se é espinha ou osso

Que suba ou desça do pescoço,

Em nome de Deus e da Virgem Maria".

INVOCANDO S. BRÁS — 1

"Com o nome de Deus

E o sr. S. Brás

Desengasgue este vivente

Que não pode mais.

Em nome de Deus e da Virgem Maria, Amém".

INVOCANDO S. BRÁS DE LOBO

"S. Brás de Lobo, eu estou morto;

Se é espinha ou se é osso,

Suba ou desça desse pescoço".

INVOCANDO S. BRÁS — 2

"Homem manso, mulher brava, casa aguada, esteira velha, travesseiro de abade, que este engasgo que está na garganta suba ou desça, em nome de Deus e da Virgem Maria e do Senhor S. Brás".

INVOCANDO S. BRÁS — 3

"Homem bom
Mulher má
Casa varrida
Esteira rota
Senhor S. Brás
Disse a seu moço
Que subiste ou descesse
A espinha do pescoço".

NB: esta benzedura é a mais indicada para espinhas na garganta.

INVOCANDO S. BRÁS — 4

Antes de qualquer coisa, o benzedor deve providenciar 1 tição apagado. Então ele colocará o tição na porta principal da casa, com a parte queimada voltada para a rua. Feito isto, a pessoa a ser benzida terá de ficar de costas para o tição e, conseqüentemente, para a porta da rua. Enquanto o benzedor fará cruzes diante de seu pescoço dizendo:

"Homem bom, mulher má, esteira velha não tem o que cear. S. Brás-bispo, foi palavra que Deus disse. Desengasga isso, ou pra cima ou pra baixo. Amém".

NB: em seguida com os olhos fechados, o benzedor pegará o tição e atirará no 1/2 da rua, o mais longe que conseguir da casa.

INVOCANDO S. BRÁS — 5

"Home bom, muié má
Casa rota
Estrela de praia
Para S. Brás deitar".

NB: repetir 3 vezes e após cada vez roda o engasgado.

INVOCANDO S. BRÁS — 6

Para acabar com 1 engasgo, receita-se esta reza:

"Homem bom, mulher má. Esteira velha para S. Brás deitar. S. Brás-bispo, disse:

N. Senhor confirma o que vou dizer. Este engasgo sobe e desce e sai. Com poderes de Deus e da Virgem Maria".

† Rezam-se 1 pai-nosso e 1 ave-maria. Ao mesmo tempo vá passando os dedos, de leve, sobre a garganta do engasgado. Termina-se com o sinal-da-cruz: em nome do Pai, do Filho e do Espírito-santo. Amém.

INVOCANDO S. BRÁS — 7

O engasgado não precisa, necessariamente, estar junto dele. Pode estar parado na frente, do lado ou *do lado de lá dum córego ou pra lá uma légua.* Estando junto, põe sua mão na cabeça do paciente e diz:

"— **Pela oração de S. Brás.** *(Fulano),* **você tá engasgado?**

O benzido responde:

— **Não.**

Benzedor:

— **Se você não estiver engasgado, Senhor S. Brás que desingasga. Como sois a estêra rota, homê bão e muiê má, o pra cima, o pra baxo. S. Brás! Senhor S. Brás, tira esse engasgo desse vivente porque que seja criação, que seja gente, velho ao novo, batizada. Que cura de engasgo, cura de todo malefício, cura de má palavra, cura dos seus erros, que cura por Deus, em nome de Jesuis desse engasgo. Senhor S. Brás, o pra cima o pra baxo. Vira o tição no fogo, gritando pro S. Brás: vira o tição. Viva o fogo. Viva Bráz".**

BENZEDURA DO NORDESTE — 1

No Ceará, quando se engasga com uma espinha na garganta, muda-se o prato onde se come para o lado oposto ou se come 1 pouco de farinha e se diz:

"**S. Brás, bispo, escrivão de Cristo, obedeça: suba ou desça".**

BENZEDURA DO NORDESTE — 2

† Rezar 1 pai-nosso e junto ao paciente dizer as seguintes palavras:

"**Homem bom, mulher má, estábulo de cabras, esteira velha".**

† Rezar 1 ave-maria e o engasgo passará.

BENZEDURA DO NORDESTE — 3

De Alagoas:

"**S. Brás, bispo, confessor de N. Sr. Jesus Cristo; para cima ou para baixo, escorregai isto".**

DE S. PAULO

Em S. Paulo, é costume desengasgar alguém batendo-se em suas costas e dizendo:

"**S. Brás... desafoga por detrás".**

BENZEDURA CATARINENSE

"Homem bom,
mulher má,
casa varrida,
esteira rôta,
Senhor S. Brás,
disse a seu moço,
que subisse
ou que descesse,
a espinha do pescoço".

BENZEDURA DE 7 LAGOAS

† Rezar:

"S. Brás, bispo ressurjão de Cristo, fio de Deus, desse que este bocado ou suba ou desça ou vá a Roma. Amém."

NB: após cada oração rezar 3 ave-marias em intenção de S. Brás.

BENZEDURA DE GOVERNADOR VALADARES

† Rezar:

"S. Brás, bispo, Jesuis diz que desengasga disto; ou pau ou pedra, que sobe ou desce. Jesuis Cristo quando no mundo andô encontrô home bão, muié má, casa chuja, estêra rôta, pra S. Brás deitá. S. Brás desengasga!"[*]

INVOCANDO S. BRÁS — 8

"Alforge velho do Senhor S. Brás
Senhor S. Brás que cura mal de engasgo
Dá pra cima dá pra baixo".

NB: repetir 3 vezes, usando 3 ramos verdes em gestos de cruz.

† A seguir reza 1 pai-nosso para senhor S. Brás.

(*) Esta oração tem a seguinte explicação: *"Quando N. Senhor andava pelo mundo, passo numa casa de bera de estrada e pediu posada. O home atendeu bem, mais a muié, que era muito ruim, num gostô da visita. N. Senhor pediu di-cumê e posada. A muié tava preparando 1 pexe, mais disse que já tinha comido 1 pexe e só tinha as espinhas; e deu pra Jesuis comê. Depois mandô que Ele fosse durmi lá fora, no paiór. Jesuis foi e agradeceu muito a hospedage. De manhã, bem cedinho foi s'imbora. Num andô muito, veio correndo atrais dele o marido daquela muié ruim pedindo que ele vortasse, que sua muié tava engasgada com 1 espinho de pexe na goela e quem sabe se ele era capáiz de curá ela. Jesuis vortô e curô a muié má c'o a oração e terminô dizendo que esta oração fica no mundo pra curá de engasgo."*

INVOCANDO S. BRÁS — 9

"S. Brás-bispo
Filho de Deus bispo
Ou sobe ou desce
Pelos poder de Deus e da Virgem Maria".

NB: repetir 3 vezes, com 3 ramos verdes em gestos de cruz várias vezes.

† A seguir rezar 1 pai-nosso e 1 ave-maria e oferece para S. Brás.

INVOCANDO S. BRÁS — 10

"S. Brás, bispo de Cristo
Pergunta a esse moço
Se buncado é de espim ou de osso
Ou sobe ou desce, sobre o pescoço".

NB: repetir 3 vezes com a mão na garganta da pessoa.

BENZEDURA DE MINAS

Cura-se o engasgo invocando S. Brás e batendo-se ao mesmo tempo nas costas do paciente:

"S. Brás, S. Brás, desafogue por detrás".

BENZEDURA SIMPLES

"S. Brás, S. Brás,
Acode este rapaz!"

POR ONDE ENTRA SAI

"Homem bom mulher má
Casa molhada esteira de palha
O Mal por onde entra sai".

NB: declamar uma vez só usando a mão em gesto de cruz várias vezes em cima do pescoço.

† A seguir rezar 1 pai-nosso com 1 ave-maria.

INVOCANDO DEUS E A VIRGEM MARIA

"Eu vinha do céu por este caminho, rogando a Deus meu destino. À tua porta, por isto cheguei com santas palavras. Vim te defender. *F...,* se estás afogado, eu te vou benzer com o nome de Deus e da Virgem Maria. Se fôr espinha ou osso, ou nervo, ou farpa, o embucho, o aperto na garganta, ou para baixo ou para cima há-de-correr. Tu deste mal não hás de morrer. A Virgem Maria é que mandou benzer. N. Mãe Maria Santíssima é quem mandou eu vir do ar para te livrar de tamanho mal. Por parte de Adão nós também semos irmão. Havemos de livrar a nossa geração, assim como eu peço a Deus que livre a mim também para sempre. Amém."

NB: esta última, colhida por Cabral, é a mais longa de todas as benzeduras para o engasgo. A própria urgência do socorro exige brevidade no benzer, mas esta foge à regra geral.

ENGASGO DE ANIMAL — 1

Para o engasgo dos animais também há benzeduras e simpatias. Uma destas, colhida em Curitibanos (S. Catarina), se resume na invocação de S. Brás, enquanto se executa o gesto simpático, que consiste em virar 1 *tição*, no fogo, colocando para fora a parte que está ardendo.

ENGASGO DE ANIMAL — 2

Ainda em Curitibanos há uma variante desta pratica, de acordo com a causa atribuída ao engasgo. Se se atribuir o mal *à fome canina do "Coisa-Ruim"* (diabo), fazer 3 vezes o sinal-da-cruz sobre o animal — e mesmo sobre pessoas, dizendo:

"Vá pr'ós porcos da montanha".

NB: atribui-se, assim, ao demônio a culpa do engasgo, recorda-se a passagem das Escrituras que relata haver Jesus, ao expulsar os demônios de 2 possessos, feito com que aqueles se metessem numa vara de porcos que desesperados se jogaram ao mar.

ENGASGO DE ANIMAL — 3

Para o engasgo dos ruminantes, em S. Bonifácio é conhecida esta oração que se faz, também, acompanhar duma pratica de simpatia, feita com 9 grãos de ervilha:

Quando 1 animal não consegue ruminar, jogam-se 9 ervilhas pela goela, dizendo-se:

"Vós, 9 ervilhas, rolai depressa pela garganta abaixo, fazei minha vaca ficar logo sadia e disposta. Dai-lhe forças e forças, estimulai o estômago, para que a minha vaca possa novamente ruminar. De bom grado agradecerei, então, em cada hora, à Trindade".

ENGASGO DE ANIMAL — 4

"Na estabaria dum burro
Uma esteira velha e o feijão sem sal,

Se for osso ou espinha, sai do lugar

Com o nome de Deus e da Virgem Maria.

Se for o osso ou espinha, que sairá".

ENVENENAMENTO

O envenenamento pode ser uma simples intoxicação alimentar. Mas, pode ser causada pela perigosa ingestão de produtos de limpeza que trazem, principalmente para as crianças, rótulos tão atraentes. Os peixes e crustáceos comidos estragados também podem criar sérios problemas de intoxicação ou envenenamento.

O primeiro cuidado que se deve tomar para combater 1 envenenamento é procurar 1 médico ou 1 pronto-socorro. Mas pode ajudar a seguinte benzedura:

Tomamos 1 pedaço de lã de carneiro e 1 pires com azeite. Molhamos a lã no azeite e marcamos uma cruz na testa do doente. Acompanham a benzedura as seguintes palavras:

"Cristo andava com S. João Evangelista quando encontrou 1 envenenado e o curou. Assim eu curo *F...* deste envenenamento".

† Rezamos 3 pais-nossos e 3 aves-marias.

ENXAQUECA

Se a dor é daquelas que parecem pretender arrancar o tampo da cabeça, se a dor é do tipo latejante, se a dor de cabeça é insuportável, apresentando estas características de enxaqueca (provocada pela dilatação dos vasos sanguíneos), há esta benzedura muito especial:

Coloca-se sobre a cabeça o sofredor 1 copo transparente cheio de água e, de olhos fechados, diz-se:

"Tina pariu Santina.

Maria pariu Jesus.

Assome só o sereno para cima daquelas alturas.

Tirai essa dor de cabeça, dessa pobre criatura".

COM UMA TOALHA BRANCA

Aquela dor de cabeça que muitos conhecem por *enxaqueca* também é conhecida como *sol da cabeça*. Para tirar a enxaqueca ou o "sol da cabeça", a mais eficiente benzedura é assim:

Coloca-se uma toalha branca e limpa dobrada sobre o alto da cabeça do doente. Enche-se a garrafa de água até a metade. Vira-se a toalha e reza-se:

"Ia Jesus e a calma; vai Jesus pergunta à calma:

— Calma, que viste em Roma?

— Eu vi, Senhor, sol na cabeça de *F....*

— Curo eu com 1 copo de vinho e 1 lenço de linho, em nome de Deus e da Virgem Maria, Amém".

NB: a água da garrafa começara a borbulhar. É o *sol* que está saindo da cabeça do paciente.

EPILEPSIA

O Mal de epilético foi durante muitos séculos incompreendido. Os que tinham ataques desta doença passavam por gente tomada pelo diabo. Com o tempo a ciência revelou que a epilepsia era 1 mal como tantos outros que uma pessoa pode ter. Para os benzedores, o padroeiro dos epilético e S. Wolfango, e a benzedura que se segue é feita em seu nome.

Tome 1 lenço branco, de preferência de linho, e dê 1 ponta para o epilético morder. Daí, com 1 raminho de mato, vá fazendo o sinal-da-cruz, dizendo:

"Dar calma aos epiléticos.

S. Wolfango faz com o Cristo.

É a Ordem Santa que o eterno dá para a vida do que é na terra passageiro.

Em nome do Pai, do Filho e do Espírito-santo. Amém".

ERISIPELA

É uma inflamação aguda da pele, em geral dos membros inferiores, caracterizados por arrepios, tremores, vermelhidão intensa no local e febre alta. Moléstia muito comum no interior.

Dum modo geral, podemos agrupar as benzeduras contra a erisipela em 2 grandes grupos, sendo o principal deles o que reúne as orações cujo texto versa em torno dum suposto encontro entre Jesus Cristo e os Apóstolos S. Pedro e S. Paulo, no caminho de Roma.

PELO SANGUE DE JESUS

"Pelo toque do calvário, a grande cruz se ergue. Pelo toque do calvário, a *alma* da grande cruz se ergue. Pelo sangue de Jesus lá no calcário, aquele momento desceu. Eu curo essa erisipela de *F*..., em nome do Espírito-santo, de Jesus Cristo, filho de Deus. Amém, amém, amém.

Em nome das 5 chagas de N. Sr. Jesus Cristo no calvário. Em nome de Deus, o criador. Em nome do Espírito-santo, o Iluminador. Em nome dos 12 apóstolos de Jesus, em nome das 11 mil virgens, em nome de todos os santos, os do céu e os da terra".

† Rezar 3 pais-nossos e 3 ave-marias.

NB: ungir a ferida.

COM ALGODÃO

O benzedor arruma 1º 1 ramo de algodão ainda com o chumaço na ponta, recém-aberto. E com ele benze a erisipela fazendo cruzes acima dela, dizendo:

"Inspira, erisipela, taco fogo nela".

Dito isto, espalha bem o chumaço de algodão sobre o local afetado pela erisipela, pega 1 tição com fogo e repete:

"Isipra, erisipela, se não acredita, pode acreditar, porque taco fogo nela".

O paciente aí tem de ser rápido e atirar de lado o algodão. Enquanto o benzedor, com a mesma rapidez, encosta o fogo do tição no algodão, queimando-o.

NB: quando o algodão acabar de arder, a erisipela irá embora.

COM UMA PENA DE GALINHA

Para benzer erisipela e outras doenças da pele, leia o seguinte benzimento muito usado pelos curandeiros do Interior: Pegue uma pena de galinha que seja preta e molha-na em azeite de oliva, passando-a sobre as partes afetadas e dizendo as palavras:

"S. Pedro saiu de Roma e com Jesus Cristo se encontrou. Jesus Cristo perguntou:

— Pedro, o que há por lá?

Pedro disse:

— **Muita erisipela má, Senhor.**

Jesus Cristo ordenou:

— **Pedro, volta e vai curar com óleo de oliveira e pena de galinha preta."**

NB: repete, as palavras 3 vezes.

Há benzedeiras que, em lugar de pena de galinha preta, utilizam lã de carneiro com azeite de oliva, trocando as palavras "e pena de galinha preta", por "lã de carneiro".

NB: erisipela é uma inflamação estreptocócica (uma variedade de micróbio esférico) da pele, quase sempre acompanhada de febre alta. O benzimento pode ser usado contra outras doenças da pele, trocando a palavra "erisipela" pelo mal apresentado.

FALE PEDRO!

"— Fale Pedro! Aonde vem?

— **Vem de Roma Sinhô**

— **O que qui trouxeste?**

Fale Pedro!

— **Volta pra trás**

    Vem me trazer saúde pelo amor de Deus

    E as 5 chagas de N. Sr. Jesus Cristo".

VARIANTE

Não há dúvida de que a erisipela é 1 dos piores males que afetam uma pessoa. É caracterizada por 1 inchaço na perna ou no braço, acompanhado de febre alta, delírios e outras perturbações que tiram a paz do espírito. Além disso, é dificílima de curar. Jesus Cristo deu ordens aos seus apóstolos S. Pedro e S. Paulo, que em seu nome curassem erisipela. Com servo de Deus, faça esta oração para afastar este mal:

"— De onde vindes. Pedro e Paulo?

— **Senhor, nós vimos de Roma.**

— **Que novidade há de lá?**

— **Senhor, de muita morte.**

— **De que moléstia será?**

— **Senhor, de erisipela.**

— **Voltem atrás Pedro e Paulo.**

Levem estas palmas e este ramo de oliveira bentos, e curem desta maneira:

Oh, erisipela maldita, quem te deu esta morada? Foi o frio ou foi a neve ou foi a má tempestade. Vou te mandar jogar no mar. No mar eu vou te mandar jogar. Onde não ouças nem galo cantar, nem vaca mugir. Em nome de Deus e da Virgem Maria lá te vou mandar jogar. Amém."

NB: durante o tempo em que você dizer a reza, vá fazendo cruzes na parte do corpo afetada pela doença. Essas cruzes são feitas com palmas e ramos de oliveira bentos. Terminada a benzedura, jogue o ramo de oliveira e a palma num rio. Faça a benzedura durante 9 dias seguidos. As cruzes feitas com a palma e o ramo de oliveira também são 9.

COM TESOURA E ARRUDA

"— O que corto?

— Cobreiro brabo.

— Pois eu te corto

A cabeça e o rabo. ¯ Amém".

NB: benze-se com uma tesoura, cortando-se, enquanto se recita a oração, 1 galhinho de arruda ou funcho.

INVOCANDO PEDRO E PAULO — 1

"Pedro e Paulo vinham de Roma e encontraram com Jesus Cristo e Jesus Cristo perguntou:

— Donde vens, Pedro e Paulo?

— Senhor, viemos de Roma.

— Que novas há por lá, Pedro e Paulo?

— Muita zipra, zipelão, dor de cabeça, fogo selvagem.

— Tornem atrás, Pedro e Paulo e cura a zipra, zipelão, dor de cabeça e fogo selvagem.

— Com o que, Senhor?

— Com as 9 lãs de carneiro preto, azeite doce e óleo de santa silveira. Com isto curarás, em nome de Deus e da Virgem Maria. Amém".

NB: a benzedura é feita com alguns fiapos de lã embebidos em azeite doce.

INVOCANDO PEDRO E PAULO — 2

"Pedro e Paulo foi a Roma, perguntou Pedro pro Senhor:

— O que há por lá;

— Há zipra e zipelão.

— Com o que é que se cura, Senhor?

— Com a lã do carneiro e o óleo de oliveira, em nome de Deus e da Virgem Maria. Que esta zipra se acabaria".

NB: A benzedura é feita, com 1 trapo de lã molhado em azeite, por 3 vezes.

INVOCANDO PEDRO E PAULO — 3

"Pedro e Paulo foi a Roma, diz que Cristo encontrou e então lhe perguntou:

— Pedro Paulo, que há por lá?

— Muita zipra e erisipela e muita gente morre dela!

— Pedro Paulo, volta lá. Com azeite de oliveira, Pedro Paulo, curarás, em nome de Deus e da Virgem Maria".

NB: Feita com azeite, passando-o sobre a parte afetada.

INVOCANDO PEDRO E PAULO — 4

"Pedro Paulo me dizei de onde virias.

— Senhor, eu venho de Romaria; lhe conto que por lá há muita exipra esipela.

— Pedro Paulo, volta atrás e cura ela.

— Senhor, com que se cura?

— Com lã de carneiro e azeite doce. Em nome de Deus. A Virgem Maria".

NB: com azeite e pedaço de lã.

INVOCANDO PEDRO E PAULO — 5

"Pedro e Paulo foi a Roma, encontrou a Jesus Cristo.

— Pedro Paulo, o que há por lá?

— Muita zipra e erizipela. Tá o povo todo morrendo dela.

— Torna lá, Pedro Paulo, vai curar com o azeite da lampa e a lã do carneiro virgem, em nome de Deus e da Virgem Maria".

NB: com azeite e lã.

INVOCANDO PEDRO E PAULO — 6

"Pedro e Paulo foi à Roma,

Encontrou com Jesus Cristo

Com Jesus Cristo encontrou.

— Pedro e Paulo, que doença há por lá?

— Muita izipra, Senhô:

Muita gente morre dela.

— Pedro e Paulo, voltai lá:

Com a lã de ovelha virgem e azeite doce

Pedro e Paulo curará

Em nome de Deus e da Virgem Maria".

INVOCANDO PEDRO E PAULO — 7

"Jesus Cristo ia pra Roma, encontrou Pedro e Paulo.

— De que se morre por lá, Pedro e Paulo?

— É de erizipela, erisipelão e fogo de Sto. Antão.

— Volta para trás, Pedro e Paulo. Com o azeite de azeitona benzerá, com as ervas verdes do campo curará...

A erisipela é 1 mal que dá na carne, no osso e no tutão. Pede a N. Sr. Jesus Cristo que te tire desse tamanho mal. Amém".

NB: benze-se com azeite doce.

INVOCANDO PEDRO E PAULO — 8

"Pedro e Paulo foram à Roma

E Jesus Cristo encontraram:

— Adeus, Pedro.

— Adeus, Senhor!

— Pedro e Paulo, que há por lá?

— Muita zipra, ezipela, erzipelão.

E muita gente morre delas.

— Pedro e Paulo, voltem lá.

— A quê, Senhor?

— A ensinar a curar

Com óleo de oliva,

Lã de ovelha virgem,

Em nome de Deus

E da Virgem Maria.

Este mal não lavrará

Zipra vás em vão...

Por Deus Padre,

Por Deus Filho,

Por Deus Espírito-santo. Amém".

INVOCANDO PEDRO E PAULO — 9

"— Donde vens, Pedro e Paulo?

— Senhor, eu venho de Roma

— O que é que se passa?

— Morre muita gente.

— Do que se morre. Pedro e Paulo?

— De zipra, zipela e zipelão.

— Volta atrás, Pedro e Paulo e vai curar essa gente, com água da fonte.

Com o espaço do monte

O azeite de meus olivais

E com a lã do carneiro".

NB: benze-se 9 vezes, fazendo-se cruzes sobre a parte afetada, com fios de lã embebidos em azeite.

INVOCANDO PEDRO E PAULO — 10

"Pedro e Paulo iam à Belém, com Jesus Cristo; encontrou Pedro:

— Que há por lá?

— Mar de monte e sepamar.

— Volta para trás, vai curar. Quem com o galho da minha oliveira curar mal de monte e izipramar não tira com o poder de Deus-padre, de Deus-filho, e de Deus Espírito-santo. SS. Sacramento do altar. Que tu hás de ficar livre deste mal! De mal de monte e izipramar!"

(Do Nordeste brasileiro)

INVOCANDO PEDRO E PAULO — 11

"Pedro e Paulo e N. Senhora os encontrou no caminho e perguntou:

— Donde vindes Pedro e Paulo?

— De Roma, Senhora, a cavalo.

— Que novidades há por lá?

— Muita zipra e empôla má.

— Voltem atrás, Pedro e Paulo, pois lá as curarão, com 5 ramos de alecrim, óleo do SS. Sacramento. Para trás elas voltarão e para diante não andarão".

(De Sta. Catarina)

INVOCANDO PEDRO E PAULO — 12

"Pedro e Paulo vinha de Roma e encontrou com Jesus Cristo e Jesus Cristo perguntou:

— Donde vens, Pedro e Paulo?

— Senhor, venho de Roma.

— Que novas há por lá, Pedro e Paulo?

— Que morre muita gente, Senhor.

— De que se morre por lá, Pedro e Paulo?

— De zipra, zipelão, dor de cabeça, fogo selvagem.

— Torna atrás, Pedro e Paulo e vai curar, a zipra, zipelão, dor de cabeça e fogo selvagem.

— Com o quê, Senhor?

— Com as 9 lãs de carneiro preto, azeite doce e óleo de Sta. Silveira. Com isto curarás, em nome de Deus e da Virgem Maria. Amém"

(De Sta. Catarina)

INVOCANDO PEDRO E PAULO — 13

Toma-se 1 pouco de azeite e lã de ovelha viva, molha-se a lã no azeite, pronunciando a seguinte oração:

"Pedro e Paulo foi a Roma, Pedro e Paulo veio de Roma, Jesus Cristo o encontrou, Jesus Cristo lhe perguntou:

— Pedro e Paulo o que vai em Roma?

— Muito zipole e erisipela e muita gente morre dela.

— Pedro e Paulo volta atrás vai curá-la.

— Com que, Senhor?

— Com azeite de oliva e lã de ovelha viva, com a graça de Deus e da Virgem Maria, que tu sararias".

† Pai-nosso e ave-maria.

INVOCANDO PEDRO E PAULO — 14

"Jesus Cristo vinha de Roma e encontrou com Pedro e Paulo, Jesus Cristo perguntou:

— Pedro e Paulo, donde vindes?

— Vimos de Roma, Senhor?

— Que notícia trazeis de lá?

— Há muita zipra, erizipela e zipra empolosa.

— Pedro e Paulo, voltai atrás. Ide curar com a pena da galinha preta e o azeite da lâmpada. Com isto vós a curareis".

INVOCANDO PEDRO E PAULO — 15

"S. Pedro saiu de Roma; com Jesus Cristo encontrou. Jesus Cristo perguntou:

— Pedro, o que há por lá?

— Muita erisipela má.

— Volta, Pedro, vai curar com o óleo de oliveira e a pena de galinha preta".

NB: ambas são executadas com o azeite doce, passando-se sobre a parte afetada uma pena de galinha preta.

INVOCANDO PEDRO E PAULO — 16

"Pedro e Paulo foi a Roma

E Jesus Cristo encontrou.

Este lhes perguntou:

— Então, que há por lá?

— Senhor, erisipela má

— Benze-a com azeite,

E logo sarará..".

INVOCANDO PEDRO E PAULO — 17

Toma-se 1 pouco de azeite de lã de ovelha viva, molha-se a lã no azeite pronunciando a seguinte oração:

"Pedro e Paulo foi a Roma, Pedro e Paulo veio de Roma, Jesus Cristo o encontrou. Jesus Cristo lhe perguntou:

— Pedro e Paulo o que vai em Roma?

— Muita zipole e erisipela e muita gente morre dela!

— Pedro e Paulo volta atras, vai curá-la.

— Com o quê, Senhor?

— Com azeite de oliva e lã de ovelha viva, com a graça de Deus e da Virgem Maria que tu sararias".

† Pai-nosso e ave-maria.

INVOCANDO PEDRO E PAULO —18

"Pedro e Paulo foi a Roma, Jesus Cristo encontrou

Jesus Cristo lhes perguntou:

— Donde vens Pedro e Paulo?

— Venho de Roma. E que vai por lá?

— Erisipela.

— Torna atrás Pedro e Paulo, vai curar esse Mal; sapo e sapão, couxo ou couxão, bicho de toda Nação, eu te corto pelo rabo, pelos pés, pela cabeça e pelo coração, Amém".

INVOCANDO PEDRO E PAULO —19

"Em nome de toda virtude, Pedro e Paulo foi à Roma. Jesus Cristo encontrou, a ele perguntou:

— Pedro e Paulo o que vai por lá?

— Senhor, morre muita gente de zipra e ziprão.

— Torna lá Pedro e atalha com azeite de oliva e lã de ovelha viva — a zipra, não mais lavraria e da Virgem.

† Pai-nosso e ave-maria para as *almas*.

INVOCANDO PEDRO E PAULO —20

"Pedro e Paulo foi à Roma, Jesus Cristo encontrou.

Jesus Cristo lhes perguntou:

— Donde vens Pedro e Paulo?

— Venho de Roma;

— E que vai por lá?

— Erisipela.

— Torna atrás Pedro e Paulo, vai curar esse mal: sapo e sapão, couxo e couxão, bicho de toda Nação, eu te corto pelo rabo, pelos pés, pela cabeça e pelo coração, Amém".

INVOCANDO PEDRO E PAULO — 21

"Em nome de toda virtude, Pedro e Paulo foi a Roma, Jesus Cristo encontrou e a ele perguntou:

— Pedro e Paulo o que vai por lá?

— Senhor, morre muita gente de zipra e ziprão.

— Torna lá Pedro e atalha com azeite de oliva e lã de ovelha viva — a zipra, não mais lavraria e da Virgem Maria, Amém".

† Pai-nosso e ave-maria para as *almas*.

INVOCANDO PEDRO E PAULO — 22

† Benzer, rezando:

"Pedro e Paulo foi junto com Jesuis Cristo em Roma.

— Pedro, o que que dexô por lá?

— Deixei izipela má.

— Pedro, me vorte com ela pra lá.

— Com graças do Senhor, raminhos de oliveira, me curará esta izipela má"

(De Betim)

INVOCANDO JESUS

† Benzer, rezando:

"Izipela veio no tutano, isipela veio no encaxo, isipela veio no osso, isipela veio na carne, isipela veio na pela, isipela veio no cabelo; e do cabelo foi em França e de França foi em Roma. Apremita Jesuis Cristo que ela vai mais num torna. Amém".

DE PORTUGAL

"Em nome de Jesus seja! o que atalho?
— Erizipela.
— Com o ramo do monte e água da fonte; que foge te brandará".

DE AÇORES

"Pedro e Paulo vinham de Roma, Jesus Cristo encontrou.
— Donde vens, Pedro e Paulo?
— Eu, Senhor, venho de Roma.
— Que viste lá?
— Muitas mortes causadas pela zirpela brava.
— Torna lá; com o sumo do limão e o óleo da oliveira secarás".

EZIPA, EZIPELA — 1

"Ezipa, Ezipela,
Deu dentro deu fora
Vai esta ezipa embora
Jesus Cristo nasceu, Jesus Cristo morreu, Jesus Cristo ressuscitou
Assim como estas palavras de Deus
São certas, venturosas e milagrosas
Assim Senhor com o Divino poder
Atirais a ezipa, ezipela e todos os maus
Que se mete pela perna".

NB: repetir 3 vezes com 3 ramos verdes em gestos de cruz várias vezes, ou com 3 brasas acesas inganhadas num garfo, a seguir reza 3 ave-marias.

EZIPA, EZIPELA — 2

"Ezipa, Ezipela,
Ezipela deu no tutano
Do tutano deu no osso

Do osso deu na carne
Da carne deu no corpo
Do corpo deu na pele
Da pele deu em Roma
Em Roma não vem cá mais".

NB: repetir 3 vezes, usando 3 ramos verdes em gestos de cruz várias vezes.

† A seguir rezar 1 pai-nosso para N. Sra. do Desterro.

EZIPA, EZIPELA — 3

"Ezipa, Ezipela,
Deu no tutano
Do tutano deu no osso
Do osso deu na carne
Da carne deu na pele
Da pele vai pras ondas do mar pra nunca mais voltar".

NB: repetir 3 vezes usando a mão em gesto de cruz várias vezes.
† A seguir rezar 1 pai-nosso e 1 ave-maria.

EZIPA, EZIPELA — 4

"Ezipa, Ezipela,
Toda qualidade de ezipa
Dá no tutano
Do tutano dá no osso
Do osso dá no nervo
Do nervo dá na carne
Da carne dá na pele
Da pele vai ezipa pras ondas do mar".

NB: repetir 3 vezes, com 3 ramos verdes em gestos de cruz várias vezes.
† A seguir rezar 1 pai-nosso para N. Sra. do Livramento.

EZIPA, EZIPELA — 5

"Ezipa, Ezipela,
Do tutano deu no osso
Do osso deu no nervo
Do nervo deu na carne

Da carne foi pro sangue
Do sangue foi pra pele
Da pele foi pras ondas do mar
Com licença de Deus e da Virgem Maria".

NB: repetir 3 vezes usando 3 ramos verdes em gestos de cruz várias vezes.

EZIPA, EZIPELA — 6

"Ezipa, Ezipela,
Ezipla deu no tutano
Do tutano deu no osso
Do osso deu na carne
Da carne deu na pele
Da pele deu no sangue
Do sangue deu no couro
Do sangue deu nas ondas do mar".

† Antes da oração pedir licença à N. Senhora e Jesus Cristo.

NB: no decorrer da oração repetir 3 vezes com 3 ramos verdes em gestos de cruz várias vezes.

EZIPA, EZIPELA — 7

"Ezipa, Ezipela,
Deu no tutano
Do tutano deu no osso
Do osso deu na carne
Da carne deu na pele
Da pele vai pras ondas do mar sagrado".

NB: repetir 3 vezes, usando 3 ramos verdes fazendo gestos de cruz várias vezes.

† A seguir rezar 1 pai-nosso e 1 ave-maria para o santo de devoção.

EZIPA, EZIPELA — 8

"Ezipa, Ezipela má
Deu no tutano
Do tutano deu no osso
Do osso deu na carne
Da carne deu no sangue

Do sangue deu no couro

Do couro deu na pele

Da pele vai pras ondas do mar

Pra nunca mais remédio sarar

Com o nome de Deus Pai

Deus-filho, Deus-Espírito-santo, Amém".

NB: repete 3 vezes com 3 ramos verdes em gestos de cruz várias vezes, a seguir reza 1 pai-nosso com 1 ave-maria para N. Sra. do Desterro.

EZIPA, ZIPELA

† Benzer, rezando:

"Esipa, zipela, sipa, sipelão; a isipa deu na pele, da pele deu no osso, do osso deu no tutano, do tutano deu adonde nunca canta galo nem galinha e nem criança batizada. Ela vai dá retirada no mar de 60 braça".

NB: benzer com 1 galhinho sobre 1 prato de água, fazendo sinais-da-cruz, por 3 vezes.

ZIPELA

† Benzer, rezando:

"Zipela que deu no osso, do osso deu no tutano, do tutano que deu na carne, da carne que deu na pele, da pele que vai em Roma. Padre Pala foi em Roma, Jesuis Cristo encontrô lá:

— O que cê viu por lá, Padre Pala?

— Vi muita zipela, Senhor.

— Com óleo de mar de grilo, tenha fé que curará; com os poder de Pai, de Fio e de Espírito-santo. Amém".

⁻ Rezar 3 ave-marias.

COM CANIVETE OU NAVALHA

† Benzer, rezando:

"Lá ia Maria subindo o Morro:

— Que ocê tá levando aí, Maria?

— Num leva nada, por que a inzipa num deixa".

† Rezar 1 pai-nosso e benzer com 1 canivete ou navalha, em cruz sobre o local afetado.

ZIPRA, ZIPELÃO

"Zipra, zipelão, que dá na pela, da pela deu no osso, do osso dá no tutano, do tutano caiu no mar. Pede a Deus N. Senhor que esta zipra não te torne a dar" (De Sta. Catarina).

EZIPA, EZIPELA — 9

"Ezipa erizipela
Ezipela deu no osso
Do osso deu no nervo
Do nervo deu na veia
Da veia deu no sangue
Do sangue deu na carne
Da carne deu na pele
Da pele foi pra casa do canta-galo
Da casa do canta-galo
Vai pra ilha do mar
Pra nunca mais voltar
Com o nome do Pai, Filho, Espírito-santo, amém".

† Rezar 1 pai-nosso e 1 ave-maria e oferecer para Jesus de Nazaré. A pessoa pode ser benzida com 1 ramo verde ou tição de fogo.

EZIPA, EZIPELÃO — 1

"Ezipa, ezipelão
Izipa deu no tutano
Do tutano deu no osso
Do osso deu na carne
Da carne deu na pele
Da pele foi pras ondas do mar
Vai-te maldita
Com as palavras de Deus
E da Virgem Maria".

NB: repetir a oração 3 vezes com 3 ramos em gestos de cruz várias vezes.

† A seguir oferecer 1 pai-nosso com 1 ave-maria ao santo da devoção.

EZIPA, EZIPELÃO — 2

"Ezipa, ezipelão
Rosa preta branca

Rosa de todas as cores
Do tutano deu no osso
Do osso deu na carne
Da carne deu no nervo
Do nervo deu no sangue
Do sangue deu na pele
E da pele vai pras ondas do mar
Ezipa molhada, ezipa enxuta
Com os puder de Deus vai segurar".

NB: deve-se levar em conta que zipra, zipela, é *erisipela* e zipelão — o *"fogo selvagem"*, o *"fogo de Sto. Antão."*

A 1ª é o *pênfigo foliáceo*, dermatite bolhosa, que apresenta uma evidente e generalizada sensação de queimadura. Com certas fases da erisipela — o zipelão — quando há formação de flictenas e idêntica sensação, além de fenômenos de ordem geral comum às infecções, achou semelhança o benzedor que, não tendo encontrado no seu repertório terapêutico qualquer benzedura contra o fogo selvagem, incluiu-o na aplicada contra a erisipela... por aproximação.

EZIPA, EZIPELONA

"Ezipa, ezipelona
Ezipa preta, ezipa branca
Ezipa de toda cor
Ezipa deu no osso
Do osso deu no tutano
Do tutano deu na veia
Da veia deu no sangue
Do sangue deu na pele
E da pele pras ondas do mar".

NB: repetir 3 vezes com 3 ramos verdes em gestos de cruz, várias vezes.

† A seguir rezar 1 pai-nosso com 1 ave-maria para o santo da devoção.

EZIPA DEU NO TUTANO — 1

"Ezipa deu no tutano
Do tutano deu no osso
Do osso deu na carne
Da carne deu no nervo
Do nervo deu na pele

Da pele procurou as ondas do mar
Aonde a gente não ver mais
Pelo poder de Deus-pai,
Deus-filho e Espírito-santo".

NB: repetir 3 vezes, usando 3 ramos verdes em gestos de cruz várias vezes.

† A seguir rezar 1 pai-nosso com 1 ave-maria para Jesus Cristo.

EZIPA DEU NO TUTANO — 2

"Ezipa deu no tutano
Ezipa deu no osso
Ezipa deu no nervo
Ezipa deu no sangue
Ezipa deu na carne
Ezipa deu no couro
Ezipa deu na pele
Oh, ezipa
Ezipa diz morra vós e viva ela
Eu digo, morra ela viva vós
Com os poder de Deus e da Virgem Maria".

NB: repetir 3 vezes, usando 3 ramos verdes em gestos de cruz várias vezes.

EZIPA DEU NO TUTANO — 3

"Ezipa
Deu no tutano
Do tutano deu no osso
Do osso deu no nervo
Do nervo na carne
Da carne na veia
Da veia na pele
Da pele no sangue
Do sangue arretira-ezipa, ezipela
Discarna ocê
Que mandou o raio do sol
Do raio da lua explodir
Joga nas ondas do mar".

NB: repetir 3 vezes com 3 ramos verdes em gestos de cruz várias vezes.

† A seguir rezar 3 ave-marias.

EZIPA DEU NO TUTANO — 4

"Ezipa deu no tutano
Do tutano deu no osso
Do osso deu na veia
Da veia deu na carne
Da carne deu na pele".

EZIPA DEU NO TUTANO — 5

"Ezipa deu no tutano
Do tutano deu no osso
Do osso deu na carne
Da carne deu na veia
Da veia deu no nervo
Do nervo deu no sangue
Do sangue deu na pele
Ezipa má
Tu vai pra nunca mais voltar
Com os poder de Deus e da Virgem Maria".

NB: repete 3 vezes com 3 ramos verdes em gestos de cruz várias vezes.

ERIZIPELA DEU NO TUTANO — 6

"Erizipela dá no tutano
Tutano deu no osso
Do osso deu na carne
Da carne deu na pele
Da pele aqui
Pela Virgem Maria Santíssima
Que erizipela sai daqui".

NB: repetir 3 vezes usando 3 ramos verdes em gestos de cruz.

COM 3 RAMOS

Pegue 3 ramos duma planta espiritual — arruda, alecrim, alfazema, guiné, comigo-ninguém-pode, levante, ou outra qualquer — e coloque-se na frente da pessoa. A seguir, diga as seguintes palavras, fazendo gestos de cruz sobre o doente.

"Esipa, erisipela; espia deu no tutano; do tutano deu no osso; do osso deu no nervo; do nervo deu na aveia; da veia deu no sangue; do sangue deu na carne; da carne deu na pele; da pele saiu e foi pras estrelas; com os poderes de Deus-pai, Filho, Espírito-santo e da Virgem Maria, das estrelas foi pras ondas do mar, onde ficou para nunca mais voltar".

NB: repita essas palavras 3 vezes.

† Rezar após 1 pai-nosso e 1 ave-maria, oferecidos ao santo ou santa de sua devoção.

EZIPA FORA

"Lorenço, Alfrânio

Buriti passei

Cabeça e o rabo

Do mal cortei

Ezipa, ezipela doença má.

Ezipa deu no tutano,

Do tutano deu no osso

Deu na carne

Deu no sangue

Deu na pele

Ezipa fora".

NB: repetir 3 vezes com 3 ramos verdes em gestos de cruz várias vezes.

VARIANTE

"Ezipa entrou na pele

Da pele foi pro sangue

Do sangue foi pro osso

Do osso foi pro tutano".

NB: repetir 3 vezes com 3 ramos verdes em gestos de cruz várias vezes.

† A seguir rezar 1 pai-nosso para N. Sra. Aparecida.

ERIZIPELA NA PERNA?

"A ezipa veio de maio

De Maio veio pra Roma

De Roma veio pro tutano

Do tutano veio pro osso

Do osso veio pra carne
Da carne veio pra perna".

NB: repetir 3 vezes usando 3 ramos verdes, em gestos de cruz várias vezes.

ROSAS DE TODAS AS CORES

"Rosa branca, rosa preta, rosa amarela, rosa azul
Rosas de todas as cores
Assim como todas flores murcham
Murchai a enfermidade desta fraca criatura
Ezipa, erizipela
Deu no tutano
Do tutano deu no osso
Do osso deu no nervo
Do nervo deu na carne
Da carne deu na veia
Da veia deu no sangue
Do sangue deu na pele
Da pele saiu foi pras ondas do mar
Pra nunca mais voltar".

NB: repete 3 vezes usando 3 ramos verdes em gestos de cruz várias vezes.

† A seguir rezar 1 ave-maria para Jesus Cristo.

NAS ONDAS DO MAR

"Eu te benzo de Ezipa, ezipela, ezipelão, eziparia
Com os poder de Deus e da Virgem Maria
Ezipela deu no tutano
Do tutano deu no osso
Do osso deu na carne
Da carne deu no nervo
Do nervo deu na perna
Da pele procurou as estrelas
Das estrelas procurou a estrebaria
Intriga S. José e Sta. Maria
E joga nas ondas do mar".

NB: falar somente uma vez com 3 ramos verdes em gestos de cruz várias vezes.

INVOCANDO A VIRGEM MARIA

"A Virgem Maria por 1 caminho ia;

Homem doente na cama jazia;

N. Senhora perguntou:

— Senhor filho meu, este homem doente

Com o que se curará?

N. Senhor respondeu:

— Se é cobro ou zagre ou fogo selvagem

É com o unto de porco

E o pó de guia

E o pai-nosso e a ave-maria".

BENZEDURA DE PORTUGAL

"— Pedro Paulo, foste a Roma? Que viste lá?

— Muita gente com erisipela e bolha má.

— Pedro Paulo, torna lá e unta com óleo de oliveira e pena de galinha preta".

INVOCANDO S. PEDRO E A VIRGEM

"S. Pedro vinha de Roma e a Virgem ia para lá.

A Virgem lhe perguntou:

— Pedro o que vai por lá?

— Muita peste, muita maligna, muita Zipra e muito Ziprão.

— Benzedo-se-lhe atalharão com azeite virgem e corda do maranhão".

EM QUALQUER LUGAR DO CAMPO

⁻ Benzer com uma folha de arruda. Fazendo cruz no local da moléstia e dizendo as seguinte palavras:

"Erizipela saia do tutano e passe para o osso;

Erizipela saia do osso e passe para a carne;

Erizipela saia da carne e passe para o sangue;

Erizipela saia do sangue e passe para a pele;

Erizipela saia da pele e passe para o mar, e atira as folhas da arruda para a rua.

NB: se for na perna, benzer até a ponta do pé orar 3 ave-marias.

DE PORTUGAL — I

"Jesus e João iam, os 2 por caminho.

Jesus perguntou a João:

— João tu vistes alguma coisa em Roma?

— Eu vi Zipra, queimadura, vermelhão no corpo.

— Então volta João.

Com os poderes de Deus e da Santa Virgem Maria, volta lá e atalha a Zipra, queimadura e vermelhão no corpo".

NB: se o paciente for mulher, deve-se rezar 1 pai-nosso e se for homem, uma ave-maria.

BENZEDURA DA ILHA GRACIOSA

"— Donde vens, Paulo?

— Venho de Roma

— O que há por lá?

— Muita doença de Zirpela e Zirpelona.

— Vira atrás, Paulo e vai curá-la.

— Com o quê, Senhor?

— Com o azeite doce

E água da fonte

E alecrim do monte,

Para que aqui não monte".

NB: benze-se também com 1 galhinho de alecrim molhado em azeite doce e água, mas, em vez das cerimônias com o limão, corta-se o raminho de alecrim em 3 pedacinhos, cospe-se neles e atiram-se para trás das costas. Ao cabo de 3 dias, juntam-se e deitam-se no lume. Ao alecrim do monte chamam também "Alecrim dos defuntos". No final da reza tome-se *monte* por equivalente de "aumente".

† Rezar, a seguir, o pai-nosso e repetir 3 vezes. Finda a benzedura, unta-se o "cobreiro" com banha de porco e salpica-se, por cima, *"pó da guia"*, isto é, pó da varredura de porta, ou pó que fica nas frinchas do assoalho junto à porta. (Pode-se usar terra de encruzilhada.)

INVOCANDO A VIRGEM MÃE DE DEUS

"A Virgem Mãe de Deus benze de ezipela

Da carne, dos ossos, do sangue

Com favor de Deus não tem ezipa

Nem da carne, nem nos ossos, nem no sangue

Será tudo cortado

Em nome de Deus-pai, Deus-filho e Divino
Espírito-santo, amém".

NB: repetir 3 vezes com 3 ramos verdes em gestos de cruz várias vezes.

† A seguir reza 1 pai-nosso com 1 ave-maria para o santo da devoção.

RESPONSO CONTRA ERISIPELA

Faz-se com 1 crucifixo sobre a erisipela o sinal-da-cruz e reza-se:

"Virgem Maria,
De Nazaré,
Sois alegria
De quem tem fé.
A inflamação
Já vai passar,
Pela oração
Vai acabar.
Benza-te Deus
Com esta cruz,
Pecados meus
Perdoa Jesus".

‾ Em seguida rezar 1 pai-nosso e ave-maria.

INVOCANDO S. ROMÃO

"— Donde vem, Romão?
— Venho de Roma, Senhô.
— Com que se cura cobreiro, Senhô?
— Com ramo de monte
   E água da fonte
   Em nome de Deus e da Virgem Maria".

NB: a benzedura é feita com 3 ramos verdes molhados n'água. Repete-se 3 vezes usando 1 dos ramos para cada vez, espargindo a água em cruz.

COM AZEITE DOCE

"A zipra dá na carne; da carne dá na pele; da pele dá no osso; do osso dá no tutano; do tutano dá no mar, do mar dá na praia; da praia vai simbora, em nome de Deus. Amém".

NB: benze-se com o azeite doce.

COM AZEITE

"Erisipela deu na pele, da pele passou para a carne, da carne passou para o osso, do osso foi para o tutano, do tutano foi para Roma. Erisipela veio de Roma, de Roma veio para o tutano, do tutano foi para a carne, da carne foi para o osso, do osso foi para o mar. Permita N. Senhora que a erisipela vai se acabar".

NB: com azeite.

SAI-TE DAQUI

"A erisipela deu na pele; da pele passou para a carne; da carne passou para o osso; do osso seguir para os ares. Sai-te daqui, erisipela, e não voltes aqui mais. Com o nome de Deus e da Virgem Maria".

PEDE A DEUS N. SENHOR

"Zipra, zipelão
que dá na pele, da pele
dá no osso, do osso
dá no tutano, do tutano
cai no mar.
Pede a Deus N. Senhor
Que esta zipra não te torne a dar".

COM AZEITE E PENA DE GALINHA

"A erisipela dá na pele;
da pele dá na carne;
da carne dá no osso;
do osso dá no tutano;
do tutano vai "em" Roma;
de Roma salta no mar
Permita a Virgem Maria
Que ela aqui não torne a dar".

NB: benze-se com azeite doce e pena de galinha preta, do lado esquerdo.

DE PORTUGAL — 2

"Em nome de Jesus seja! o que atalho? Erizipela.
Com o ramo do monte e água da fonte; que logo te brandará".

MATAI ESTA ZIPRA

"O verde sempre verde, é verde bem-aventurado,
Na sepultura de Cristo nasceste sem ser semeado

Em louvor de S. Tiago e Sto. Antão,

Matai esta zipra, erisipela ou zipelão. Amém."

FEL DOLOROSA

"Fel dolorosa que no monte andava com seu filhinho nos braços, Jesus Cristo encontrou, Jesus Cristo perguntou:

— Fel dolorosa que fazes aqui?

— Eu chupo o sangue e mínguo a carne.

— Nem chupes o sangue nem mingues a carne, eu te darei fogo com que te abrases; se me queres ver derreter como sal n'agua põe-me 5 dedos e a palma e pelo poder de Deus e da virgem Maria tu sararias."

† Pai-nosso, ave-maria.

NB: para se benzer, tomam-se 3 pedras de sal, colocam-se dentro de 1 prato fundo com água, vai-se andando com as 3 pedras em volta do prato, pronunciando-se a oração.

COM GALHO DE SABUGUEIRO

"Foste nascido sem ser semeado.

Na cova de Deus foste achado.

Eu benzo a zipra, zipela e zipelão,

Que Deus quando andava pelo mundo,

Com tudo podia,

E de tudo benzia.

Com isto curarás

Em nome de Deus e

Da Virgem Maria. Amém".

NB: benze-se com 1 galho de sabugueiro embebido em azeite.

Lembra meu colega Oswaldo Cabral, que da apreciação comparativa entre as benzeduras deste último grupo, destinadas ao benzimento da erisipela, poderemos, assim, notar que, em algumas, ainda subsistem elementos estranhos à Medicina-teológica, elementos que se filiam ou se aproximam bastante das praticas de feitiçaria, de Magia. Elementos como o carneiro preto, a galinha preta, números como o 9 (as 9 lãs do carneiro), que são cabalísticos, são remanescentes da Medicina-mágica persistentes nas benzeduras.

Sendo o mais freqüentemente usado, o benzimento da erisipela deveria apresentar, como de fato, uma variedade bastante grande de orações. Naturalmente, como pudemos apreciar no 1º grupo, as variantes são numerosas, atendendo às circunstâncias do meio. Onde não há água do monte não se pode benzer com ela: benze-se com a da fonte... Onde falta o alecrim, serve a lã do carneiro. E, assim nos elementos componentes secundários, o que vem a caracterizar as variantes, conservam o elemento fundamental intacto, o que leva a crer numa fonte original comum.

INVOCANDO JESUS E JOÃO

"**Jesus e João iam, os 2 por caminho.**

Jesus perguntou a João:

— **João tu vistes alguma coisa em Roma?**

— **Eu vi zipra, queimadura, vermelhão no corpo.**

— **Então volta João.**

Com os poderes de Deus e da Sta. Virgem Maria, volta lá e atalha a zipra, queimadura e vermelhão do corpo".

† Se o paciente for mulher, deve-se rezar 1 pai-nosso e se for homem 1 ave-maria (De Portugal).

INVOCANDO S. PEDRO E A VIRGEM

"**S. Pedro vinha de Roma e a Virgem ia para lá.**

A Virgem lhe perguntou:

— **Pedro o que vai por lá?**

— **Muita peste, muita maligna, muita zipra e muito ziprão**".

NB: benzendo-se-lhe atalharão com azeite virgem e corda do maranhão.

CONTRA A ERISIPELA, ERISIPELÃO, COBREIRO, EMPINAGEM E ECZEMA

Benzer com uma folha de arruda, fazendo cruz no local da moléstia e dizendo as seguinte palavras:

"**Pedro e Paulo onde vais?**

Vim à Roma procurar remédio para curar *(Fulana)*".

— **Volta atrás Pedro e Paulo, que o remédio encontrarás no óleo bento de oliva que cortarás.**"

† Rezar 3 pais-nossos e 1 ave-maria.

NB: qualquer pessoa que tenha uso da razão, pode benzer a *Zirpela*. A cerimônia é feita com 1 galhinho de alecrim embebido em azeite doce e água fria, espargindo em cruzes ao mesmo tempo que recita a oração supra. Depois, para evitar que a doença se repita naquela pessoa, corta-se 1 limão ao 1/2, passa-se no local doente, escreve-se num papel o nome deste e prende-se ao limão. Em seguida uma donzela que se chame Maria (solteira e virgem), toma-o e vai deitá-lo ao mar, de costas para trás e diz: "**Vai-te e não voltes mais**".

ESPINHELA CAÍDA

Explica 1 curandeiro de Governador Valadares:

"Nóis tudo temos 1 osso mole na boca do estamo: é a tar de espinha. Quem pega 1 peso muito grande fica com esse ossinho imcumbado pra baxo; a gente come, não alimenta; tem dor na boca do estamo, nas costas, nos braços, nas pernas, em todo corpo. Se passá 3 6ªˢ feiras e não tratá, o estamo incha, sofre fadiga, descora, vumita tudo come e acaba morreno".

Como constatar a espinhela-caída?

Com 1 barbante, medir do dedo mínimo (minguinho), ao cotovelo (com o braço estendido) e depois, de ombro a ombro; si a medida não coincidir, (é a espinhela caída), descrita por Piso.

Sintomas: vômitos, dispepsia, astenia, atribui-se ao resfriamento dos músculos do tórax e depois, principalmente pela queda da compreensão da cartilagem mucronada (apêndice xifóide descrita por Martius), doença crônica da digestão, o que por várias vezes observou nos índios.

Descreveu Pirajá da Silva: *Sintomas*: Provoca abatimento em todo organismo com gastralgia, as vezes com vômitos e grande dificuldade da respiração causada pelo resfriamento dos músculos do tórax e depois, principalmente pela queda da compreensão da cartilagem macronata.

ESPINHELA-CAÍDA — 1

"Eu entro na palavra de Deus-pai, com as palavras de Deus-filho e de Deus Espírito-santo, espinhela caída eu te levanto com as arcas e tudo, com os poderes de Deus-pai, com os poderes de Deus-filho e com os poderes de Deus-espírito-santo. Amém".

ESPINHELA-CAÍDA — 2

Para levantar a espinhela, o doente deve procurar o nascente, de manhã cedo: Pendurar-se no frechal da janela e pronunciar as seguintes palavras:

"Deus quando andou no mundo, arca a espinha levantou; levantai Senhor a minha, pelo vosso amor".

ESPINHELA-CAÍDA — 3

Com o paciente sentado numa cadeira, medir, suspendendo os seus braços a altura da cabeça encontrando mão com mão. Se uma das mãos estiver mais alto do que a outra, a espinhela está caída.

Põe-se o paciente de pé e com 1 travesseiro no peito, chega-se as costas do mesmo e abraçado em sua cintura, levanta-o rapidamente, 3 vezes e verá o resultado com 1 estalo que se ouve. O paciente deverá estar com os braços cruzados sobre o ventre e as pernas bambas. Para o estômago caído, que o vulgo diz ser bucho virado, deve-se por o paciente deitado de costas e fazer lentamente massagens de baixo para cima, durante alguns minutos e depois continuar rapidamente que dentro de 3 dias não terá mais nada.

NB: fazer massagens logo abaixo do estômago até a cima do mesmo.

Sintoma: dor de estômago e sente o alimento pesado, sendo obrigado a vomitar.

ERGASTENIA

1 benzimento muito usado pelos curandeiros de todo o Brasil contra a ergastenia ou "espinhela caída" (espécie de dor no osso externo do peito por cansaço ou esforço) é feito da seguinte maneira: Coloque o doente embaixo duma porta, encostado numa das laterais e segure-o firme, dizendo:

"Quando Deus andou no mundo, 3 coisas deixou: arcas e ventos e espinhela levantou; Cristo morreu, Cristo ressuscitou, espinhela caída levantou. Para cima quem cura é Deus; para baixo quem cura sou eu".

NB: repetir as palavras por 3 vezes, fazendo o benzimento em 3 6ªs-feiras.

VARIANTE

"Quando Deus andou no mundo,

3 coisas levantou:

Arca, ventre, espinhela caída.

Levantai ventre, arca, espinhela caída!

Ave-maria!"

OUTRA

"Deus quando andava no mundo

Tudo quando há se jogava

A arca, espinhela, ventre virado

Tudo se alevantava".

NB: repetir 3 vezes, usando a mão em gesto de cruz várias vezes.

† A seguir rezar 1 pai-nosso com 1 ave-maria para N. Sra. da Devoção.

INVOCANDO S. MIGUEL

"S. Miguel arca espinhela caída,

Ventre virado com os poder de Deus e da Virgem Maria.

S. Miguel botou sua barquinha 9 vezes sem virar e sem emborcar.

Espinhela você procura o seu conta-leite que Deus deixou em seu lugar.

Jesus, Jesus e a Virgem Maria".

NB: na medida que for fazendo a oração vai traçando os braços da pessoa, levantando, cruzando e tentando encontrar as mãos atrás (Conta-leite é uma parte da espinha.)

PARA CURÁ-LA

Muitas são as benzeduras para levantar espinhela caída. Mas o povo de Videira, em Sta. Catarina, jura de pé junto que não há 1 que possa bater esta salve-rainha forte. O benzedor reza-a passando a mão esquerda sobre a espinha do doente, em 3 dias seguidos, sempre na mesma hora escolhida.

"Divino cravo do amor,

Essa espinhela será arribada

Com os poderes de Deus

E da virgem Maria.

Salve Rainha forte,

Vós sois forte, fortalecida.

Oh, como sois forte, fortalecida.

Então levanta a espinhela de *Fulano...*

Que tá caída".

COM 1 CORDÃO

Com 1 cordão, o benzedor mede do extremo do dedo mínimo ao extremo do cotovelo e dum ombro ao outro do doente. Coloca depois o cordão em cima da espinhela. Começa então a rezar, segurando 1 extremo do cordão enquanto o doente segura o outro extremo. E diz:

"Deus, o sol e a lua nasceram do mar.

Raio, tempestade, todo o mal Deus abrandou.

Subiu para o seu trono, tudo no mundo deixou.

Arca, espinhela, ramo, fraqueza, agonia, aflição.

Tudo ele levantou, com as graças mesmas.

Com as mesmas graças, tudo ficou bom,

Tudo se levantou".

† Reza-se, em seguida, 1 pai-nosso.

PARA CURAR ESPINHELA CAÍDA EM ADULTO

Para curar espinhela caída em adulto faça a seguinte oração:

"Espinhela caída

Portas do mar

Arcas, espinhelas em teu lugar.

Assim com o Cristo
Senhor nosso andou
Pelo mundo, arcas
Espinhela levantou".

COM 1 ENSALMO

Deita-se a criança no colo e conforme se vai dizendo o ensalmo, vai-se levantando o corpinho dela, com uma das mãos sob o corpo e outra em cima do peito:

"Com Deus me deito
Com Deus me levanto.
O teu corpo e a tua espinhela".

RECITANDO

Com a criança deitada de bruços no colo, recita-se em voz alta esta reza-simpatia:

"Andava N. Sr. Jesus Cristo
E o senhor S. Pedro
Pelo Rio Jordão,
Levantando arca e ventre
E espinhela caída.
Isso tudo eu levantei
Com o poder de Deus e da Virgem Maria".

DE BRUÇOS

Arruma-se a criança de bruços em cima duma mesa, bem reta, se puder ser. Repetem-se 3 vezes estas palavras:

"Olhe a arca
E espinhela caída!
Veja quem é Deus
E N. Senhora!
Amém."

INVOCANDO JESUS

"Jesus morreu
Minha espinhela caiu
Jesus ressuscitou
Minha espinhela levantou".

NB: na medida em que vai sendo declamada a oração, vai-se movimentando os braços do ofendido.

DIZER EM VOZ ALTA

"Jesus nasceu, Jesus morreu, Jesus ressuscitou. Arca, ventre, espinhela caída, procurai vosso lugar".

NB: oferecer à Virgem Pura, para tirar nas ondas do mar sagrado e rezar 1 ave-maria e 1 pai-nosso.

INVOCANDO STA. MARIA VIRGEM

"Barquinho de Sta. Maria Virgem

Navega no mar navegará

As arcas e os ventos

Põe as arcas em seu lugar.

Pelo poder de Deus

Deus Pai, Deus Filho, Deus Espírito-santo".

NB: repetir 3 vezes, fazendo gestos de cruz com a mão na boca do estômago da pessoa.

† A seguir rezar 1 pai-nosso e 1 ave-maria e oferecer para Sta. Maria Virgem.

OUTRA

"Barquinho de Sta. Maria

Navega no mar sem emborcar

E o arco de sua espinhela

Navega no seu lugar".

† Esta oração é repetida 9 vezes.

IDEM

"Barquinho de Sta. Maria

Tá no mundo sem parar

Levantando a sua espinhela

As suas arcas

Põe tudo em seu lugar

Sua espinhela

A seus ventos".

NB: repetir 3 vezes usando o dedão para cima no local ofendido.

VARIANTE

"Barquinho de N. Senhora
Caiu no mar mas não embarcar
Assim será minha arca
Vai voltar em seu lugar".

NB: repetir 7 vezes usando 3 ramos verdes em gestos de cruz várias vezes.

† A seguir rezar 1 pai-nosso e 1 ave-maria.

OUTRA BENZEDURA

Enquanto passa a mão direita espalmada ao longo da espinhela do paciente, o benzedor deve repetir 3 vezes estes versos:

"Espinhela caída, ventre derrubado,
Espinhela caída, ventre derrubado.
Eu te ergo, eu te curo, eu te saro...
Em nome do Pai, do Filho e do Espírito-santo,
De espinhela caída tu estás curado".

NB: o benzedor pode aspergir o doente em cruz, com 1 galhinho de arruda, molhado em água da fonte, repetir por 3 vezes o ensalmo.

DE JOELHOS

Esta maneira de benzer pede que o benzedor se coloque de joelhos diante da espinhela do paciente, mas não a toque. Basta que se compenetre e diga de olhos cerrados e em voz baixa:

"Eu entro na palavra de Deus-Pai, com as palavras de Deus-Filho e de Deus-Espírito-santo.

Espinhela caída, eu te levanto, com arcas e tudo, com os poderes de Deus-Pai, com os poderes de Deus-Filho, com os poderes de Deus-Espírito-santo".

NB: em seguida, o benzedor repete as palavras, levantando-se devagar e abrindo os olhos.

BENZEÇÃO

"Jesus Cristo está viajando.
S. Pedro estava sentado em cima da pedra mármore.
Jesus vai e procura Pedro:
— O que é que tem Pedro?
— Eu tô sentado Sinhô.
— O que tem Pedro?

— Eu tô aqui sentindo uma dor de espinhela.

— Pedro, os ar abaixa, os ar levanta

Os ar abaixando, os ar levantando

Levanta espinhela caída e conserta arca diárias

Com as gloriosas palavras

Do Nosso Sinhô Jesus Cristo

E as 3 pessoas da Santíssima Trindade".

NB: repetir 3 vezes, com 3 ramos verdes em gestos de cruz várias vezes.

† A seguir rezar 3 ave-marias para o santo da devoção.

LEVANTE

"Levante espinhela caída

Arca caída, ventre derrubado

Procure teu lugar teu estado

Pelos poder de Deus Pai,

Filho e Espírito-santo".

NB: repetir 3 vezes usando o dedão em gestos de cruz várias vezes.

† A seguir rezar 1 pai-nosso com 1 ave-maria para Jesus Cristo.

LEVANTAI

"Travantina Sta. Maria

Arca e vento

Espinhela caída

Levantai a espinhela de fulano

Que tá caída".

NB: na medida que vai declamando, vai também, cruzando os braços da pessoa.

INVOCANDO CRISTO

"Espinhela caída

Portas do mar

Arcas, espinhelas

Em teu lugar.

Assim como Cristo

Senhor andou

Pelo mundo, arcas

Espinhela, levantou".

BENZEDURA MINEIRA

† Benzer, rezando:

"Assim como o padre veste e reveste para ir celebrá a santa missa, assim espinhela ocê cai em seu lugar".

† 1 pai-nosso e 1 ave-maria em cada cruz que se se fizer sobre a espinhela, por 3 vezes seguidas.

BENZEDURA DO NORDESTE BRASILEIRO

"O padre vestiu e se revestiu e subiu pro altar, arca e vento, espinhela caída vai pro seu lugá".

BENZEDURA CATARINENSE

"Espinhela caída, portas para o mar! Arcas, espinhela, em teu lugar. Assim como Jesus Cristo pelo mundo andou, arcas, espinhela, levantou".

BENZEDURA MINEIRA

† Rezar 9 vezes, ficando o curandeiro com a mão na boca do estômago do acesa:

"Assim como N. Senhora navegô no mar sem ela simbarcá, F... também sua espinhela (ou arca) **navega por seu lugá".**

BENZEDURA MINEIRA — 2

O benzedor fica atrás do doente, na porta que der para fora da casa; vai rezando e o doente repetindo:

† (sinal-da-cruz) **"Assim como N. Senhora andô no mar embarcada em sua barquinha, assim minha espinhela** (ou minha arca) **vorta em seu lugar".**

† Rezar 1 ave-concebida e 1 "quem-dos-padre".

BENZEDURA MINEIRA — 3

† Rezar 3 vezes seguidas:

"Barquinha de Sta. Maria, navega nas ônda do mar; minha espinhela (ou minha arca) **que torne em seu lugar".**

ESPINHOS

Tem de ser fel de boi. Para conseguir, é preciso procurar em algum matadouro. Leva-se o fel para casa e coloca-se sobre o local onde esteja enterrado o estrepe ou espinho. Dizendo:

"S. Braz que nos protege de espinho, estrepe e demais pontas de dor. Tira desta carne, com a ajuda do fel, aquilo que a está machucando".

NB: deixa-se o fel sobre o estrepe ou espinho por alguns minutos, depois tira-se e espreme-se. Não será preciso fazer muito esforço, nem doerá. Porque sairá inteiro e com a maior facilidade.

ESTÔMAGO

DILATADO

Para curar o mal de estômago dilatado, o melhor é uma consulta ao médico. Mas se você quer ajudar alguém a sarar deste mal, pode fazer a benzedura de Sta. Emerenciana.

Prepare uma bacia de água norma e uma bacia de água na temperatura normal. Pegue uma toalha branca, sem desenhos nem apliques, mergulhe-a na bacia de água normal e diga:

"Meu N. Sr. Jesus Cristo, minha N. Senhora.

Pelo amor de Sta. Emerenciana, cuide deste que sofre de mal de estômago dilatado, para que tudo volte ao normal e ele saia deste sofrimento."

NB: coloque a toalha na água norma, aplicando-a novamente e durante este gesto reze 3 pais-nossos e 3 ave-marias.

ESTUDOS

PARA PASSAR DE ANO

Passar de ano ou ingressar na faculdade são barreiras poderosas para os jovens superarem. Principalmente aqueles que estudam muito e não têm sorte. Sempre alguma coisa lhes acontece: ou a única coisa que não estudaram cai na prova, ou ficam nervosos, perdendo o caminho suave de resolver os problemas. Até mesmo os que têm confiança em si mesmos muitas vezes encontram dificuldades para resolver bem as questões.

Para você que está em uma dessas situações existe uma benzedura para ser feita em sua casa, antes da prova.

Na manhã da prova, assim que acordar, acenda uma vela azul (tem de ser azul mesmo). Ofereça a vela ao Menino Jesus de Praga, dizendo 3 vezes:

"Menino Jesus de Praga,

Vestido de azul celeste.

Peço que nesta minha prova

Sejas o meu maior mestre".

NB: coloque o indicador na vela derretida e faça o nome-do-pai, deixando a cera na testa. E pode ficar confiante, pois tudo lhe vai correr bem.

ESTUPOR

Já repararam na expressão de espanto que o susto provoca numa pessoa? Já pensaram se essa expressão permanecesse inalterada para sempre? O povo costuma dizer que ar de estupor faz a pessoa repuxar até a cabeça. Apesar de permanecer consciente, ela não consegue reagir a mais nenhum estímulo externo. Esta benzedura poderá ajudá-la:

"*F...*, requeiro o ar que estiver em seu corpo. Ar do sol, ar da lua, ar do fogo, ar dos ferros, ar dos aços, ar dos vivos, ar dos mortos, ar das folhas, ar dos vidros, ar de estupor e outro ar que for, será tirado do seu corpo por Deus N. Senhor".

NB: fazer 1 benzimento, de cima a baixo nas costas da pessoa doente, com o sinal-da-cruz. Repetir 3 dias seguidos.

Benzedeira
Maria das Dores (Maranhão)

FEBRES

Para baixá-las

O benzedor colocará 1 pano branco (ou toalha) virgem, sobre a cabeça do doente, e sobre o pano 3 folhinhas verdes em forma de cruz recitando a seguinte oração:

"Em nome do Pai, do Filho e do Espírito-santo. Eu vos suplico, Senhor, que a intercessão do bem-aventurado S. Hugo, torne *F...* merecedor da vossa graça, obtendo a cura da febre que o faz sofrer, que o atormenta cruelmente. Socorrei-o Jesus, por vossa bondade infinita. Assim seja. Amém".

Para ela não voltar

A pessoa que vai benzer colhe 5 folhas de laranjeira, dizendo para a árvore:

"Aqui venho, laranjeira, te visitar. Dessas folhas que tendes 5 hás de me dar, que é para dar a uma comadre que me veio visitar. Quando ela for embora, as tornarei a entregar".

O 2º passo é enfiar as 5 folhas com agulha e linha, fazendo uma espécie do colar. E o 3º passo é colocar no pescoço da pessoa que estiver com febre.

NB: o colar de folhas de laranjeira tem de ser mantido no pescoço até que as folhas sequem e caiam, mesmo que a febre já tenha passado.

Outro detalhe importante para que a febre não volte e ainda mais forte: cada folha caída precisa ser apanhada e guardada para as 5 serem depois devolvidas aos pés da laranjeira, conforme foi prometido pela benzedeira.

Para esfriar completamente

Tem de ser com folha de laranjeira azeda. De preferência da conhecida como *laraja-cavalo,* própria para fazer doce.

A benzedeira colhe 9 folhas da árvore, depois vai picando-as bem miúdas (mais ou menos como se corta couve para feijoada ou almeirão para salada) enquanto diz:

"Assim como *F...* tem febre, tu terás também".

NB: dito isto, várias vezes, coloca as folhas picadas numa caneca de água já em plena fervura, como se fosse preparar 1 chá. Antes de esfriar completamente, a pessoa com febre deve tomar o chá todo, de 9 em 9 goles.

FEITIÇOS

Para anulá-los

O paciente deve estar trajado com roupa branca, imaculadamente limpa, tendo uma cruz dependurada ao pescoço. O benzedor, munido de 3 galhos de arruda (guiné, alecrim ou espada-de-são-jorge), deverá borrifá-los de água benta, que será espargida sobre o corpo do paciente, ao mesmo tempo em que exorciza:

"*F...*, **o Pai te acompanhe, o Filho te dê luz. Te valham os poderes de Jesus. Jesus Cristo queira te valer. Te dê força e "sustança" para as palavras de Jesus Cristo receber. Olhado branco, olhado preto, olhado estropiado, olhado excomungado, olhado amaldiçoado, olhado abençoado. Todos esses males de teu corpo são apartados e botados pras ondas do mar, com os poderes de Deus, da Virgem Maria, do Divino Santíssimo Sacramento, no altar. *F...*, se tens olhado pelas costas, S. Costa; se foi pela frente, S. Vicente). *F...*, sangue de Jesus te levantou, sangue de Jesus te limpou. Com ele estás lavado, estás limpo, estás curado. Em nome do Pai, do Filho e do Espírito-santo. Amém".**

FERIDAS

Bravas

A pessoa que tem a ferida brava precisa ficar deitada e coberta com 1 lençol branco, deixando de fora apenas o local a ser benzido. A benzedeira toma uma faca nova, com cabo de osso e vai fazendo cruzes com a lâmina sobre a ferida, dizendo em voz alta e com fé:

"Coisa má, retire-se daqui; aqui não é o seu lugar. O sangue de Jesus Cristo, o leite de N. Senhora, a cruz de Cristo, caiam em cima.

Na voz de S. Silvestre tudo que faça preste, N. Sr. Jesus Cristo seja verdadeiro mestre".

NB: a seguir, a pessoa com ferida vezes para cada ferida que a pessoa tiver, em 3 dias seguidos.

Numa perna

Juntam-se o benzedor e a pessoa com a ferida para ser benzida. Cada 1 tendo na mão 1 canudinho de mamona e uma faca de corte bom.

O benzedor corta 1 pedaço do canudinho de mamona e reza metade duma ave-maria. O benzido reza a outra metade completando a oração e corta um pedaço do seu canudinho de mamona. A operação é repetida por 3 ave-marias e mais 1 pai-nosso.

Terminada as orações, o benzedor recolhe todos os pedaços do canudo cortado numa só mão (a direita) e, com ela fechada e segurando os pedaços, faz 3 cruzes acima da ferida, na perna do doente, rezando 1 credo e oferecendo tudo a S. Roque para que faça secar a ferida.

Em criança

D. Isaura Cavini, do sertão de Goiás, nos dá conta desta benzedura para aplacar qualquer tipo de ferida que esteja corroendo as carnes de criança inocente:

Coloca-se água numa gamela de pau, com sal e fumo. Com 1 ferro em brasa, faz-se uma cruz na água e depois com esta escalda-se o lugar da ferida.

Ao mesmo tempo, numa outra vasilha-de-louça coloca-se apenas a água. Com 1 outro ferro em brasa, faz-se uma cruz sobre esta outra água, que se dá para a criança tomar.

Enquanto faz as cruzes, a benzedeira deve repetir:

"Na cruz morreu N. Sr. Jesus Cristo. Nesta cruz morrerá a ferida de *F*...."

Além de inchaços, nervos distendidos e cortes sangrentos

O benzedor pede ao doente que deixe nua, isto é, descoberta, a parte afetada de seu corpo. Em seguida apanha 1 retalho de pano branco pequeno, uma agulha virgem e 1 pedaço de linha de cor branca. Coloca a linha na agulha e o pano sobre o lugar dolorido e pergunta ao doente:

"— O que coso?

Ao que ele responderá:

— **Carne quebrada, veia gravada, nervo retorcido e osso rendido.**

Nesta altura o benzedor afirma, ao mesmo tempo em que dá 1 ponto com a agulha no pano, costurando-o:

— **Isso eu mesmo coso, com os poderes de Deus, da Virgem Maria e de S. Frutuoso. Assim mesmo eu benzo, assim mesmo eu caso".**

NB: este ato é repetido 3 vezes, fazendo-se as mesmas perguntas e dizendo-se as mesmas palavras.

† Depois, o benzedor reza 1 pai-nosso e 1 ave-maria e, finda a benzedura, joga o pano, a agulha e a linha em água corrente.

PARA CURÁ-LAS COM ALECRIM, GUINÉ E ARRUDA

Com ramo de alecrim, guiné e arruda, vai-se fazendo o sinal-da-cruz sobre a ferida, enquanto se diz:

"Minha estrela matutina, quando foste e vieste não viste que *F...* **sofria duma ferida, dum mal de muito sofrer?**

Minha estrela matutina, quando por aqui passaste não viste o sofrimento por que passa *F...* **por causa desta ferida que se pegou no seu corpo?**

Minha estrela matutina quando foste e vieste e paraste num pé de rosa, não viste as lágrimas que a dor faz rolar dos olhos de *F...*

Isso é por uma ferida que eu benzo, para que ele sare e fique livre desta dor.

Minha estrela matutina, quando fores e vieres e parares num pé de rosa dize a Jesus desse sofrimento que o doente será curado".

† Rezar 3 pais-nossos e 3 ave-marias.

BENIGNAS OU MESMO MALIGNAS

† Sinal-da-cruz

"Serás benzida, chaga ruim, serás fechada e curada pela virtude e pelo poder de Deus, assim como se fecharam as chagas de N. Sr. Jesus Cristo, nos braços de N. Senhora, sua mãe."

NB: enquanto se reza, fazem-se cruzes sobre a ferida com 1 crucifixo, sem encostar o crucifixo na ferida.

† Em seguida rezar 1 creio-em-Deus-pai, 1 pai-nosso e 1 ave-maria. Para maior efeito, esta oração deve ser dita pelo menos 3 vezes por dia, de manhã, ao 1/2 dia e à noite.

Com duas rezas

Qualquer tipo de ferida pode ser curado com esta benzedura.

† Faz-se o sinal-da-cruz sobre a ferida que se vai curar e diz-se:

"Em nome de Deus-pai
Em nome de Deus-filho
Em nome de Deus Espírito-santo
Assim como foi
formado o mistério da
Santíssima Trindade,
assim, da mesma forma,
se pode curar
esta ferida".

† Faz-se novamente o sinal-da-cruz sobre a ferida e continua:

"Pelos méritos
de Jesus e Maria,
que seja curada
esta ferida.
Em honra e glória
do Santíssimo Sacramento
que seja curada esta ferida".

† Reza-se 3 pais-nossos em honra da Santíssima Trindade e diz-se 3 vezes:

"Rei dos exércitos, cheios estão os céus e a terra da vossa glória".

Malignas com vermes

O ensalmo para feridas malignas, em que os vermes tripudiam, é o seguinte:

"Falaram que vós tendes 7 bichos;
e só tendes 6;
falaram que vós tendes 6 bichos;
e só tendes 5;

falaram que vós tendes 5 bichos;

e só tendes 4;

falaram que vós tendes 4 bichos;

e só tendes 4;

falaram que vós tendes 3 bichos;

e só tendes 3;

falaram que vós tendes 2 bichos;

e só tendes 1;

falaram que vós tendes 1 bicho;

e não tendes nenhum".

† Rezar, no fim, 1 ave-maria e 1 pai-nosso.

FERIMENTOS

GRÁVES

Os acidentes causam ferimentos às vezes muito graves. Neste caso a hospitalização é necessária. Mas, além de todos os cuidados médicos, o ferido precisa também dos cuidados espirituais. Por isso, para ferimentos graves se usa a Benzedura de S. Reinaldo e Sta. Reinalda. É uma benzedura que usa 1 ramo de arruda, guiné, alecrim e a espada de S. Jorge. O benzedor deve fazer o sinal-da-cruz repetidas vezes sobre o corpo do ferido enquanto diz:

"Jesus encontrou S. Pedro e mandou 1 recado, para que Sta. Reinalda e S. Reinaldo cuidassem dos ferimentos dos acidentados. Por isso em nome deles, da Virgem Maria e da Santíssima Trindade, eu peço que se cure depressa o ferimento de F...".

† Rezar 3 pai-nossos e 3 ave-marias.

EM GERAL

"S. Pedro era 1 bom cirurgião que andava pelo mundo, curando os tortos e aleijados. Curava de carne quebrada, veia rendida, nervo torto e osso desconjuntado, com o poder de Deus e da virgem Maria. Amém".

† 1 pai-nosso e 1 ave-maria.

OUTRA

"Nervo rendido,

Carne torcida,

Osso desconjuntado

Veia desembutida

Coso o louvor de S. Frutuoso"

Resposta do doente:

"— Isso mesmo eu coso."

NB: enquanto se dizem as palavras acima, costura-se 1 pano novo, dando pontos com linha preta. Repetir 3 vezes.

VARIANTE — 1

"O ensalmo pode ser este:

Carne trilhada,

Nervo torcido

Ossos e veias

E cordoveias

Tudo isto eu coso

Com o louvor de S. Frutuoso".

VARIANTE — 2

Usam-se: agulha, fio de linha preta, pedaço de pano sem uso. As palavras são:

"O que eu coso?

Carne rasgada, nervos tortos

E ossos reunidos".

VARIANTE — 3

Tomam-se uma agulha e 1 retalho novo. O benzedor pergunta 3 vezes.

"— O que eu coso?

Resposta do ofendido:

— Osso quebrado, nervo torto, carne desconsertada."

NB: a cada pergunta e resposta dá-se 1 ponto no pano. Repete-se este benzimento 3 dias seguidos.

COM 3 CRUZES

Traçam-se 3 cruzes no ar sobre o ferimento:

"— O que eu corto?
— Osso quebrado.

Trançar mais 3 cruzes no ar:

— O que eu corto?
— Nervo torto.

E mais 3 cruzes, para finalizar:

— O que eu corto?
— Os troncos descontrolados".

FÍGADO

PARA CURÁ-LO

O mau humor que persegue sem tréguas as pessoas que sofrem do fígado faz com que, muitas vezes, as julguemos erroneamente. Moléstia neste filtro do corpo humano produz, além de dores terríveis, 1 mal-estar constante que deprime muito o doente. Os tratamentos, geralmente muito penosos, já são do conhecimento de todos e o povo costuma dizer: *"Se não morrer da cura ficará melhor"*.

Rogue aos poderes do céu fazendo esta benzedura para se curar. O benzedor pede para a pessoa ficar descalça e colocar o pé esquerdo num chão de terra. Em seguida, com o auxílio duma pequena varetinha de madeira, contorna o pé do doente. Pede para a pessoa retirar o pé e reza:

"— F..., o que te curo?

Ele responde:

— O fígado.

O benzedor continua:

— Quem cura (faz uma cruz com a varetinha dentro do pé) **o seu fígado** (outra cruz) **é Deus** (outra cruz) **e a Virgem Maria** (outra cruz) **e a N. Senhora** (outra cruz) **que leva** (outra cruz) **para as 3 ilhas"** (outra cruz).

NB: ao todo são 7 cruzes. Depois ofereça 3 pais-nossos, 1 ave-maria, outro a N. Senhora e outro a Jesus Cristo.

Com uma folha de figueira

Tomam-se uma folha grande figueira-do-inferno, retiram-se os espinhos, arranca-se a pele dum dos lados e nesta superfície coloca-se o pé da pessoa doente. Tira-se a medida do pé, com riscos feitos com a ponta duma faca. Com a ponta da mesma faz-se 1 furo na parte de cima da folha. Com o pé, que deve ser o esquerdo, em cima da folha, olha-se para o lado do sol. Nesse momento, o benzedor diz estas palavras:

"Sol, grande sol!

que destróis toda a podridão,

e acabas com as doenças

e purificas todas as coisas

eu te peço, seca o mal do fígado do *F...*".

NB: retira-se a folha de baixo do pé do paciente, faz-se outro furo na outra ponta, com aquela mesma faca, ata-se 1 barbante que deverá ter passado pelos 2 furos com uma alça e pendura-se a folha na figueira de onde ela saiu.

Tem que ser num dia ensolarado. A folha precisa ficar no sol. Conforme a folha vai secando, o mal vai abandonando o corpo do doente.

Calor de figo

"Calor de figo", ou de fígado, são os eczemas, as manifestações alérgicas cutâneas, as manifestações do secundarismo luético, as blefarites crônicas, certas epidermofícias, em suma, uma infinidade de manifestações epidérmicas, de causa local ou geral. Atribui o povo ao mau escoamento da bile, à congestão hepática pela ingestão de certos alimentos muito "carregados" o aparecimento do "calor".

"*Fulano***, eu te benzo de figo brabo, figo inflamado, figo arruinado.**

Deus, quando andava pelo mundo,

De figo brabo benzia,

Etc., etc."

FLATULÊNCIA

Flatulência, flato, ventosidade, é a acumulação de gases numa cavidade natural do tubo digestivo. No interior, por extensão, são indisposições estomacais, doenças ou quaisquer males do aparelho digestivo. Para curá-los, as benzedeiras utilizam o seguinte benzimento: Fazendo cruzes com a mão direita frente ao estômago do doente, dizem as seguinte palavras:

"Deus é o sol. Deus é a luz. Deus é a claridade. Deus é virgindade. Deus é a suma verdade. Assim como Deus é o sol, Deus é a luz, Deus é a claridade, Deus é a Virgindade, Deus é o sumo da verdade, sai flato, ventosidade, nevralgia do corpo de *Fulano* (dizer o nome do paciente). **Vai-te para as altas ilhas, que não veja galo cantar, nem filho de ama chorar, nem sino de N. Sr. Jesus Cristo tocar. Que não faça mal pra** *Fulano* (o nome do paciente) **e nem a ninguém desse lugar".**

† Rezar após 1 pai-nosso e 1 ave-maria.

NB: se necessário, benzer 3 vezes em dias alternados, ou seja, dia sim, dia não.

VARIANTE — 1

Esta benzedura é também conhecida como o *benzimento do flato* e tem a finalidade de aliviar alguém das dores provocadas pelos gases, que muitas vezes são confundidas com as dores do coração.

A pessoa que vai benzer deve permanecer concentrada, de olhos fechados, enquanto diz, diante da outra, a oração:

"Deus é o sol, Deus é a luz, Deus é a claridade, Deus é a Virgindade, Deus é a suma verdade.

Assim como Deus é o sol, Deus é a luz, Deus é a claridade, Deus é a virgindade, Deus é a suma verdade, sai flato, ventosidade, nevralgia do corpo de *F....* **Vai-te para as altas ilhas, que não vejas galo cantar, nem filho de ama chorar, nem sino de N. Sr. Jesus Cristo tocar. Que não faças mal para** *F...* **nem a ninguém deste lugar".**

VARIANTE — 2

"Deus é o sol, Deus é a lua, Deus é a claridade. Com estas 3 santas palavras, saia do teu corpo flato e ventosidade e vá para as ondas do mar sagrado, onde façam mal a ninguém. Com as palavras de Deus e da Virgem Maria".

NB: o benzedor faz cruzes sobre o paciente com 1 galhinho de funcho e dá ao mesmo, para ingerir, goles de infusão da mesma planta.

VARIANTE — 3

Benzer batendo com a mão em cruz sobre a parte dolorida:

"Deus é sol; Deus é luz; Deus é toda a claridade. Assim como isto é verdade, no nome das 3 pessoas da Santíssima Trindade, sai-te ar; sai-te frato; sai-te ventosidade; em nome de Deus e da Virgem Maria".

NB: esta oração serve para a *dor de frato* ou *pontada de frato* e aconselha a benzedeira pratica idêntica a que é feita com o copo d'água sobre a cabeça do paciente, que vem relatada no capítulo *Sol na Cabeça*.

VARIANTE BAIANA

"Deus é o sol, Deus é a lua, Deus é a claridade, Deus é a suma verdade. Assim como essas palavras são certas e verdadeiras, sai daqui em nome de Deus, ventosidade".

INVOCANDO JESUS, MARIA E S. JOSÉ

"O sol e a lua nasce do má no coração de Jesus tudo é nascido sol, lua, ventosidade, constipação, romantismo, fraqueza de coração, dô de ventosidade causada nos ossos quem tira é Jesus a Virgem Maria S. José com as 3 barquinhas, 3 pancadas, 3 Virgem e 3 luz. E com a mesma pancada sae dô de ventosidade cansada sae reumatismo sae fraqueza de coração. Lua sereno claridade salvo estou salvo estarei salve salve. Onde está essa doença toda? Tá de baixo de pedra dura. Quem botou? Jesus Maria José, para se pranta pra sempre pra num vi mais cá e se ela quizé vim? No caminho é impatada com as 3 cruz: Na frente está na frente estará todos os males no má estará e la mesmo há de ficá, no corpo de *Fulano* não há de entrá, pois as 3 cruz há de empatá".

† Oferecer 1 pai-nosso e 1 ave-maria a N. Sra. do Desterro e à Sagrada paixão de Cristo, com 1 olho de pião fazendo cruz.

NB: a benzedura é feita com 1 galho de funcho, geralmente, sendo muitas vezes proporcionado ao doente 1 chá também de funcho.

INVOCANDO JESUS

As ventosidades, ou meteorismo, ou flato, ou gases em vão, geralmente provocam palpitações cardíacas, angústias, dores que mudam de lugar.

Para acabar com esses gases, o benzedor precisará ser paciente: fazendo cruzes sobre o ventre do paciente com 1 galhinho de funcho (erva-doce), ele repetirá 1º por 9 vezes, depois por 7, depois por 5, depois por 3 e, finalmente, apenas uma vez, estas palavras:

"Jesus Cristo vinha de Lino, chegou à uma casa de triste fêmea. A casa aguada, colchão de cimento, travesseiro de palha.

Assim como estas palavras são verdade, saiam os males deste teu ventre".

NB: da 1ª vez, repetir 9 vezes; da 2ª, 7; da 3ª, 5; da 4ª, 3; da 5ª, uma vez. — É dada para *gases no vão*.

Invocando a Virgem

"Sai-te flato deste corpo,
Vai-te pros ares a girar.
Deus andava pelo mundo
Todo flato que benzia
Daquele corpo saía.
Deus andava pelo mundo
Porque era benzedor,
Todo falto que benzia,
Aquele flato se acabaria.
A Virgem Maria
Quando pelo mundo andava,
Todo flato que benzia,
O flato se acabava.
Ó Virgem Maria, ó Virgem pura!
Me tirai este flato que tem
No corpo desta criatura.
As portas estão abertas
Que é pro flato poder passar,
Neste corpo nunca mais voltará
Nem pro meu passará. Amém"

NB: benze-se com 1 galhinho de funcho.

FOGO

Na mata

São incalculáveis os prejuízos provocados pelos incêndios que ocorrem nas florestas, reservas e plantações. Quando o fogo é muito violento, nem sempre os esforços empregados têm resultado satisfatório. Nesse caso, podemos tentar esta benzedura.

De frente para o fogo e com um copo de água na mão, dizemos, em voz de comando bem alta, as seguinte palavras:

"Só quando Deus fizer 1 pecado igual a si, é que tu, fogo, passarás daí".

NB: repetimos 3 vezes este dito e jogamos a água do copo na direção do fogo, com toda a força. Depois rezamos 1 salve-rainha em louvor a N. Sra. das Águas.

SELVAGEM

Uma das benzeduras mais simples é esta que, no interior de Minas Gerais, as velhas benzedeiras sempre usaram para livrar uma pessoa do sofrimento provocado pelo ozagre, ou fogo-selvagem.

Molhar 1 raminho de arruda na água. Depois, tocar a parte doente em cruz com a planta, dizendo:

"Eu te benzo com a cruz, com a luz e com o sangue de Jesus. Ozagre, fogo-selvagem, foge daqui que eu estou com nojo de ti".

NB: em seguida, cuspir sobre o ferimento e jogar o ramo de arruda fora da casa.

† Rezar 1 ave-maria.

INVOCANDO STA. RITA

"Sta. Rita tinha 3 filhos, 1 era o monte, outro era a ponte, outro era o fogo selvagem ardente.

Fogo selvagem, tu não entra não fica neste lugar, que Deus te arretirá para as ondas do mar".

NB: repetir a oração 3 vezes, com 3 ramos verdes em gestos de cruz várias vezes. A seguir, oferecer 1 pai-nosso com 1 ave-maria para Sta. Iria.

INVOCANDO STO. ANTONIO

† Benzer, rezando em cruz sobre o paciente:

"Meu glorioso padre Sto. Antônio foi nascido em Boas (Lisboa), foi visto em Roma pelo ato (hábito) que vestiu, pelo cordão que tingiu, pelo

cálice e a hostia consagrada, assim como deu os pés e as mãos aos aleijados e as vistas aos cego, assim tiro, samo do inferno, o vosso pai da força, pela missa que celebro na casa de vossa mãe guardada, com 1 pai-nosso e 1 ave-maria, tire o fogo selvagem dessa criatura batizada, *F...* **pra mim"** (De Betim)

NB: esta oração serve para debelar fogo que está alastrando em terreno de alguém, bastando que se substitua **"fogo selvagem dessa criatura batizada, *F...* para mim",** por: **"fogo que tá alastrando no terreno dessa criatura batizada, *F...* pra mim".**

VARRENDO

† Benzer da seguinte forma: varrer a soleira da porta, com 3 galhinhos de alecrim; ajuntar o pó no 1/2 da porta e apanhá-lo, colocando-o numa vasilha com banha de porco, sem sal. Rezar, em cruz, sobre a vasilha:

"Mãe minha, fio meu, com que cura fogo sarvage?

— Com unto de porco e os 3 pauzinhos da guia e com os poder de Deus e da Virge Maria" (De Betim.)

INVOCANDO STA. CATARINA

† Benzer, fazendo sinais da cruz sobre o paciente, rezando:

"Minha linda, a esposa do Divino foi aquela que entrou na casa do vosso pai, abrandô, onde ela encontrô, mile home grandes e pequenos, brabos que nem lião; com as palavras seje de razão, nossa Mãe Maria Santíssima, abrande esse fogo selvagem dessa criatura *F...* batizada".

† Rezar 1 pai-nosso e 1 ave-maria para Sta. Catarina (De Betim.)

FORMIGA

DENTRO DE CASA?

Formiga é 1 bicho danado. Dá na plantação, mas pode dar também dentro de casa. E se a pessoa não trata de espantar, 1 formigueiro é capaz de abalar o alicerce e derrubar uma parede.

A benzedura para espantar formiga tem de ser feita em cada 1 dos cômodos da casa, onde a pessoa perceba que ela anda apenas passando no corredor ou se enfiando debaixo do soalho ou em buraco de parede.

Pega-se 1 pano e bota-se fogo numa das pontas. Deixa-se o pano queimando no centro do cômodo enquanto se diz:

"Formiga que veio sozinha, vai embora a fumaça. Que ela te leve para o fundo donde você veio".

FRAQUEZAS

Do organismo

Ungir o doente com azeite morno.

"Aqui em nome de Deus Pai, do Filho e do Espírito-santo, trazemos nosso advogado S. Ulrico, porque nosso irmão *F...* se desfaz numa fraqueza que não o deixa levantar da cama".

† Ungir a testa do doente com o sinal-da-cruz.

"Que Deus mande seu cavaleiro, cheio de força, para atender esse pobre cristão que está preso ao leito, sem ânimo para viver".

† Ungir a testa do doente com o sinal-da-cruz.

"Agora eu sinto a chegada de S. Ulrico, distribuidor da força humana. Isso ele faz, em nome de Deus-pai, em nome de Deus-filho, em nome de Espírito-santo".

Ungir a testa do doente com o sinal-da-cruz.

"A sua força voltará por intermédio de S. Ulrico e de todas as forças celestes".

† Rezar 3 pai-nossos e 3 ave-marias.

FURÚNCULOS

Fazer uma pasta de azeite com fubá e ir ungindo os furúnculos de acordo com esta benzedura:

"S. Firmino quando andou pelo mundo, muitos furúnculos ele curou. Fez isso em nome do Pai, do Filho e do Espírito-santo. Curou no nome sagrado da Virgem Maria.

Se são 3, só 3 serão, crescerão e secarão. Se são 7, 7 só serão, crescerão e secarão.

Que essa doença de furúnuculos seja curada pela força de S. Firmino no tempo mais breve possível".

† Rezar 3 pais-nossos e 3 ave-marias.

FUTEBOL

A "Religião" brasileira

Já se tornou comum dizer-se que o futebol, no Brasil, é uma religião. Cultua-se no clube ou o craque com 1 fervor realmente religioso — e cada torcedor age como uma espécie de fiel seguidor desse novo *credor*. Mas, como se não tivesse consciência disso, ele põe outras religiões a serviço do futebol, transformando-o numa complexa mistura de crenças, cultos e seitas. No gesto isolado do homem da arquibancada, que leva a mão à testa e evoca o santo de sua devoção, ou no ajoelhar convicto do dirigente, que acende velas pelo título conquistado, a mística do futebol está presente. Essas manifestações, perfeitamente identificadas com os profundos sentimentos religiosos do nosso povo, encontram-se cada vez mais, fora e dentro dos campos de jogo. Fora, se obedecem quase sempre à uma atitude individual, mantida em segredo no interior duma igreja, ou simplesmente confundida na multidão, não raro se convertem em rituais coletivos, sobretudo nos terreiros de macumba. Alguns pais-de-santo tornaram-se célebres por sua *faculdade* de intervir, com mandingas e despachos, no resultado duma partida. Clubes brasileiros já chegaram a contratar os serviços desses auxiliares poderosos. Se macumba ganhasse jogo — diz o estudioso João Saldanha — o campeonato baiano terminaria empatado. Certo ou não, na Bahia como no sul, a maior parte do torcedor acredita ou simplesmente respeita as chamadas *forças ocultas* do futebol. O ateu brasileiro, se diz crer apenas na força do craque, pode transfigurar-se às vesperas duma decisão de título: não vai, mas pede que outros vão por ele, à igreja ou ao terreiro. E cria, ele próprio, suas cismas e superstições. Talvez, quando o futebol entra em cena, não haja ateus no Brasil. Aí está o exemplo desse goleiro, pedindo proteção divina contra os atacantes adversários e aí está o exemplo de Pelé e Coutinho, cujo benzer-se pode ser uma explicação para suas fantásticas tabelinhas...

Benzedeira
Ana Rodrigues (Sta Catarina)

GARGANTA

PARA EPIGLOTE CAÍDA

A epiglote é uma válvula existente no interior da garganta, que se fecha quando a gente engole alguma coisa, impedindo a entrada de alimento na laringe. Pois bem, nas afecções e desarranjos da epiglote, que o povo chama de "campainha caída", as curandeiras do interior utilizam o seguinte benzimento para fazê-la voltar ao normal: Sujam as mão de cinza de fogão, puxam suavemente a orelha do paciente, levantando-lhe a cabeça e dizem:

"O padre se vestiu, revestiu-se e subiu para o altar. Campainha caída, passa para teu lugar. Campainha caída, Deus te encanta e por isso Ele te levanta".

Nesta altura, a benzedeira pergunta ao doente:

"— O que Deus levanta?

O enfermo responde:

— A campainha.

A benzedeira prossegue:

— Então eu também te levanto, com os poderes do Pai, do Filho e do Espírito-santo. Amém".

COM ÁGUA

O benzedor coloca o paciente deitado e com a boca aberta. Depois pega 1 copo de água da fonte ou de rio ou da chuva ou mesmo do poço. Arruma 1 conta-gotas e vai pingando de gota em gota, até completar 9, da garganta do doente. A cada gota pingada, repete estas palavras:

"Quando Deus foi para seu trono, foi com prazer e alegria.

Deixou as palavras e estas águas bentas para levantar campainha".

NB: caso o mal não fique curado com a 1ª benzedura, ela deve ser repetida num máximo de 9 dias seguidos. Mas, segundo os benzedores de Goiás que costumam aplicar essa benzedura, é raro o caso em que a campainha não volta ao lugar logo na 1ª benzida.

OUTRA

Nesta benzedura o paciente não deve ficar deitado. É melhor que fique em pé ou no máximo sentado. O benzedor se posta atrás dele e, colocando as mãos em seu pescoço, vai apertando levemente enquanto repete por 3 vezes:

"Jesus Cristo nasceu

Jesus Cristo viveu

Jesus Cristo morreu

Jesus Cristo ressuscitou.

A campainha de *F...* com estas santas palavras levantou.

Quando o padre se vestiu, tornou-se a vestir, subiu para o altar.

A campainha de *F...* com as santas palavras também vai se levantar".

Contra males de garganta em geral

† Sinal-da-cruz

"S. Braz, que entregastes vosso espírito a Deus, em holocausto pela vossa fé em N. Sr. Jesus Cristo e que no momento de morrerdes supliciado ainda extraístes uma espinha, atravessada na garganta dum inocente menino, eu vos saúdo".

† Fazer o sinal-da-cruz sobre a garganta.

"S. Braz, virtuoso

S. Braz, meu amigo,

S. Braz, milagroso,

Estando comigo.

A doença ele espanta,

O mal vai tirar,

A minha garganta

S. Braz vai sarar".

† Sinal-da-cruz

"Anginas doridas

Ou inflamação

São logo vencidas

Por esta oração".

† Sinal-da-cruz. Oremos:

"Por intercessão e merecimento do bem aventurado S. Braz, conceda-me Deus a cura deste mal de garganta.

Assim seja".

GOLPE DE AR

Apetrechos para a benzedura: 3 galhos de arruda, 1 toalha branca, 1/2 garrafa de água e uma cadeira. A benzedeira coloca a pessoa que tomou o golpe de ar, sentada no quintal, de costas para o sol da manhã. Depois prepara a garrafa, metendo nela a água e os 3 ramos de arruda. A toalha é dobrada em 4 e colocada sobre o alto da cabeça do doente. Por último, a benzedeira vira a garrafa (destampada) sobre a toalha na cabeça sem entornar a água com arruda. E diz:

"Água e arruda, santas filhas da natureza, tirem desta pobre criatura o golpe de ar que sua mãe natureza nela botou".

NB: imediatamente a água tem que começar a borbulhar dentro da garrafa emborcada. Se não borbulhar, repetir até que isso aconteça, porque esse é o sinal de que o golpe de ar está deixando a pessoa.

Outra benzedura

Tomam-se 3 galhos de arruda, 3 galhos de alecrim e 3 galhos de guiné. Junta-se cada 1 deles em 3 macinhos distintos. Coloca-se a pessoa que sofreu o golpe de ar virada contra a parede da frente da casa, de olhos fechados. E, fazendo 3 cruzes com os 3 macinhos, na nuca da pessoa, o benzedor pergunta:

"— O que eu benzo?"

E o benzido responde:

— Ar.

E o benzedor completa:

— Ar te deu, ar te daria. Quem te benze não sou eu, mas a Sta. virgem Maria".

NB: os 3 macinhos devem depois ser enterrados no lado oposto da casa. Ou seja: se o benzido ficou na parede da frente, enterram-se os galhos junto da parede dos fundos, na mesma direção.

GRAÇA

Para alcançar uma

Se confiamos em Deus e desejamos obter uma graça, certamente a conseguiremos. Temos de ter fé e, principalmente, sermos merecedores do favor de Deus. Esta pequenina oração que transcrevemos abaixo foi por nós recolhida no interior do Estado de S. Paulo. Quem a confiou a nós foi uma rezadeira de 89 anos de idade que contou-nos tê-la apreendido com sua avó:

"Em nome do Pai, do Filho e do Espírito-santo. Peço a Deus que ilumine o meu caminho. Confio em Deus com toda a minha fé e com todas as minhas forças.

Concedei-me, oh! Deus misericordioso, essa graça que tanto desejo e necessito. Amém".

GRÁVIDA

"— Aonde vais Bartolomeu?
— Vou visitar N. Senhor
Na casa que ele passar
Não morre mulher de parto
Nem crianças afogadas
Levantou de madrugada
O seu bastão na mão pegou
No caminho caminhou
— Aonde vais Bartolomeu?
— Correr pra sacristia
Encontrei N. Senhora com 1 ramo na mão
Eu pedi a ela 1 galhinho
Ela me disse que não
Eu tornei a pedir a ela
Ela me deu seu cordão
O cordão tão grande era
Que arrastava no chão
7 voltas que me deu
Ao redor do coração
S. Francisco e S. João
Desatar esse cordão
Que amarrou N. Senhor
6as-feira da Paixão

Tou rezando esta oração
Pra Virgem da Conceição
Que esse mal do nosso corpo
Não abala o coração".

NB: repetir 3 vezes, fazendo gestos de cruz várias vezes.

Grávida prestes a dar a luz

A gestante deve trazer nas mãos 1 terço, enquanto o benzedor toca seu ventre de leve, com 3 raminhos verdes, recitando esta oração 3 vezes e fazendo gestos em cruz:

"**Aonde vais Bartolomeu? Vou visitar N. Senhor. Na casa em que ele passar, não morre mulher de parto, nem criança afogada. Levantou de madrugada, o seu bastão na mão pegou. No caminho caminhou. Aonde vais Bartolomeu? Correr para sacristia. Encontrei N. Senhora com 1 ramo na mão. Eu pedi a ela 1 galhinho, ela me disse não. Eu tornei a pedir a a ela, ela me deu 1 cordão. O cordão tão grande era que arrastava no chão: 7 voltas que me deu ao redor do coração. S. Francisco e S. João desataram esse cordão, que amarrou N. Senhor na 6ª feira da paixão. Tou rezando esta oração pra Virgem da Conceição. Que esse mal do nosso corpo não abale o coração**".

GRIPES E RESFRIADOS

O benzedor deve apanhar água diretamente da chuva e molhar nela 1 raminho verde com o qual aspergirá o adulto ou criança a ser benzido, recitando a seguinte prece:

"**Oh! Maria, Virgem Mãe Santíssima. Pelo amor que tens a teu filho Jesus Cristo flui esta água com tuas poderosas bênçãos, para que ela defenda** *F...* **contra as doenças dos brônquios e das vias respiratórias e adquira o dom de imunizá-lo contra as gripes e os resfriados. Em nome de Deus Pai, do Filho e do Espírito-santo. Amém**".

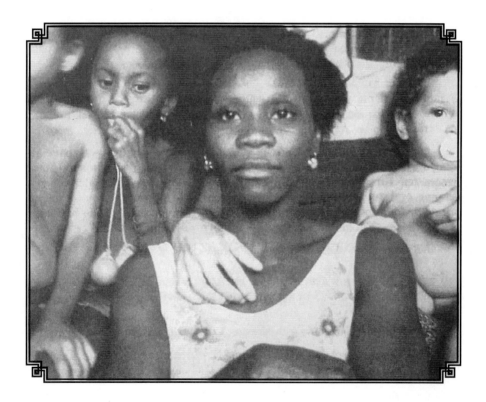

Benzedeira
Rosa Gomes (Rondônia)

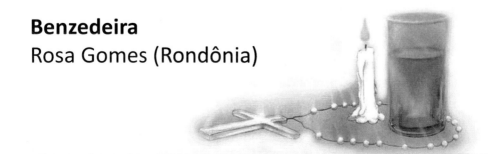

HEMORRAGIAS

Ensina o mestre Orphanake, que a hemorragia ou derramamento de sangue para fora dum vaso que o deve conter, é proveniente de sua não coagulação em contato com o ar. É causada, segundo pensam os cientistas, pela carência de vitamina K no organismo. Para evitar futuras perdas do líquido vital a pessoa deve comer bastante legumes, de preferência crus, tais como repolho, espinafre, folha de cenoura, alfafa etc.

Para fazer cessar uma hemorragia através de benzimento, deve-se pegar 3 raminhos duma planta (arruda, guiné, alecrim ou outra) e desenhar no ar cruzes acima do local por onde o sangue escorre, dizendo as seguinte palavras:

"Com o sangue de Adão a morte saiu. Com o sangue de Cristo, a morte é abrandada. Eu te ordeno sangue, em virtude dessa morte, que cesses teu curso. Cristo nasceu em Belém e sofreu em Jerusalém. Seu sangue está turvo. Digo-te para que cesses pelo poder de Deus e pela ajuda de todos os santos e pela água do rio Jordão, no qual S. João batizou Jesus Cristo. Em nome do Pai, do Filho e do Espírito-santo".

NB: repetir 3 vezes e o sangue parará de sair.

Variante

Após cruzar (fazer o sinal-da-cruz 3 vezes) sobre o doente, dizer:

"No sangue de Adão nasceu a morte. No sangue de Cristo nasceu a vida. Terás sangue como Jesus teve em si (sinal-da-cruz). **Terás sangue nas veias como Jesus teve na veia** (sinal-da-cruz). **Terás sangue no corpo como Jesus teve no horto para sempre. Amém".**

NB: pegar em seguida uma faca virgem e recolher uma gota do sangue do doente. A faca deverá ser enterrada.

Outra benzedura

Com uma faca sobre o ferimento, cuidando para não machucar ainda mais o paciente, diz o benzedor:

"Estavam S. Lucas e S. Mateus, sevando ervas em campos secos; cortou-se Lucas, disse Mateus:

— Que tanto sangue!

Sangue, põe-te em ti; como Jesus Cristo se pôs em si.

Sangue, põe-te nas veias,

Como Jesus se pôs na sua santa-ceia com seus 12 apóstolos.

Sangue, põe-te no corpo, como Jesus se pôs na hora da sua morte.

Em nome das 3 Pessoas da Santíssima Trindade,

Que são Deus Pai, Filho e Espírito-santo".

Para acabar com ela

O benzedor diz a oração, fazendo repetidas cruzes com o polegar sobre o local onde está o corte por onde corre o sangue. A oração:

"**S. Mateus, cortando mato em campo seco, sangue em ti como Jesus Cristo teve em si. Sangue quente na veia, como N. Sr. Jesus Cristo teve na ceia. Sangue tem que é eterno, como Jesus Cristo teve na serra. Sangue tem quem emporte, como N. Sr. Jesus Cristo teve na hora da morte".**

Com o sangue do doente

Pega-se uma xícara de água fria e pingue nela 3 gotas do sangue do doente, dando-lhe para beber em 3 goles. Antes de beber o 1º gole, pergunta-lhe:

"— Quem te ajudará?

Ele responde:

— **Será Santa Maria**" e bebe o 1º gole, enquanto o benzedor acrescenta:

Sta. Maria, unque sanguineum firma.

O benzedor torna a perguntar:

— **Quem te ajudará?**

Ao que o doente responde:

— **Será Sta. Maria.**

E bebe o 2º gole, ao mesmo tempo em que o benzedor repete:

— **Sta. Maria unque sanguineum firma.**

Torna-se a perguntar:

— **Quem te ajudará?**

O doente novamente responde:

— Será Sta. Maria.

E o benzedor finaliza:

— **Sta. Maria unque sanguineum firma**".

Nesta altura, o sangue já deve ter parado de correr.

NB: é de bom senso que o benzedor decore as palavras que são formuladas em latim.

COM FOLHAS VERDES

Muitas vezes, temos junto de nós alguém com 1 ferimento que causa hemorragia. E estamos ainda longe de qualquer socorro. Para estes momentos é que existe a simpatia das folhas verdes.

Tome uma porção de folhas verdes e vá colocando-as em forma de cruz na testa da pessoa (as folhas devem ser molhadas no próprio sangue da hemorragia).

Ao colocar as folhas, vá dizendo:

"Em nome do Pai, do Filho e do Espírito-santo, esta cruz de folhas verdes vai curar a hemorragia. E faço mais uma cruz de folhas verdes, em nome do Pai, do Filho e do Espírito-santo. Amém".

† Reze 1 pai-nosso e 1 ave-maria.

PARA TALHAR O SANGUE — 1

"Responde a Virgem Maria que vejo sangue; sangue, tem-te em ti, assim como N. Sr. Jesus Cristo teve em si; sangue, tem-te na veia, assim como N. Sr. Jesus Cristo teve na ceia; sangue, tem-te no seu apareio, assim como N. Sr. Jesus Cristo teve no útero. Amém".

† Rezar fazendo o sinal-da-cruz sobre o local onde ocorre a hemorragia

(De Jacutinga)

PARA TALHAR O SANGUE — 2

"Sangue, põe-te em ti, assim como N. Sr. Jesus Cristo pôs-se em si; põe-se em si; põe-te nas veias, assim como N. Sr. Jesus Cristo pôs-se na ceia; sangue, põe-te rijo e forte, assim como N. Sr. Jesus Cristo pôs-se na hora da morte. Passa rio e passa o dia, por aqui passa, amém"

(Do Nordeste brasileiro)

PARA TALHAR O SANGUE — 3

"Deus assubiu o horto,

sangue picura o corpo,

sangue picura a veia,

assim como Jesus

se abriu-se na hora da ceia,

sangue picura a veia".

† No lugar donde corre o sangue vai-se fazendo cruz com a mão; depois rezar 5 pais-nossos em intenção do sangue derramado por N. Sr. Jesus Cristo. (De Alagoas)

PARA TALHAR O SANGUE — 4

"Sangue ¯ tenha-te em ti ¯ como Jesus Cristo teve em si ¯ sangue, tem-te nas veias ¯ assim como Jesus Cristo teve na sua sagrada ceia. † Sangue, tenha-te no teu corpo ¯ assim como Jesus Cristo teve no sagrado Horto; sangue, ¯ segura-te com estas palavras sagradas assim como Jesus Cristo fez aos seus santos apóstolos. Amém

(De Sta. Catarina)

PARA TALHAR O SANGUE — 5

"Expondo à Virgem Maria que vejo sangue: sangue, tem-te em ti, assim como Jesuis Cristo teve em si; expondo à Virgem Maria que vejo sangue: sangue, tem-te nas veias de *F...* assim como Jesuis Maria que vejo sangue: sangue, tem-te no corpo de *F...*, assim como Jesuis teve no Horto. Para sempre, amém" (De Perdões)

PARA TALHAR O SANGUE — 6

"Sangue, ocê tenha no corpo, como Jesuis Cristo no Horto; sangue, ocê tenha nas veia, como Jesuis Cristo na ceia; sangue, ocê tenha nos pé, assim como Jesuis Cristo é da pura fé. Assim como estas 3 palavras santa verdade é, me vale Jesuis, Maria e José

(7 Lagoas)

† Rezar 1 pai-nosso e 1 ave-maria para Jesus, Maria e José.

PARA TALHAR O SANGUE — 7

"Sangue, tu pára nas veia, como parô Jesuis Cristo na ceia; sangue, tu para no rosto, como parô Jesuis Cristo no Horto; sangue, tu pára nos pé, como Jesuis Cristo é da pura fé. Em nome do Pai, do Fio e do Espírito-santo. Amém" (De Minas)

PARA TALHAR O SANGUE — 8

"Sangue, paz no corpo, assim Deus padeceu; sangue, paz na veia, assim como Deus teve na ceia; sangue, paz no corpo, assim como Deus teve no Hôrto; par domo somo cum córdi dibirnéti izéti"   (De Gov. Valadares)

† Rezar 1 maria-concebida-sem-pecado

PARA TALHAR O SANGUE — 9

"Sangue, tem-te nas veia, como N. Senhora na ceia; sangue, tem-te no útero, como Jesuis Cristo no Horto; sangue, tem-te na reza forte, como Jesuis Cristo na hora da sua morte"   (De Gov. Valadares)

† Rezar, fazendo sinais-da-cruz sobre o local onde ocorre a hemorragia.

HÉRNIAS

Como todos sabem, as hérnias podem aumentar e diminuir de acordo com o tratamento que a elas se dá. Além dos tratamentos médicos que chegam até a operações, temos a benzedura de S. Calógero que tem ajudado a resolver muitos e muitos casos de hérnia. Essa benzedura se faz com 1 raminho de alecrim molhado em água comum. O benzedor vai fazendo com o raminho o nome do Pai sobre a hérnia, dizendo essas palavras:

"Jesus Cristo, quando andou no mundo, muita dor ele encontrou: males de pernas, de braços, de cabeça e também o mal de hérnia. Assim ele disse:

— Contra o mal da hérnia eu mandarei S. Calógero, que vencerá este Mal'".

† Reze depois 3 pais-nossos e 3 ave-marias.

E FRATURAS

O benzedor, munido dum longo galho verde, deve fazer com este galho o sinal da cruz sobre a parte afetada do doente, enquanto vai rezando:

"Jesus encarnou nas puríssimas entranhas da Virgem Maria e nasceu e habitou entre nós. Para nos ensinar a ter verdadeira fé, por sua própria virtude e graça curava todas as enfermidades e doenças dos que nele acreditavam. Pois assim como estas palavras são certas, assim é que também tu, *F...* podes ser curado (da hérnia ou fratura) que padeces pela virtude e em honra das 3 pessoas distintas da Santíssima Trindade, a quem humildemente peço a graça de que te vejas tão depressa curado como Jesus de suas chagas".

HERPES

Herpes é uma doença de pele que só atinge 1 dos lados do corpo. Caracteriza-se por bolhas que incham, soltam líquido e se tornam dolorosas. Este mal de herpes deve ser combatido $1^{\underline{o}}$ pelo dermatologista. Mas a benzedura de Sto. Antão contra herpes se revela sempre como uma arma forte contra a doença. Quem vai benzer deve usar 1 raminho de qualquer mato e água pura. Deve ir molhando o raminho na água e benzendo sobre a herpes com o sinal-da-cruz, dizendo:

"Sto. Antão disse ao Cristo que 1 doente chorava de fazer dó.

Cristo perguntou se era herpes dum lado só. Então, o santo disse que era e curou dum lado e tudo ficou curado.

Em nome do Pai, do Filho e do Espírito-santo. Amém".

Benzedeira
Maria José Cintra

ICTERÍCIA

Mas o retrato é na verdade o desenho feito sobre o tronco duma figueira, com instrumento de ponta. Assim: pega-se uma faca pontuda, coloca-se o pé sobre o tronco da figueira e risca-se com a ponta da faca o contorno do pé na casca da árvore. Depois, retira-se o pé e tira-se da árvore o recorte todo. Leva-se ao forno até secar bem a casca da figueira com o formato do pé. Quando estiver bem seco, mói-se, procura-se 1 rio ou riacho. O importante é que seja água corrente. Aí então é feita a benzedura propriamente dita. O benzedor, de costas para o rio, atira a casca seca n'água corrente, dizendo:

"Água que corre pro mar a icterícia de *F*... eu te mando levar".

OUTRA

Primeiro é preciso preparar 1 saquinho de pano branco bem costurado. Uma vez pronto, enche-se o saquinho com farinha de mandioca. A pessoa doente urina sobre ele e então se pendura no fumeiro até secar.

Quando a urina tiver secado no saquinho, joga-se num rio e espera-se até o dia seguinte. Importante: o saquinho não pode afundar, tem de ser levado pela correnteza do rio. Caso afunde é preciso repetir a operação, começar tudo de novo.

Na manhã seguinte é que acontece a benzedura propriamente dita. A pessoa doente, antes de falar com qualquer outra, pega uma palha de milho, vai à beira do rio com a benzedeira e pergunta:

"— O que eu amarro?

A benzedeira responde:

— Amarrás a icterícia para não te matar.

O doente completa:

— É isto mesmo que eu amarro".

NB: a seguir dá 3 nós na palha e joga de costas para o rio, sem se voltar.

† A benzedeira fica e reza 1 credo e 1 ave-maria.

IMPACIÊNCIA

PARA CURÁ-LA

Deve-se pôr a mão sobre a cabeça da pessoa impaciente e ir dizendo:

"Sto. Estêvão quando no mundo andou encontrou uma mulher doente e impaciente. Então com o poder de Cristo e da Virgem Maria, Sto. Estêvão deu paciência a quem não tinha, só com uma oração:

Oh! Cristo, fico pensando, se tivesses sido impaciente na cruz de seu sofrimento! Oh! Cristo, fico pensando se tivesses sido impaciente a cada chicotada que levou! Por isso essa cabeça vai-se encher de muita paciência, em nome do Pai, do Filho e do Espírito-santo. Amém."

IMPINGEM

NUM CHIQUEIRO

Costuma-se chamar de impingem a essas manchas brancas que aparecem na pele e não desaparecem com nenhuma espécie de tratamento.

Os mais antigos benzedores costumavam vencer esta doença, fazendo o seguinte tratamento:

Levantam o doente até 1 sítio ou fazenda que tivesse 1 chiqueiro de porco, onde houvesse 1 cocho para alimentar esses animais e colocavam a pessoa na frente dele, dizendo:

"Impigem rabinja, porcos e porcos comem aqui.

Impingem, vocês fujam daqui".

NB: dizendo esta pequena oração, apanhavam 1 pouco de terra de dentro do cocho e passavam nas impingens das pessoas. Depois, ofereciam 1 pai-nosso e 1 ave-maria pela Sagrada Paixão e Morte de N. Sr. Jesus Cristo.

COM 1 TIÇÃO

O benzedor pra acabar com a impingem de alguém pega 1 tição aceso no fogão de lenha e bota a ponta dentro duma caneca com água, apagando-

o. Depois pega 1 pedaço desse mesmo tição apagado, molha na mesma água que serviu para apagá-lo, passa a cinza em volta da impingem fazendo 1 círculo e diz:

"Te cerco, coisa danada, com água enfumaçada, que nem, tu que nem o diabo pode cortar".

Com o mesmo dedo, mas fazendo o círculo em sentido contrário agora, repete com ligeira diferença:

"Te prendo, coisa danada, com água enfumaçada, que nem tu, que nem o diabo pode prender".

E no final faz uma cruz ao lado da impingem, completando:

"Te curo, coisa danada, com água enfumaçada, que nem tu, que nem o diabo pode curar".

OUTRA

Uma maneira diferente de benzer impingem é esta: coloca-se num copo de água 7 pedras de sal sem ser refinado ou então de sal grosso. A benzedeira faz isso com o copo 1 pouco acima da parte afetada pela impingem na pessoa. E a cada pedra de sal que coloca na água, diz:

"— Que fazes aí, impingem brava?

A pessoa benzida responde:

— Estou aqui comendo carne e roendo ossos.

Para a benzedeira completar:

— Eu te porei minha mão em cima e tu derreterás como o sal na água".

Ao final das 7 pedras de sal colocadas na água, uma a uma, a pessoa benzida segura o copo sobre a impingem enquanto a benzedeira reza 1 pai-nosso e 1 ave-maria.

NB: esta benzedura pode ser repetida durante 9 dias seguidos.

COM A ÁGUA DE N. SENHOR

**"Impinge rabinge
Vai-te daqui
Que hoje já comi já bebi
A água de N. Sr. Jesus Cristo sobre ti."**

NB: repetir 3 vezes, usando 3 ramos verdes molhados na água várias vezes, em gestos de cruz várias vezes em cima da enfermidade. A seguir rezar 1 pai-nosso para N. Sra. da Saúde.

COM SALIVA E CINZAS

Quando alguém atacado de impingem aparecem em sua casas, as benzedeiras e curandeiros curam-na com o seguinte benzimento: Molham o dedo indicador em saliva e sujam-no de cinzas do fogão a lenha e fazem 3 cruzes com esse dedo acima da impingem, ao mesmo tempo em que dizem:

"Impingem rabuja, que quer rabujar. Com a cinza do lar, hei de te matar".

Repetem as palavras por 3 vezes: e depois rezam o pai-nosso e a ave-maria. Impingem, para quem não conhece, é uma afecção da pele ou a designação de diversas dermatoses (doenças da pele) que, segundo quem já a teve, coça muito e deixa a pele esfarinhada.

NB: as orações e benzeduras que servem para tratar de cobreiro também são usadas para impingem.

COM 3 RAMOS VERDES

Quem pratica esta benzedura é d. Ana Alves Coutinho, nascida em 1929, em Campo Redondo, município de S. João da Barra (RJ). Hoje ela mora em Brasília de Minas (MG). Começou a benzer, ensinada pela avó materna, quando tinha 15 anos de idade. De lá para cá nunca mais parou. A sua benzedura contra impingem é feita com a ajuda de 3 ramos verdes e, depois de fazer várias cruzes, ela cospe sobre o local afetado e reza 1 pai-nosso e 1 ave-maria para N. Sra. do Desterro. A reza de sua benzedura é assim:

"Impigem, impigem
Eu hoje não comi nem bebi.
Já fui no piqui e já vim.
Tu és de ir, não é de vir.
Com os poderes de Deus
E da Virgem Maria.
Pai, Filho, Espírito-santo. Amém."

IMPINGE RABICHA

"Impinge rabicha
Que qué rabichá,

Com guspe em jejum

E cinza do lá (lar)

É com isto mesmo

Te hei de matá

Em nome de Deus

E da Virgem Maria".

NB: com 1 galhinho de arruda, espargindo água de sal sobre a empingem.

IMPINGEM RABIGE — 1

"Impinge, rabige,

Que quer rabijar,

Com a cinza do borralho

Te hei de curar".

NB: tomando da cinza do baralho com o dedo molhado de cuspe em jejum, passando em cruz sobre a impingem.

IMPINGEM RABIGE — 2

"Impinge rabege,

Com que rabijae

Com bafo e cuspe e a cinza do lar

Se venzereia

Com o nome de Deus

Te curaria".

NB: benze-se 9 vezes.

INVOCANDO UMA ESTRELA

"Estrela, esta impingem diz que morra a estrela e viva a impingem, mas eu digo que viva a estrela e morra a empingem, em nome de Deus e da Virgem Maria".

NB: marca-se no firmamento uma estrela, durante 3 noites seguidas, apontando-se para a estrela e mostrando a impingem. O perigo existente no emprego da última oração, é que acordo com a superstição popular, está em se adquirir, depois, algumas verrugas...

INFLAMAÇÕES

Munido dum raminho verde o benzedor irá molhando-o num copo de água benta e aspergindo o líquido sobre o corpo do doente, enquanto reza com fervor:

"**Em nome do Pai, do Filho e do Espírito-santo.**

Pai Celeste, pelos méritos de S. Bento afastai de *F...* o Mal que o aflige. O nome do bem-aventurado S. Bento 'e abençoado eternamente e S. Bento tudo obterá de vossa bondade e justiça.

S. Bento curai *F...* dos ataques do demônio, dos malefícios e das inflamações. Protegei-o das moléstias e males imprevistos, hoje por toda a noite, amanhã e por todo o dia. Fazei, oh! S. Bento, que *F...* obtenha as graças da Divina Providência, para que ele sare e louve a Deus pala eternidade. Assim seja."

ÍNGUAS

As adenites, das mais variadas causas etiológicas, são, depois de erisipela, as que ocupam na ordem decrescente dos chamados, a maior atenção dos benzedores.

Não obstante, o número de orações recolhidas é bem menor do que a começo supusemos ser possível encontrar.

EM NOME DE DEUS E VIRGEM MARIA

"**A força e a íngua pra Roma**

A íngua ficou e a forca voltou.

A íngua disse: — '*morra a forca e viva a íngua*'.

E eu digo que morra a íngua e viva a forca. No nome de Deus e da Virgem Maria."

CONTANDO ATÉ 9

Aquele que tem a íngua deita numa cama ou num sofá e coloca o pé na parede. Começa a contar do 1 e a cada número sobe o pé 1 pouquinho. Assim até 9. Chegando no 9, desce o pé e começa a subir de novo. Assim por 3 vezes.

Com cinza quente

São colocadas num prato, no começo da lua-minguante, 9 colheradas de cinza quente. O benzedor pergunta:

"— Que que eu corto, irmão?"

— Íngua.

— Eu corto a íngua do corpo deste irmão." — diz o benzedor, brandindo uma faca sem uso.

Então o benzedor, depois de repetir essas perguntas e ouvir as respostas 3 vezes, reza:

"Em nome de Deus Pai Todo-Poderoso, assim como vós destes poder para o lagarto de cortar o caminho e passar, cortai também a íngua deste irmão. Em nome do Pai, do Filho e do Espírito-santo."

NB: Ao mesmo tempo que reza, o benzedor encruza a faca nova, ou 1 punhal na cinza, 7 vezes.

Com 1 tição

Se não tiver fogão de lenha, o benzedor pode providenciar 1 tição de fogueira mesmo. Coloca o paciente com íngua sentado descalço, na soleira da porta da cozinha, apaga o tição numa bacia de água, desenha uma cruz na sola do pé correspondente ao lado onde está a íngua, perguntando:

"— O que corto?

E o paciente responde:

— Não sei o que cortas.

E o benzedor afirma:

— Íngua mesmo eu corto!

NB: repetindo-se por 3 vezes e deixando as cruzes desenhadas na sola do pé durante toda a noite, na manhã seguinte ao acordar o benzido verá que está curado da íngua.

Com 1 carvão de sabugo

O portador de íngua segura na mão 1 carvão de sabugo, bem tostado no fogo. Caminha até uma porta e diz:

"Essa porta tem 3 ínguas
Uma, duas, 3,

3, duas, uma,
Íngua nenhuma."

NB: repete 3 vezes, desde o começo.

À BEIRA DUMA FOGUEIRA

Quando uma íngua começa a incomodar, só mesmo uma boa benzedura para mandá-la embora. Para "cortá-la", como diziam os antigos.

Esta pode ser feita à beira duma fogueira no quintal. Ou então, se na casa tiver 1 fogão de lenha, o paciente deve colocar 1 pé de cada lado da chapa (com o fogo aceso), enquanto o curador repete 3 vezes, fazendo 3 cruzes sobre a íngua:

Cruzes 3, cruzes duas, cruz uma, íngua nenhuma!."

COM UMA FACA

Esquenta-se uma faca na chapa do fogão e faz-se uma cruz com a faca deitada de comprido e depois de atravessado, em cima do peito do pé.

"— Quem é eu corto? — pergunta o que segura afaca.

— Íngua braba. — diz o dono da íngua.

— Isso mesmo eu corto."

NB: e assim, em seguida, por 3 vezes.

OLHANDO ESTRELAS

No caso das ínguas já inchadas, mais graves, o benzimento deve ser feito durante 3 dias seguidos. Ou melhor, durante 3 noites seguidas. E tem de ser em 3 noites estreladas.

O benzedor sai com o doente no quintal, coloca uma das mãos sobre a parte inflamada, olha o céu e marca uma estrela. Olhando fixamente para essa mesma estrela nas 3 noites, repete:

"Minha estrela donzela, esta íngua diz que morrais vós e cresça ela. Eu digo que cresçais vós e morra ela!"

VARIANTE — 1

O benzedor leva o doente para fora da casa, à noite e faz com que ele aponte uma estrela. Agitando 1 ramo verde sobre o local onde existe a íngua, repete 3 vezes:

"Minha estrela rica e bela, esta íngua diz que morra vós e viva ela. Mas eu digo que viva vós e morra ela."

† Rezar 1 pai-nosso e 1 ave-maria

VARIANTE — 2

Leve o doente, portador de íngua, à noite, para olhar as estrelas. Ao mesmo tempo, coloque uma forquilha enfiada no chão. Peça ao doente para pôr o membro atacado na forquilha, espalhe cinzas de fogão ainda quente no solo e diga as seguintes palavras:

"A íngua diz que a estrela morre. Mas eu digo estrela vive e íngua morre. Íngua e forquilha foram a Roma. Íngua ficou, forquilha voltou e o doente sarou."

NB: repetir as palavras por 3 vezes, enquanto se fazem cruzes com as mãos sobre a parte afetada.

VARIANTE — 3

Aponta-se a mesma estrela 3 dias seguidos, dizendo-se 3 vezes:

"A íngua diz que reina mais que tu,
Reina tu e siga ela."

NB: ao mesmo tempo, passa-se em cruz uma faca deitada em cima da íngua.

VARIANTE — 4

"Minha estrela, minha íngua diz
Que viva ela e morrei vós
Mas eu digo que vivei vós
E morra ela."

VARIANTE — 5

"Estrela, a íngua diz que morra a estrela e viva a íngua e u digo morra a íngua e viva a estrela."

NB: a pessoa deverá fixar uma estrela e repetir, por 3 vezes, as palavras acima.

O paciente pode colocar a sua mão sobre a íngua, enquanto recita as palavras.

BENZEDURA DE MINAS

"Uma, duas, 3; 3, duas, uma, nenhuma. Em nome de Deus e da Virgem Maria."

NB: toca-se com o pé em cada canto do fogão, dizendo-se de cada vez: "3, duas, uma, íngua nenhuma."

COM UMA PENA PRETA

"Íngua diz
Que estrela morre (̄)
Estrela vive
E íngua morre (̄)".

NB: deve ser rezada à noite e o paciente deve fixar uma estrela, a maior que aviste e ter fé. O benzedor, com uma pena de cauda duma galinha preta, embebida em azeite doce, unta a parte afetada, em forma de cruz, enquanto pronuncia as palavras rituais. Benze por 3 vezes seguidas.

COM UMA FACA

"— O que corto? (pergunta o benzedor)
— Íngua corto. (responde o benzido)
— Cortada está em nome de Deus e da Virgem Maria."

NB: a benzedura é feita com uma faca, fazendo o benzedor menção de cortar. Antes, retira do borralho 1 pouco de cinza e espalha-se no chão ou numa tábua. Sobre ela corta com a faca uma cruz e reza. Deve ser feita por 3 vezes.

INSOLAÇÃO

A benzedeira pega 2 lencinhos brancos e novos, que nunca tenham sido usados. Molha-os em água benta, dobra-os e coloca sobre os olhos da pessoa que está afetada pela insolação. A cada lencinho virgem que coloca no olho, diz:

"Deus quando no mundo andou, muito sol e muito calos apanhou. Encontrou N. Senhora que lhe deu seu lencinho molhado em água fria para aliviá-lo do sol e do calor. Assim como falo a verdade, torna o sol ao seu lugar e vai esta Sta. Virgem Maria pelo mundo afora, curando com seu lencinho e 1 copo de água fria, o mal que esta pessoa tem. A insolação que ela tem, tire-a Deus e a Virgem Maria, com seu lencinho e esta água fria."

NB: depois de colocados os 2 lencinhos e repetidas duas vezes a oração, a pessoa benzida deve ficar com os lencinhos nos olhos durante 3 minutos para se livrar de vez da insolação.

INSÔNIA

Nada pior do que a pessoa ter de levantar cedo para trabalhar e não conseguir dormir durante a noite. Vira daqui, vira dali, toma chá calmante e nada. Os olhos estalados e as horas passando no despertador sobre a mesinha de cabeceira. Quando isso acontecer, basta chamar alguém (o marido, a esposa, 1 filho, uma empregada, quem estiver em casa) e pedir uma benzedura contra insônia. Esta, por exemplo:

Pega-se uma palma benta, 3 ramos de arruda e 3 ramos de guiné. Mais 3 dentes de alho com a casca. Coloca-se tudo sobre a cama em forma de cruz e deita-se em cima. A pessoa chamada e encarregada de praticar a benzeção deverá colocar as duas mãos sobre os olhos fechados do sem sono e rezar 1 creio-em-Deus-pai até a metade. A outra metade será respondida pelo benzido.

É garantido que antes mesmo de terminar a benzedura, ou seja, o credo, a pessoa estará em sono profundo.

INVEJA

EM NEGÓCIOS

Para retirar mau-olhado e inveja em qualquer negócio, atividade ou empreendimento, eis como são feitos os benzimentos: Molhar 1 ramo de arruda num copo de água e ir salpicando a loja, fábrica, sala etc. No ato, dizer:

"Deus te fez, Deus te criou, Deus tire o mal que no teu corpo ou no teu negócio entrou. Em louvor de S. Pedro e S. Paulo que tire este mau-olhado. Assim com Deus fez o mar sagrado, assim como N. Senhor foi nascido em Belém e crucificado em Jerusalém, assim vá o mal desta casa e deste negócio para bem longe e não faça mal a mais nenhum cristão. Sai azar, sai inveja, sai olho-gordo, sai ciúme."

† Rezar 1 pai-nosso e 1 ave-maria

Benzedeira
Alaíde Costa (Rio Gr. do Norte)

LAGARTA

DA ROÇA

Não há, decerto, maior praga do que a lagarta que tudo devora numa roça. Para acabar com ela, d. Júlia Benedicta, da fazenda Bela Vista, em Avaré (SP), costuma fazer uma benzedura que é tiro e queda:

1º a benzedeira manda afiar uma enxada nova. Depois, coloca-se sobre o ombro esquerdo e caminha em cruz pelo roçado atacado de lagarta, dizendo estas palavras:

"Estrela do céu criou o Senhor, afugentou peste de morte. Agora, a mesma estrela, oh! piedosíssima estrela-do-mar, livrai-nos da peste. Dai-nos socorro de vossa graça para que seguramente sejam salvos e livres de toda a peste na lavoura, de todo o cometimento, de todo o pecado.

Vós, Jesus Cristo, rei da glória, salvador do mundo, que vive e reina para todos os séculos com o Pai, Filho, Espírito-santo, para sempre, amém."

NB: em seguida, a benzedeira enterra a enxada no centro da cruz que fez na caminhada. Quando a ferramenta estiver enferrujada, a roça estará livre das lagartas.

LÍNGUA

PARA TIRAR SEUS MALES

O benzedor introduz na boca do doente uma folha verde, ficando metade para dento, metade para fora e reza:

"Deus quando andou no mundo, todos os males ele curou. Assim curo eu, F..., do ar roxo, do ar verde, do ar amarelo, do ar estupor, do ar de tristeza, do ar de agonia, do ar de hipercundia, do ar de nervoso. Que saia do encaixo de tua língua. Do 1/2 de tua língua. Do pé de tua língua. Da ponta da língua. Que saia. E nas ondas do mar sagrado vá estourar."

† Rezar em seguida 1 pai-nosso e 1 ave-maria.

LOMBRIGAS

Com 1 galho de alecrim

Lombriga propaga-se com abundância no intestino de crianças da zona rural, principalmente aquelas que vivem brincando na terra. Mas não vá proibi-las de assim brincar, pois a terra é 1 elemento que transmite muita energia, principalmente para o crescimento da criança. Porém, tome certos cuidados: observe se não tem água parada ou fezes de animais no local.

No caso de a criança contrair a doença, aja rapidamente fazendo esta benzedura:

Pegue 1 galho de alecrim antes das 18 hs. Com a criança em pé na sua frente e o galho na mão, faça o sinal-da-cruz, da cabeça aos pés, atrás e na frente dela, enquanto reza:

"(*F...*), **te benzo.**

Com 2 te deram e com 3 tirarei.

Sta. Ana pariu Maria e Maria pariu Jesus.

Assim como estas palavras são certas, se tu tens lombrigas bravas, lombrigas assustadas, lombrigas arejadas, lombrigas desejadas, lombrigas atrapalhadas, saiam do corpo de (*F...*) é vão para as ondas do Mar Sagrado. Em louvor de S. Pedro, S. Paulo e outros santos da corte do céu.

Assim como na hora que não tinhas nada. Amém Jesus, Maria, José."

Outra benzedura

O benzedor pega 10 pedrinhas, vira-se de costas para a pessoa lombriguenta e vai andando e declamando a oração, ao mesmo tempo em que joga as pedras, uma a uma, para trás. E rezando assim, para cada pedra que atira:

"Com o poder de Deus-pai.

Com o poder de Deus-filho.

Com o poder da Virgem Maria.

Com o poder do Espírito-santo, Jesus Cristo retirará a lombriga desta pessoa."

Ao ser atirada a última pedra, o benzido sentirá os 1º sinais de cólicas. Deverá então correr e se preparar para expelir a lombriga que o está consumindo.

Oração para livrar-se das lombrigas.

"*Fulano* eu te benzo em nome de Deus-pai, de Deus-filho e com as virtudes do Espírito-santo e se forem lombrigas que se convertam em água, em nome do Pai, do Filho e do Espírito-santo. Deus Jesus, Maria e José."

† Rezar 3 6ªs-feiras.

Para acabar com elas

Faça o doente deitar-se com a barriga descoberta e ponha 1 pires de lado contendo 1 pouco de azeite de oliva. A seguir, diga as seguintes palavras:

"Oh! Deus de Abraão, oh! Deus de Isaac e Deus de Jacó. Compadecei-vos desta criatura vossa (citar o nome do doente) e mandai para seu socorro o vosso S. Miguel Arcanjo, que lhe dê saúde e a defesa. E vós, Miguel santo, Arcanjo de Cristo, defendei e curai este servo (ou serva) do Senhor, pois vós merecestes do Senhor ser bem aventurado e livrar as criaturas de todos os perigos.

Eis aqui a cruz do Senhor que vence e reina.

Salvador do mundo, salvai-o (a). Salvador do mundo, ajudai-o (a). Vós, que pelo vosso sangue e pela vossa cruz, remistes a humanidade, salvai-o (a) de todas as moléstias, tanto do corpo como d'alma. Eu vos peço tudo isto por quantos milagres e passos destes sobre a terra enquanto homem.

Deus santo! Deus forte, Deus imortal! Tende misericórdia de nós. Cruz de Cristo, salvai-o (a). Cruz de Cristo, protegei-o (a). Cruz de Cristo, defendei-o (a).

Em nome do Pai, do Filho e do Espírito-santo. Amém!"

NB: durante as 3 vezes em que você falar *cruz de Cristo*, faça com o polegar direito, untado de azeite de oliveira, 3 cruzes no abdômen do doente.

LOUCOS .

E doentes mentais

Para obter a cura ou melhora não apenas dos loucos e dos doentes mentais, mas também de pessoas que se encontram momentaneamente desequilibradas em suas funções psíquicas, existe esta benzedura.

O benzedor pega 1 galho de arruda, molhado em água benta e agita-o sobre a cabeça do doente, enquanto faz a "Prece a S. Gildásio", que é a seguinte:

"Em nome do Pai, do Filho e do Espírito-santo. ouvi, Senhor, favoravelmente, as humildes preces que vos dirigimos por intermédio de S. Gildásio e fazei com que sejamos auxiliados pelos méritos desse santo, que vos serviu tão fielmente.

S. Gildásio, levai perante o trono da Justiça Divina a prece que vos dirijo, a fim de auxiliardes _F..._, curando ou aliviando seus males, para maior glória de Deus. Assim seja."

Repetir 3 vezes:

"S. Gildásio, que socorrei eficazmente os que têm a infelicidade de perder a razão, orai por _F...._ Em nome do Pai, do Filho e do Espírito-santo."

† Rezar 1 creio-em-Deus-pai, 1 pai-nosso, 1 ave-maria e 1 salve-rainha.

LUA

Para afastar sua influência

A benzedura deve ser feita em pé, colocando-se a mão na cabeça da pessoa que sofre de aluamento — comportamento instável.

"Que a graça de N. Sr. Jesus Cristo, o amor de Deus Altíssimo e a comunhão do Espírito-santo estejam contigo _F...._ N. Sr. Jesus Cristo quando no mundo andou mandou S. Rodeão bater na campainha. E S. Miguel abriu o livro do Missal. _F..._, com tão poucas palavras esteja certo e bem certo que eu vou te curar. assim como Jesus Cristo curou no Monte Sinai e também no Monte Horeb, eu também te curarei em nome do Pai, do Filho e do Espírito-santo. Assim por essa força serás curado, pelas 5 chagas de Cristo e pela força do Espírito-santo. Amém."

LUXAÇÃO

A chamada luxação é aquele problema conhecido como mau jeito. Isso acontece a qualquer momento, às vezes até num movimento 1 pouco mais brusco que a pessoa nem percebe. Mais tarde, o pé ou a perna começam a inchar. Pode ocorrer também no pulso. Num caso ou em outro, a benzedura mais simples é esta:

Enche-se uma bacia de água de poço ou de rio ou mesmo do mar. Importante é que não seja água tratada, de torneira ou bica. A pessoa com o membro luxado coloca-o dentro da bacia, enquanto outra pega uma faca e *corta* a água em torno, sempre em forma de cruz, dizendo:

"— Que corto?

E o doente responde:

— Carne trilhada, nervo torcido, osso quebrado."

NB: são 7 vezes. A seguir a água tem de ser jogada no fundo do quintal. Quando secar, a luxação estará curada.

Benzedeira
Domitilia Soarez (Pernanbuco)

MAGREZA

DE CRIANÇA

S. Fredolino é o padroeiro das pessoas magras, principalmente das crianças. Essa benzedura é feita em nome de S. Fredolino.

Coloca-se *Vinho do Porto* num pequeno cálice. Leva-se o cálice até o rosto da criança e diz-se:

"Olhai, olhai S. Fredolino, como é magro este menino. Isso é por falta de apetite, vermes nos intestinos e fraqueza no corpo todo.

Olhai, olhai S. Fredolino, como é magro este menino. Dai poder a este vinho de devolver o apetite, de matar as bichas e de dar força ao corpo."

NB: em seguida, dá-se o vinho para a criança beber e rezam-se 7 pais-nossos.

MAL

CONTRA QUALQUER TIPO

O benzedor benze o doente, sobre todas as partes do corpo, com 1 ramo verde, com o qual faz sobre o doente o sinal da cruz, rezando:

"Em nome do Pai, do Filho e do Espírito-santo. Mal, quem quer que sejas, de onde quer que venhas, seja qual for teu começo e tua origem, eu te ordeno e mando, em nome de Jesus Cristo, a quem tudo obedece, nos céus, na terra e nos infernos, que deixes em paz *F....* Ordeno-te em nome do Pai, do Filho e do Espírito-santo. Assim seja."

† Reza em seguida 5 pais-nossos, 5 ave-marias e 5 glórias-ao-pai, em honra das 5 chagas de Jesus Cristo.

OUTRA

Indistintamente pode o benzedor, para males que não possuam a sua *terapêutica específica*, ou quando o diagnóstico não lhe tenha sido possível estabelecer, utilizar a seguinte benzedura:

"S. Pedro foi a Roma,
S. Paulo de lá voltou,
A danada desta mulher (ou homem)
Fique livre
Da doença que a molestou."

PARA A CURA DE TODOS OS MALES — 1

"Eu trato da aquosidade, gota coral, feitiço, malefício, caboje e azar; se por acaso *Fulano* estiver com algum desse mal, esse mal na areia do Rio vai parar. Eu te curo *Fulano* si esse mal estiver na cabeça, si estiver nesta banda, na tua frente, deste lado e no fundo, pois N. Sr. Jesus Cristo é por todo mundo, Amém."

† Rezar 3 ave-marias.

PARA A CURA DE TODOS OS MALES — 2

"O nome de Jesus ajuda; onde eu puser a minha mão, ponha Deus a sua santa virtude; Cristo reina, Cristo vivo te ilumine, Cristo te defenda, aleluia, aleluia, aleluia; se esse mal estiver na tua cabeça, Sra. Sta. Teresa te ajude; si estiver por esta banda, Sra. Santana te ajuda; si estiver na tua frente, S. Vicente te ajude; si esse mal estiver atrás, meu Sr. S. Braz te ajude; si esse mal estiver no fundo, N. Senhor seja por todo mundo, Amém."

† Rezar 3 ave-marias.

QUALQUER MAL

Na "pá" (ombro) por exemplo:

Pega-se 1 pano limpo e uma agulha virgem. Enfia-se linha nova na agulha e reza-se só com os lábios, 1 instantinho, o que a fé inspira. Depois, pergunta-se ao doente:

"— O que sente na pá? Osso quebrado, nervo torturado ou carne machucada?

Resposta:

— Nervo torturado."

Pega-se o pano, enfia-se a agulha com linha, rezando algo: "Nervo torturado, cose-te para nunca mais sair do lugar".

Se for carne machucada: "Carne machucada, cose-te para nunca mais doer".

Se for osso quebrado, **"Cose-te para nunca mais trincar."**

† Faz-se a seguir, 3 vezes uma cruz e 3 vezes duas cruzes no lugar onde dói. Reza-se mais alguma coisa, só com os lábios e aconselha-se o doente a ter muita fé. Depois de 8 dias, está curado.

NB: esta bênção deve ser feita 3 vezes por dia.

Mal de 7 dias

É o tétano *neonatorum*. Contra ele foi recolhida a seguinte oração:

"A mãe da criança mostra-a à lua e diz:

Lua, lua,

Toma, tomar,

Olha esta criança,

Deixa-me criar

Em nome de Deus

E da Virgem Maria. Amém."

NB: é mais uma simpatia do que propriamente uma benzedura.

MALÁRIA

Uma das concepções populares brasileiras da etiologia das doenças de caráter muito arcaico, tem base nas teorias pré-hipocráticas dos miasmas e está muito ligada à crença da influência dos ventres maus como causadores das doenças. O termo malária, por exemplo, teve origem da suposição de que a doença seria veiculada pelas águas estagnadas dos pântanos, onde os miasmas flutuariam e eram transmitidos pelo ar. Daí o termo maus-ares: malária.

Invocando S. Nicolau Tolentino.

Prepare uma mistura de água, sal e óleo, para ungir o doente de malária. Faça o sinal-da-cruz com a mistura na cabeça do doente e diga:

"S. Nicolau Tolentino, em nome de Jesus Cristo e da Virgem Maria, fazei passar essa febre que tem *F*...."

Ungindo agora o peito do doente, diga:

"S. Alberto e Sta. Comba, em nome de Jesus Cristo e da Virgem Maria, fazei passar essa febre que tem *F*...."

Ungindo as pernas do doente, continue:

"S. Segismundo, em nome de Jesus Cristo e da Virgem Maria, fazei passar essa febre que tem *F*...."

† Reze 3 pais-nossos e 3 ave-marias.

MALEITA

No quarto do doente de maleita o benzedor deve entrar com o pé esquerdo. Antes, alguém da casa deverá ter o cuidado de fechar a janela, deixando o cômodo na penumbra. Quanto mais escuro, melhor. Basta 1 fiapo de luz para que o benzedor enxergue o doente; uma vez diante dele, colocará sua mão esquerda espalmada para baixo 1 pouco acima da testa. E dirá:

"Na 5ª-feira maior, na 6ª-feira da luz, prendeu Pilatos a Jesus. Nem tremeu nem tremerá quem das 5 chagas de N. Sr. Jesus Cristo se lembrar. Amém."

NB: ditas essas palavras, o benzedor complementará com 1 pai-nosso e 1 ave-maria. E sairá de costas do quarto, cuidando para colocar pra fora 1º o pé direito.

COM CRUZ

O benzedor deve proferir essa prece durante 3 dias, pela manhã, ao 1/2 dia e à 1/2-noite. O paciente deve conservar uma cruz junto ao peito, enquanto o benzedor trabalha com 1 ramo verde cruzando o corpo do paciente.

"O *espírito maligno* parece ter saído de sua infernal morada e haver-se transportado aos pântanos. Nas águas insalubres se encontra a enfermidade que tantos e tantos males causa. Deus, porém, sabe neutralizar os males no mundo que são espalhados pelo *anjo* do mal. Deus, porém, protege todos aqueles que nele crêem e não duvidam de seu poder. Deus, porém, possui infinita misericórdia. E Deus, por isso, olhará por esta criatura *F*... que foi tocada pela maleita, que nas águas insalubres foi colocada pelo *espírito* maligno. Cremos em vós, oh! nosso bom Deus. Rogai por nós, bom Deus. Amém. Em nome do Pai, do Filho e do Espírito-santo."

COM ARRUDA

Enquanto cruza o corpo do doente, com 3 raminhos de arruda, o benzedor reza:

"**Quem espalha o mal do mundo? É o** *anjo-mau* **e o** *anjo-pior.* **Quem espalha o mal nas águas, nas águas paradas estagnadas? É o** *anjo-mau* **e o** *anjo-pior.* **Quem espalha o mal nos pântanos? É o** *anjo-mau* **e o** *anjo-pior.* **Quem espalha águas insalubres? É o** *anjo-mau* **e o** *anjo-pior.* **Quem faz voar os insetos da doença? É o** *anjo-mau* **e o** *anjo-pior.* **Quem traz as febres de maleita? É o** *anjo-mau* **e o** *anjo-pior.*

Porém, mais forte que o *anjo-mau* **é Deus N. Senhor. Mais forte que o** *anjo-pior* **é a Santíssima Trindade. E Deus N. Senhor cuidará da pessoa que pegou a doença da maleita, dada que foi pelo anjo mau e pelo** *anjo-pior.*

Será 1 combate sem trégua, o de N. Senhor, contra os *anjos-da-sujeira* **das águas insalubres. Mas Deus vencerá e a pressa será curada."**

† Rezar em seguida 3 pais-nossos.

MALFEITO

O benzedor fica diante da pessoa atingida por qualquer tipo de "malfeito". No $1^{\underline{o}}$ dia, reza 1 pai-nosso e 1 creio-em-Deus-pai. No $2^{\underline{o}}$ dia, à mesma hora, reza 1 ave-maria e mais 1 creio-em-Deus-pai. no $3^{\underline{o}}$ dia, reza uma salve-rainha e outro creio-em-Deus-pai. Isto sempre à mesma hora do dia e esborrifando água benta sobre a cabeça do benzido com 1 raminho (a cada dia 1 raminho novo e fresco) de hortelã.

Enquanto o benzedor faz a benzeção, o benzido deve ficar muito concentrado e pensando na pessoa que — imagina — lhe teria endereçado o malfeito.

MANGUEIRA

Garantem os que entendem de roça que mangueira plantada 3 dias antes da lua-nova frutificará em 3 anos. Mas, se o sujeito já tem na propriedade uma mangueira que anda preguiçosa e não quer saber de dar frutos, o remédio é uma benzedura que se faz usando a família toda. Desta maneira:

O dono da casa (ou a pessoa mais velha que mora ali), numa manhã de sol forte pega uma chibata, vai até a árvore e bate em seu tronco. Dá 1 sova mesmo, dizendo:

"— Por que é que você não dá manga?

Depois da 3ª chibatada, o resto da família corre em socorro da árvore, segura o benzedor, dizendo em conjunto:

— Não! Não bata mais. Não faça isso que agora ela vai dar."

NB: antes de se retirar do local, o benzedor pendura a chibata num galho da mangueira, para que ela não esqueça da sova e a benzedura cumpra sua finalidade de fazer a árvore preguiçosa dar frutos nesse ano.

MARIDO

Para não ser largada por ele

As mulheres têm sempre medo de serem abandonadas pelos maridos. Principalmente aquelas que não têm profissão fora do lar e que sem o sustento do marido não saberiam o que fazer de suas vidas.

Existe uma benzedura que se faz no marido quando ele está dormindo, em sono profundo, para evitar que ele abandone o lar.

Para fabricar a unção é necessário apenas 1 pouco de óleo de oliva. Deita-se o óleo numa colher de chá e depois leva-se a colher de chá ao fogo duma vela, para aquecer 1 pouco. Assim aquecido, o óleo está pronto para a benzedura.

Com o dedo indicador a mulher faz uma cruz na mão esquerda do marido, na sola do pé direito, na sola do pé esquerdo e na palma da mão direita. E diz: **"Para que nunca abandones seu lar, *F....*"**

MARIMBONDOS

Seja 1 ou sejam muitas as picadas, o importante é fazer rapidinho esta benzedura pra que a pessoa atacada por marimbondos não fique sofrendo de dor aguda. A pratica é simples e rápida:

Coloca-se a parte (ou as partes) picada no chão e faz-se o contorno com a ponta duma faca ou punha. Sobre esse contorno desenha-se uma cruz. Dum dos braços da cruz tira-se 1 pouco de terra raspando com a ponta da mesma faca. Coloca-se a terra num copo ou cabaça, com 1 pouco de água, preparando barro. Com o polegar direito sujo desse barro faz-se uma cruz no local da picada, deixando ali 1 bocado de terra amassada n'água.

Em seguida, o benzedor reza 3 ave-marias, que o *Fulano* picado de marimbondo responde.

Pra terminar, o benzedor pergunta:

"**— Pra quem foram essas rezas?**

E o doente responde:

— Para as 5 chagas de N. Sr. Jesus Cristo. Amém."

MAU-JEITO

D. Rita de Cássia, de Anápolis, Goiás, é craque em consertar pernas e braços que sofrem mau-jeito. Caridosa como é, essa benzedeira faz questão de divulgar sua benzedura para aliviar o sofrimento do próximo:

Arranjar 3 fios de capim com 3 nós em cada fio. Juntá-los e cortar os capins 3 vezes perto dos nós, rezando 1 pai-nosso. Feito isso, esfregar os capins sobre o local machucado dizendo:

"O mau jeito que aí está, passe para o capim e passe já!"

NB: repetir 3 vezes e depois atirar os capins num ribeirão. A pessoa benzida é quem deve fazer isso e ficar olhando até os capins sumirem na 1ª curva do rio ou afundarem.

MAU-OLHADO

O poder dos olhos, entre nós conhecido como olhado, mau-olhado, olho-grande, olho-gordo, etc., é conhecido no mundo inteiro, porém quase sempre desconhecido por parte das pessoas que involuntariamente o descarregam, pois ignoram que são portadoras dessa maligna faculdade. Daí, quem lança o mau-olhado não é exatamente 1 inimigo de quem o recebe, mas estas pessoas receptivas são alertadas por sintomas característicos que as impelem a livrar-se das influências maléficas.

As grandes vítimas do mau-olhado são as crianças; entretanto, até mesmo as plantas sofrem os efeitos negativos. Os sinais mais evidentes do mau-olhado são:

- *no físico:* dor de cabeça, enjôo, náusea, tontura, escurecimento ou vermelhidão da vista;
- *na vida material:* caminhos fechados, falta de concentração e indisposição para o trabalho, o estudo, o contato social;
- *nas crianças:* principalmente nas recém-nascidas, verifica-se a diarréia, vômitos, agitação, insônia ou sonolência demasiada.

Evitar o mau-olhado é muito difícil, pois quase sempre não é possível saber quem o atira. O mais correto é usar 1 patuá preparado exclusivamente para a finalidade.

Depois de sentir os 1os sintomas, a pessoa deve procurar uma benzedeira para que os maus fluidos sejam afastados através das rezas, que somente ela conhece tão bem. 1 pai ou mãe-espiritual num templo de Umbanda. Através de suas *entidades* trabalhadoras também poderá conceder passes libertadores das influências maléficas, bem como indicar 1 *guia* de proteção para que outros maus fluidos sejam afastados.

Acrescenta o professor Oswaldo Cabral, que o quebranto, conhecido em todo país, é 1 estado indefinido, semimórbido, caracterizado pela perda parcial da vivacidade, indiferença, moleza, sonolência, indisposição geral, torpor.

Segundo colheita de Álvaro Tolentino, estudioso historiador e folclorista catarinense, o quebranto *"caracteriza-se, tanto nas crianças como nos adultos, pelo bocejar contínuo, pelos olhos lacrimosos, pela tristeza, etc."*

O quadro sintomático comporta a possibilidade da incidência de variadas afecções ou doenças na sua fase inicial. O povo atribui o quebranto não só ao mal como ao bem querer, ao ódio como ao amor e como à admiração excessiva manifestada por pessoa com *fluidos* suficientes para determinar o seu aparecimento. "Conhecemos 1 caso, cita Cabral: Em certa casa havia 1 menino ativo e desembaraçado. 1 dia apareceu na mesma uma rendeira que foi pessoa muito conhecida mas de cujo nome já não nos lembramos, oferecendo a sua mercancia. Tinha ela o hábito de, em todas as casas, ao mesmo tempo que oferecia as suas rendas de bilros, pedir de comer, alegando a sua pobreza. E, fazia-o repetindo constantemente a frase: — *"Estou tão fraca, tão fraca, tão fraca..."* — que lhe valeu a alcunha de *galinha d'angola*, pela qual era mais conhecida do que pelo próprio nome.

Fazendo o pedido habitual na casa a que nos referimos, o menino acudiu-a com algum alimento, o que lhe valeu as maiores expressões de gratidão e admiração da rendeira. Dias depois, o menino adoece: sonolência, indisposição, bocejos contínuos, etc. Chamado o médico da família, este nada encontrou de maior importância, atribuindo tudo a alguma indisposição gástrica e receitou *qualquer coisa.*

Nesse mesmo dia, torna a aparecer a rendeira e indaga pelo menino. informada de que adoecera, perguntou de quê e, dizendo-lhe pessoa da família do que se tratava, retrucou logo: — *"Fui eu que pus quebranto nele. Gostei tanto dele que pus quebranto por bem. Deixe-me benzê-lo que ele sara logo..."*

Deixaram que o fizesse e, com o medicamento, com a benzedura, ou apesar de ambos, que o mal carecia de importância, no dia seguinte estava curado. Por sinal, o menino hoje é médico...

A diferença entre o quebranto e o mau-olhado está justamente aí: o quebranto pode ser *posto* por querer bem, o mau-olhado não. Só a maldade, o ódio, a inveja, o despeito podem produzi-lo.

Segundo W. Born[*], o mau-olhado *"é a forma mais disseminada da superstição"* e a mesma remonta às mais afastadas eras. A *jettatura* dos italianos, o *olho-de-seca-pimenteira*, o *olho-de-gorar-ovo*, o *olho-mau*, o *olho-grande*, da nossa gente, são expressões da mesma superstição comum a todos os povos.

Há pessoas que *têm* o dito olho, capaz de deitar o mau-olhado, olho temível e as paixões como a cólera, a inveja e a aversão, parecem favorecer o mau-olhado, sendo sobretudo as pessoas de caráter difícil e enfermiço os seus portadores, segundo a crendice popular.

Para conjurá-lo, usam todos os povos, amuletos: a figa, os falos, certas pedras (ágata, coral, etc), aos quais atribuem poderes mágicos contra a *fidusca*.

OBSERVAÇÃO

Com relação ao mau-olhado, patologia de vaga definição e que é a principal especialidade das rezadeiras, Cascudo fala-nos do poder dos olhos em fazer o mal e que é crença comum no interior do Nordeste brasileiro, citando-se até casos de morte de pessoas e animais ou de plantas somente pela força do mau-olhar.

PARA EVITAR MAU-OLHADO MATADOR

Procure 1 rezador e uma rezadeira que tenham o mesmo nome (João/Joana, Francisco/Francisca, por exemplo) e peça para que eles o benzam dos pés a cabeça com 1 ramo de pinhão roxo, junto com o cordão de S. Francisco. Você ficará imune a qualquer maldade.

---

[*] Em sua obra *Feitiço, amuletos e talismãs.*

COM O PODER DE DEUS

"Benze-se este menino

(menina, homem, mulher, etc)

Te botaram mau-olhado
Quebranto para te matar
Te benzo para te curar
Com o poder de Deus,
De Deus-filho,
Com o poder de Deus
Do Espírito-santo
Da Santíssima Trindade".

INVOCANDO DEUS

"Leva o que trouxeste.

Deus me benze com sua santíssima cruz.

Deus me defende dos maus-olhos e de todos os males que me quiseram fazer.

Tu és o ferro, eu sou o aço.

Tu és o demônio, eu o embaraço.

Assim seja!"

† Rezar 1 credo.

NB: se com estas rezas não conseguir resolver o olhado, o que será difícil, só poderá conseguir, então, com 1 defumador preparado por 1 pai ou mãe-espiritual. Poderão ser empregados, também, outros processos. Poderá se apelar para 1 *guia* ou *protetor*, qualquer que ele seja e este tomará conta do caso e dará jeito.

COM ALECRIM OU ARRUDA

Pega-se 1 ramo de alecrim ou arruda, molha-se em água benta e agita-se 3 vezes. Em seguida diz-se a seguinte prece:

F..., se tens mau-olhado ou olhos atravessados, eu te benzo, em nome do Pai, do Filho e do Espírito-santo. Eu te benzo com o santo da 2ª-feira, da 3ª-feira, da 4ª-feira, da 5ª-feira, da 6ª-feira, do sábado e do domingo. Deus te olhe e Deus te deso-lhe. Deus tire esse mau-olhado, que entre a carne e os ossos tens criado. Que saia dos ossos e vá para a pele e que dali saia e vá para o rio Jordão, onde não faça mal a nenhum cristão. Em nome do Pai, do Filho e do Espírito-santo. Amém."

† Rezar em seguida, 3 pais-nossos e 3 aves-marias.

OUTRA BENZEDURA

Tomam-se 3 galhos de arruda, que são colocados em cruz sobre o paciente, enquanto se recita o seguinte:

F... **Deus lhe fez, Deus lhe formou e Deus lhe deso-lhe quem mal lhe olhou. Se for olhado ou quebranto ou pasmado, que ele seja atirado nas ondas do mar. Seja jogado. Que fique tão salvo como na hora em que foi batizado com os poderes de Deus e da Virgem Maria."**

† Reza-se 3 aves-marias e jogam-se os galhos de arruda bem longe do paciente, de preferência numa encruzilhada.

UMA DAS MAIS ANTIGAS

Quem deixou esta benzeção escrita foi José Martiniano Vasconcelos, que, já no começo do século, praticava sua arte de benzer em Gameleira, município de Janaúba. Ele aprendeu com o avô esta benzedura que se faz usando 1 ramo de alecrim ou de arruda ou de guiné. Com o ramo o benzedor faz 3 cruzes sobre a cabeça do benzido, dizendo também por 3 vezes:

"Elia, Eloy, Salomão, Sinhô, S. Bento, tira o veneno-de-olho de *F....* De quebranto, olhado, mau-olhado, pra ir pras ondas do mar."

Em seguida, o benzedor procura algum rio, riacho ou mesmo o mar e joga fora o ramo que usou para fazer as cruzes sobre a cabeça do benzido.

COM 1 RAMO DE MATO VERDE

Tem olhar ruim a pessoa que inveja maldosamente o que outra possuir como bem natural ou adquirido. Para tirar mau-olhado, toma-se 1 ramo de mato verde e vai dizendo-se assim, enquanto se faz o sinal-da-cruz sobre a pessoa:

"Em nome do Pai, do Filho, do Espírito-santo, Deus nos criou, Deus nos sustenta, e nos protege.

Pelo poder de Deus, esta mal vai embora. Pelo poder de Deus, esse mal vai para fora. Esse mau-olhado, pelo poder de Deus, será anulado. Esse mau-olhado será voltado contra os olhos invejosos de quem o mandou. Pelo poder de N. Sr Jesus Cristo. Amém."

Com vassoura

O pé-de-vassoura, ou a erva conhecida como piaçaba (que serve para fazer vassouras), é 1 apetrecho muito usado na benzedura de mau-olhado na região central do Brasil. Lá ensinam que, se uma pessoa chega perto da outra e começa a bocejar, a sentir sono repentino, é sinal evidente de mau-olhado. Que deve ser imediatamente benzida com 3 raminhos de piaçaba (ou pé-de-vassoura) amarrados. A pessoa que vai benzer faz cruz sobre a outra por 3 vezes, dizendo:

"Quebranto ou olhado, com 2 te botaram, com 3 eu te tiro, com os poderes de Deus e da Virgem Maria. Deus pode, Deus quer, Deus acaba com tudo que ele quiser. Assim acabará com este olhando de *Fulano* **que será varrido para longe na ponta deste pé-de-vassoura."**

De qualquer pessoa, parente, amigo ou vizinho

"Ana teve Maria; Maria teve Jesus, filho da Virgem Maria, Manuel da Vera Cruz. *Fulano,* (aqui se diz o nome da vítima do mau-olhado) **se tu tinhas mau-olhado, porque não me disseste? Do teu corpo eu o tiraria. Olhando, quebranto, olhar excomungado, afastai-vos do corpo de** *Fulano* (aqui se diz o nome da vítima) **para as ondas do mar sagrado. Ide para algum lugar onde não se ouça nem cantar o galo."**

† Rezem-se 3 pais-nossos, 3 ave-marias e 1 credo e oferecer à Virgem Maria.

Benzedura de Belo Horizonte

† Benzer, rezando:

"Benzo quebranto, mau-oiado, zóio excomungado. Quem pôiz num tira; quem tira é a Virge Maria, Mãe de N. Senhor."

† 1 pai-nosso e 1 "quem-dos-padre".

Outra com água

Faz-se o diagnóstico de 1 mau-olhado apenas pelo olhar. Criança que esteja sofrendo desse mal, quando vê a benzedeira, chora. O adulto olha-a com ódio. Não há como errar.

No caso de não haver benzedores contra o mal no lugar, sabendo-se quem é o causador, é possível obter a cura do seguinte modo: pega-se 1 copo 1/2 cheio de água, joga-se dentro dele uma brasa de fogão, dizendo:

"Fulano, **cura meu filho ou seja lá quem for"**.

NB: repetir 3 vezes seguidas. Findas as 3 vezes, dar de beber da água ao sofredor.

COM UMA FACA

Para benzer o mau-olhado, proceda desta maneira: Pegue uma faca e com ela passe 9 vezes sobre a cabeça e os ombros da pessoa atacada desses fluidos negativos, enquanto se reza:

"Creio em Deus-pai-todo-poderoso, criador do Céu e da Terra; em Jesus Cristo, 1 só seu filho, N. Senhor, o qual foi concebido do Espírito-santo; nasceu de Maria virgem; padeceu sob o poder de Pôncio Pilatos; foi crucificado, morto e sepultado; desceu aos infernos e ao 3 dia ressurgiu dos mortos, subiu aos céus e está assentado à mão direita de Deus-pai-todo-poderoso, donde há de vir julgar os vivos e os mortos. Creio no Espírito-santo; na santa Umbanda, na comunhão dos *orixás*, na remissão dos pecados, na ressurreição da carne, na vida eterna. Amém".

NB: 1 só benzimento é suficiente.

COM ARRUDA

Muito utilizado por benzedeiras e curandeiros do interior é este outro benzimento: Pegar 1 ramo de alecrim ou arruda e agitar em torno do paciente, dizendo:

"Eu te benzo de mau-olhado, quebranto, olhos virados, de raiva ou de mal-querer. Se é olho de raiva que te botaram, se foi no teu negócio ou na tua formosura, Deus te tirará. Eu te benzo com o ar da lua e as 3 pessoas da Santíssima Trindade, que Pai, Filho e Espírito-santo se representa na hora da missa no altar, Deus te gerou, Deus no mundo te botou, Deus tirará os 2 olhos que te invejaram e com 3 te tirará, que eu te benzo com as 3 missas no Natal e na hóstia consagrada".

NB: se durante o benzimento, o ramo do alecrim ou da arruda murcharem, troque-o por outro viçoso, até terminar o benzimento sem ficar murcho.

INVOCANDO VIRGEM MARIA

"Fulano

Quem te botou esse olhado ruim

Mal ruim olho te olharam

Mal ruim olho eu vou te tirar

Com 2 te botaram
Com 3 eu vou tirar
Te botaram, quem te botaria
Quem te cura é a Virgem Maria
Eu também curo
Com água da fonte
Folhas dos montes
Com os poder de Deus-pai
Deus-filho, Deus Espírito-santo
Tira olho de mau-olhado
Olho raivado, olho invejado
Olho encantado, olho enganado
Olho travessado."

NB: repetir 3 vezes com 3 ramos verdes em gestos de cruz várias vezes.
1 ave-maria para N. Sra. do Desterro

INVOCANDO A CRUZ

NB: enquanto reza, benza-se 3 vezes, dos pés à cabeça, com 1 copo de água:

"**Deus perturbe e confunda os que querem para si minh'alma.**

Envergonhados sejam aqueles que me queiram mal.

Aqueles que são bons e que só a vós desejam, que sejam salvos e engrandecidos.

Mas a mim, que vos necessito, não me desampareis.

Pela cruz em que padecestes, olhos-maus se fecharão e as bocas malvadas emudererão, os maus-pensamentos e desejos fugirão.

Com esta cruz me defendo.

Com esta cruz me livro,

Com esta cruz me curo.

Louvado seja Aquele que me tira o Mal"

SOBRE A CABEÇA

Para benzer contra mau-olhado, é preciso 1 copo com água contendo 1 ramo verde qualquer. Coloca-se esse copo sobre a cabeça do paciente. Depois da benzeção, a água deve ser tomada ou guardada por ele. Diz a oração:

"*Fulano,* **o que você tem?**

— Eu tenho mau-oiado, tenho dor no corpo.

— Você não tem dor no corpo, que Jesuis não deu licença dessa dor no seu corpo ficá. Qui seji quebranti, qui seji mau-oiado, qui seji melefício, qui seji feitiçu. Eu tiru cum nome do Pai, do Fio, Espírito-santo. agora nesse momento, vai saindo. Sai do tutano, passa pelo osso, passa pelos nervo, passa pelo ventre, do ventre vai ao poço. É má-oiado. Qui seja má palavra que você tá sentinu. Qui seja feitiçú, qui seja quebranti qu'eu benzi, em nome do Pai, do Fio, Espírito-santo. Seja mau-oiado, saiu do tutano, passô pelo osso, passô pelos nervo, passô pela carne, passô pelo sangue, passô pelo poço. Vai, mau-oiado! pá onde galo não canta, onde pinto num pia, onde não vai nome di Maria. Em nome do Pai, do Fio, Espírito-santo."

Contra o olhar-excomungado

Esta oração deve ser dita fazendo-se o sinal-da-cruz na pessoa com 3 ramos de arruda. Ao terminar, rezam-se 3 pais-nossos, 3 ave-marias e 3 glórias-ao-Pai.

"F..., se foi mulher, se foi moça, se foi velha, se foi negra, ou, se foi menino que te botou olhado no teu cabelo, na tua cor, nos teus olhos, na tua boniteza, na tua feiúra, na tua magreza, nos teus braços, nas tuas pernas, na tua esperteza.

Para que não me dissesse que eu te curaria com os poderes de Deus e da Virgem Maria, com 1 pai-nosso e 1 ave-maria F..., Deus te fez, Deus te criou, Deus te acanhe, quem te acanhou. Olhado vivo, olhado morto, olhado excomungado, vai-te para as ondas do mar sagrado."

Invocando Jesus

Mau-olhado, olho-gordo, é coisa comum no mundo mágico das rezadeiras. 1 mãe, quando sente o filho ou a filha 1/2 combalidos, trata logo de mandar benzê-los de quebranto.

Uma das rezas é esta que vem do Norte. A rezadeira pega 1 raminho de qualquer mato e vai fazendo o sinal-da-cruz no peito da criança

Enquanto isso diz:

"Jesus quando andou no mundo pra tudo, tudo ele rezou.

Rezou para olhares de quebranto, que desta criança vão saindo.

Varridas com galho de oliveira.

Amém.

† Em seguida, reza-se 1 credo, 1 pai-nosso, 1 ave maria, 1 salve-rainha.

NB: acende-se 1 incenso para anular o olho-gordo.

Para desfazer olhares

Esta benzedura deve ser feita com 1 raminho de guiné.

"Jesus quando veio ao mundo, veio para andar e muito andou. Pra olhares e quebrantos, Jesus sempre rezou. Mas este que aqui está também será salvo por Jesus, porque a reza de Jesus ficou."

† Fazer o sinal-da-cruz na cabeça.

† Fazer o sinal-da-cruz com o raminho na parte baixa do corpo.

"Jesus quando veio no mundo, veio para curar e curou. Contra olhares e quebrantos, Jesus sempre rezou. Mas este que aqui está também será salvo por Jesus, Porque a força de Jesus ficou."

† Fazer com o raminho sinal-da-cruz no peito.

"Jesus quando veio ao mundo, veio para salvar e salvou. Pra olhares e quebrantos, Jesus sempre rezou. Mas este aqui, será salvo por Jesus, Pela sua graça."

† Rezar 1 pai-nosso e 1 ave-maria.

Contra o mau-olhado — 1

Benze-se a pessoa que botaram mau-olhado fazendo o sinal-da-cruz e rezando o seguinte:

"Quebranto para te matar e te benzo para te curar. Com o poder do Espírito-santo eu te curo do mau-olhado. Amém."

CONTRA O MAU-OLHADO — 2

Ensina o mestre Orphanake:

Pega-se 1 ramo de alecrim ou arruda, molha-se em água benta e agita-se por 3 vezes. Em seguida, diz-se a seguinte prece:

"*Fulano*: Se tens mau-olhado ou olhos atravessados, eu te benzo, em nome do Pai, do Filho e do Espírito-santo. Eu te benzo com o santo da 2ª-feira, da 3ª, da 4ª, da 5ª da 6ª, do sábado e do domingo. Deus te olhe e Deus de desolhe.

Deus tire esse mau-olhado, que entre a carne e os ossos tens criado. Que saia dos ossos e vá para a pele e que dali saia e vá para o rio Jordão, onde não faça mal a nenhum cristão."

Esta oração é muito usada no sertão mineiro e paulista há muitos anos. Dizem que é de muita eficácia contra o mau-olhado, inveja, olho gordo e uma série de fluidos maus ou vibrações nefastas que são emitidos por pessoas invejosas e malfazejas.

MAU-OLHADO, PESO, QUEBRANTO E INVEJA

Com a cinza de fogão, etc.

No caso em que o paciente sofra do Mal de inveja, será assim o benzimento: Põe-se no chão 1 pouco de cinza, para que o paciente ponha sobre ela o seu pé direito e ao se tirar o pé, a pessoa que benze pergunta: **"O que eu corto?"** o paciente responderá **"inveja"** e com uma faca na mão, a pessoa que benze, corta em cruz a cinza, no lugar em que estava colocado o pé e assim proceder 3 vezes seguidas e para o término, 3 ave-marias.

CONTRA O MAU-OLHADO — 3

Pega-se 1 copo com água e 1 ramo de arruda ou alecrim, molha-se o ramo na água e agita-se em torno do benzido, dizendo as seguintes palavras:

"*Fulano* (citar o nome do benzido) **o que você tem?"**.

A pessoa responde:

"Tenho mau-olhado e dor no corpo".

O benzedor prossegue:

"Você não tem dor no corpo, porque Jesus não deu licença dessa dor no seu corpo ficar. Quer seja quebranto, seja mau-olhado, seja malefício, seja feitiço, eu tiro em nome do Pai, do Filho e do Espírito-santo. Agora, nesse momento, vai saindo. Sai do tutano, passa pelo osso, passa pelos nervos, passa pela carne, passa pelo sangue, passa pela pele, passa pela perna, passa pelo ventre, do ventre vai ao poço. É mau-olhado. Que seja na palavra que você está sentindo, quer seja quebranto, quer seja feitiço, eu benzo, em nome do Pai, do Filho e do Espírito-santo, seja mau-olhado, saiu do tutano, passou pelo osso, passou pelos nervos, passou pela carne, passou pelo sangue, passou pela pele, passou pela perna, passou pelo ventre, passou pelo poço. Vai mau-olhado, para onde galo não canta, onde pinto não pia, onde não vai o nome de Maria. Em nome do Pai, do Filho e do Espírito-santo."

NB: benzimento colhido no Nordeste do Brasil.

CONTRA O MAU-OLHADO — 4

Pega-se 1 ramo de arruda, alecrim, etc. e, em forma de cruz, agitando-se sobre a vítima, após molhar o ramo num copo de água, diz-se as seguintes palavras:

"*Fulano de tal* (nome da vítima) **se tu tinhas mau-olhado, porque não me dizia, que eu te curaria, te tiraria, com 1 pai-nosso, 1 ave-maria e 1 glória-ao-pai.** *Fulano* (nome do paciente), **se botaram na frente, com os poderes de Deus-pai, tiro com o senhor S. Bento. Se te botaram por trás, tiro com os poderes de Deus-pai e com o senhor S. Braz. Se te botaram na gordura ou na formosura, tiro com os poderes de Deus-pai e da Virgem pura. Com os poderes de Deus-pai, Deus-filho, Deus-espírito-santo, santíssimo sacramento do altar. Assim, tu creias,** *Fulano de tal* (nome do doente), **que tu hás de ficar livre deste mal.**"

† Reza-se 1 pai-nosso, 1 ave-maria e 1 glória-ao-pai, prosseguindo o rezador ou rezadeira:

"**Eu ofereço este pai-nosso, esta ave-maria e este glória-ao-pai que agora rezei, à sagrada Paixão e Morte de N. Sr. Jesus Cristo. Assim como ele ficou livre, são e salvo de suas chagas, assim tu, creias,** *Fulano* (o nome) **que tu hás de ficar livre de olhado, quebranto e de todos os males encausados, com os poderes de Deus-pai, Filho e Espírito-santo. Santíssimo Sacramento do Altar, assim tu creias,** *Fulano* (o nome) **que hás de ficar livre deste mal**".

PARA MAU-OLHADO EM CRIANÇAS

"**Criaturinha de Deus, tu não és minha, mas eu te quero criar. Se tens quebranto ou mau-olhado ou arte de feitiçaria e te quero criar. Com 1 ramo verde e água fria eu te benzo em nome de Deus e da Virgem Maria**".

PARA TIRÁ-LO

Chama-se mau-olhado o olhar invejoso que uma pessoa lança sobre outra que é mais feliz, rica, bonita ou inteligente do que ela. Nem as crianças, com toda a sua inocência, estão livres desse olho de inveja, também chamado olho-grande. Quando é bonita, nem se fala. Entre as várias maneiras de combater o mau-olhado, existe esta, específica para criança:

Coloca-se a criança sentada sobre 1 caixote, Enquanto aí ela estiver, profere-se as seguintes palavras:

"**F..., tu tens quebranto e mau-olhado. Quem te botou foi 1 olho imundo. Botou com o olho e eu tiro com a bunda.**"

NB: depois de dizer essas palavras, a mãe da criança deve sentar-se sobre o rosto da criança 3 vezes seguidas.

PARA QUE AS CRIANÇAS NÃO SEJAM VITIMAS

Se é bonita, vivaz, inteligente, bem-educada, estudioso? Bem, é difícil achar uma criança tão perfeita assim. Mas se ela for isso tudo mesmo, você é, sem dúvida, 1 pai de sorte. Nesse caso, esteja certo que não vai faltar quem lhe tenha inveja e comece a enviar a seu filho ou filha fluidos muito pesados. Nesse caso, defenda a sua criança com a seguinte e eficaz simpatia:

A criança deve ser passada 3 vezes entre as pernas do pai, com este proferindo o seguinte:

"Criança que vai, criança que vem, que todos os santos a cubram de Bem, não deixando que maus fluidos façam-lhe mal também. Em nome do Pai, do Filho e do Espírito-santo. Assim seja."

COM MARIA-PRETA

Se a criança que "apanhô quebranto ou mau-oiado" for do sexo masculino, benzer com a planta maria-preta; se for do sexo feminino, com mentastro, também chamada meladinha; a arruda, serve para uso em ambos os sexos. Rezar, então:

"Zóio mau que te viu, com esses memo eu te tiro; 3 pessoa distinta da Santíssima Trindade num só Deus verdadêro.

Falar por 3 vezes, fazendo cruzes nas costas e no peito da criança. 1 pai-nosso e 1 ave-maria para N. Sra. do Desterro. Continua a rezar:

"Vai pras água sargada e num fáiz mar a ninguém. Amém"

NB: "pra pô vertude na benzeção e curá devera deve rezar-se 1 pai-nosso e 1 ave-maria, jogando-se os raminhos usados, no fogo."

PARA TIRAR MAU-OLHADO E QUEBRANTO EM ADULTOS

Para tirar o quebranto e mau-olhado em adultos é só fazer a seguinte oração:

"Desapareça o quebranto olhos tristes, corpo torto. Com esta vista que benzo Que o quebranto seja morto Pai, Filho e Espírito-santo".

COM CRUZES

Faz-se em 1º lugar uma cruz no peito do doente, depois nas costas e, por último na sola do pé esquerdo. Rezam-se estas palavras:

"Olhadura,

Com os 2 olhos te puseram,

Com os 3 eu te tiro

Com os poderes de Deus-pai

Deus-filho e Deus Espírito-santo, Amém."

Repete-se estas palavras 3 vezes, enquanto a pessoa que benze faz 3 cruzes em cada face do doente, começando da esquerda, passando para a direita e voltando à esquerda novamente, em 1 total de 9.

COM 1 COPO

Enquanto o doente de mau-olhado segura 1 copo de água limpa, o benzedor fala:

"Deus te fez
Deus te criou
Deus tire o mal
Que no teu corpo entrou.
Em louvor de S. Pedro e de S. Paulo,
Que tire esse mau-olhado."

COM 1 RAMINHO

Orvalha-se o doente com 1 raminho de arruda molhada em água limpa, enquanto vão-se dizendo estas palavras:

"Assim como Deus fez
O mar salgado,
Assim ele te tire
Esse mau-olhado."

COM 3 GALHINHOS

Tomam-se 3 galhinhos de alecrim e com eles o benzedor vai batendo na testa e na nuca do paciente, enquanto reza:

"Assim como N. Senhor
Foi nascido em Belém,
E crucificado em Jerusalém,
Assim vá embora
O mau-olhado desta criatura,
Se por acaso o tem.
Pai-nosso, ave-maria.

NB: repetir 9 dias.

COM ALHO

Fazem-se cruzes na fronte e na nuca do paciente, com dentes de alho macetando: ao mesmo tempo, reza-se o seguinte:

"Quebranto ou mau-olhado
Quem te botou foram 2 olhos
E quem te tira é 1 dente de alho"

MORRA O MAL

"Jesus e Maria Santíssima
Eu vou te benzer de olhado
Jesus e Maria Santíssima
Aqui passou Cristo onde o mal; foi visto
Eu digo que morra o mal e viva Cristo
Com os poder de Deus
E da Virgem Maria."

NB: repetir 3 vezes, com 3 ramos verdes em gestos de cruz várias vezes.

† A seguir rezar 1 pai-nosso para a Sagrada Vida e Paixão de N. Sr. Jesus Cristo.

INVOCANDO N. SRA. DO DESTERRO

"Maria de Jesus
Eu te benzo de quebranto,
Zóio ruim, mau-olhado
Esse maldido zóios cumungado
Pusero com 2 e eu tiro cum 3"

NB: repetir 3 vezes, com 3 ramos verdes, em gestos de cruz várias vezes.

† A seguir rezar 1 pai-nosso com 1 ave-maria para N. Sra. do Desterro.

NB: na reza, os *2 que botaram o mau-olhado* são os olhos. A força de fazer o Mal. Os 3 citados como os que vão retirar a doença, além da mágica numerológica, são as 3 pessoas da Santíssima Trindade que compõem a cruz do *"Pai, Filho e Espírito-santo"*, que o galhinho de planta vai descrevendo sobre o corpo do doente. A bicha que *"há de ser retirada"* são vermes. Denominação popular de ascaridíase no interior nordestino.

OUTRA

"Eu rezo — *Fulano*
De mau-olhado, inveja olho atravessado
Ou do bom vizinho
Ou do mau vizinho

Se botar mau-olhado na criança
Ou no pecador
Vós tirais ou varreis
Jogais nas ondas do mar
Com os poder de Deus e da Virgem Maria
Amém."

NB: Repetir 3 vezes, usando 3 ramos verdes em gestos de cruz várias vezes.

† A seguir reza 1 ave-maria para N.Sra. do Desterro.

IDEM

"Deus te gerou
Deus te criou
Deus desencante
Quem te encantou
De quebranto e olhado
Quem te botou."

Na medida em que vai rezando, jogar uma brasa acesa dentro dum copo de água, até completar 3 brasas. Se as brasas afundarem a pessoa está contaminada. A seguir rezar 1 pai-nosso e 1 ave-maria para N. Sra. do Desterro.

TIRA VENENO

"Elia, Eloy, Salomão, Sinhô S. Bento
Tira veneno de oio de *Fulano*
De quebranto, olhado e mau olhado
Pra ir pras ondas do mar."

NB: repetir 3 vezes, usando 3 ramos verdes em gestos de cruz várias vezes.

† A seguir rezar 1 pai-nosso e 1 ave-maria.

INVOCANDO DEUS E A VIRGEM MARIA

"Com 2 que pós
3 que tira
Com os poder de Deus e da Virgem Maria".

NB: repetir 3 vezes, com 3 ramos verdes em gestos de cruz várias vezes. A seguir rezar 1 pai-nosso e 1 ave-maria para o santo da devoção.

OUTRA

"*Fulano* eu vou te benzer
Com os poder de Deus e da Virgem Maria
De 1 olhado, de zóio virado
Com 2 eu te ponho
Com 3 eu te tiro
Mau-olhado e zóio encravado
Como os poder de Deus e da Virgem Maria
Este filho está curado.
Deste mau-olhado
Jesus é quem pode
Jesus é quem tira
Essa mau-olhado deste filho
Maria concebida sem pecados
Cobri ele de vosso manto
Vosso poder
Curai esse mau-olhado
Jogai pelas águas do rio do mar."

NB: repetir 2 vezes, com 3 ramos verdes em gestos de cruz várias vezes.

INVOCANDO N. SRA. APARECIDA

"Tava N. Senhora sentada na pedra fria
Benzendo de quebranto e mau-olhado
Arca caída e ventre virado
Olhado ruim
Olhado de raiva
Olhado no seu virar
Olhado no seu andar
Olhado pelas costas
Olhado os seus passos
Com os poder de Deus e da Virgem Maria
N. Sra. da Aparecida
N. Sra. do Desterro
Vós que vai despejando todos mal."

NB: repetir 3 vezes com 3 ramos verdes em gestos de cruz, várias vezes.

† A seguir rezar 1 pai-nosso com 1 ave-maria para N. Sra. Aparecida.

O SANTO DE DEVOÇÃO

"*Fulano* eu te rezo de olhado

Com eu te ponho

Com 3 eu te tiro

Com os poder de Deus e da Virgem Maria

Vai quebranto, olhado pras ondas do mar sagrado

Onde não ouve galo cantar

Nem cachorro latir

Nem gato miar

Nem boi berrar."

NB: repetir 3 vezes, usando 3 ramos verdes fazendo gestos de cruz várias vezes.

† A seguir, rezar 1 pai-nosso com 1 ave-maria para o santo de devoção.

INVOCANDO STA. CATARINA

"Sta. Catarina quando andava pelo mundo

De 3 coisas tirava,

De mau-olhado e rivirado

Se for mau-olhado, sara

Se for rivirado vai pras ondas do mar

Se for rivirado vai pras ondas de Belém

Tira este mal dessa criança

Pra mais nunca

Pra sempre

Amém.

Com Deus adiante e a paz na guia da Virgem Maria

Criança eu te benzo

Com o poder de Deus-pai

Com o poder de Deus-filho

E Espírito-santo."

NB: repetir 3 vezes usando 3 ramos verdes em gestos de cruz.

INNVOCANDO A VIRGEM

"Eu te benzo de mau-olho de raiva ou de bem querer. Se é olho de raiva que botaro, se foi no teu negócio, na tua formosura, Deus te tirará.

Eu tem benzo com o ar do sol e com o ar da lua e as 3 Pessoas da Santíssima Trindade, que é Pai, Filho e Espírito-santo, que se representa na hora da missa no altar.

Deus te gerou. Deus no mundo te botou.

Deus te tire estes maus-olhos que neste corpo entrou. Deus botou, Deus tirará. 2 olhos que te invejara e 3 que te tirarão, que eu te benzo com as 3 missas do Natal e a hóstia consagrada.

Ó Virgem Maria, ó Virgem Pura, tirai o mau-olhado que está no corpo desta criatura. Assim como N. Senhora teve o sem bento filho 9 meses no seu ventre, te tire este mal que nunca mais em teu corpo entre.

Eu te benzo! Deus é que te cura".

NB: a benzedura é feita com 1 rosário.

INVOCANDO DEUS E VIRGEM MARIA — 1

"*Fulano*, em nome do Pai, do Filho e do Espírito-santo. Deus te fez e Deus te teve.

Isto foi uns olhos-ruim que pra ti olhou, olhado de raiva, olhado de querer bem, no teu comer, no teu beber, no teu mar sagrado, Creia nestas 3 palavras da S. Trindade que assim como sei que Deus é o Verbo e o Verbo é o mesmo Deus, em nome de Deus e da Virgem Maria que este teu olhado de raiva se acabaria. Amém Jesus".

NB: a benzedura é feita com 1 galho de arruda, fazendo-se com ele, repetidamente, cruzes sobre o paciente.

† Rezar 3 vezes

INVOCANDO DEUS E A VIRGEM MARIA — 2

"Com 2 te botaro, com 3 eu te tiro, em nome de Deus e da Virgem Maria. Deus é belo e belo é Deus e todas as coisas são feitas por Deus. Se tu não comes, comerás: se tu não andas, tu andarás; se tu não bebes, tu beberás; se tu não dormes, tu dormirás.

Todos os males que no teu corpo estiverem casados, hei de tirar-te e botar pelas ondas do mar sagrado, onde não veja galo cantar, nem poder bater azas."

NB: deve ser feita com 1 rosário o 1 crucifixo.

Mais ou menos semelhante a esta última é a "*oração para curá oiado*" que recolheu Artur Ramos e que vem no seu livro *A Aculturação Negra no Brasil.*

INVOCANDO JOÃO E JESUS

Benzendo o doente, com 3 oio de pião:

"Com 2 te botaram, com 4 te tiro, com 2 oios de N. Sr. Jesus Cristo 2 oios do senhô S. João, sai oiado mardito, vai-te pras onda do má sagrado com os poderes de Jesus, José, Maria, que Deus pode cum undo zoio-mau com nada pode coipo mardito pra todo sempre amém".

⁻ Rezar 1 pai-nosso e 1 ave-maria em intenção de quem botou, invocando senhor João e Jesus Cristo pra afastar o oiado dos teus oios-mardito.

INVOCANDO A SANTÍSSIMA TRINDADE

"Em nome do Pai, Filho, Espírito-santo,

Com a palavra de Deus eu venço

De quebranto inveja, invição e ódio,

Que tiver entranhado nos ossos

Ou na carne que seja retirado

Jogado no golfo do mar aonde

Não faça mal as criaturas

Pela missa de hoje e a festa do Natal.

Deus que vença dos astros do mar o ar do sol,

O ar da lua, com as 3 palavras da Santíssima Trindade.

Deus te gerou e Deus te criou, com as 3 palavras da Santíssima Trindade.

Tu hás de ser vencido de todos os mal, dos olhos-ruim, invidioneiro, que sejas ritirado com as 3 palavras da Santíssima Virgem Mãe de Deus".

NB: deve ser rezada 3 vezes.

INVOCANDO N. SENHORA

"*Fulano*, eu te benzo de olhado e de quebranto

Assim como tu és batizado,

Quero que tenhas fé em Jesus crucificado.

Se fôr quebranto olhado ou zipra

O que estiver em teu corpo encasado,

N. Senhora que tire

E bote nas ondas do mar sagrado,

Onde não chegue gente

Nem cristão batizado.

Fulano eu te benzo

Com as 3 palavras da Santíssima Trindade.

Se fôr quebranto, olhado, inveja, feitiço ou malefício,

O que estiver no teu corpo encasado,

N. Senhora que tire.

Em nome de Deus e da Virgem   Maria.

Deus te gerou, Deus te criou,

Deus que tire esse mal que no teu corpo entrou.

Sangue te pôs no corpo como Jesus Cristo no Horto,

Sangue te pôs na veia, como Jesus Cristo na ceia,

Sangue te pôs no lugar, como Jesus Cristo no altar.

Em nome de Deus e da Virgem Maria

Esse teu mal nunca aumentaria.

S. José, S. Joaquim, desate esse cordão

Ou N. Senhora que te deu

O teu divino pão"

INVOCANDO A SANTÍSSIMA TRINDADE

"Eu te benzo de olhado

Olhos ruins, olhos invejosos

Que olham para ti com maus-olhos,

Eu te benzo para que esse olhado

Não entre no teu corpo.

Eu te mando, olhado,

Para as ondas do mar sagrado,

Onde não cante galo nem galinha

E onde não vá cristão batizado.

Eu te benzo com as 3 palavras da Santíssima Trindade".

INVOCANDO DEUS E VIRGEM MARIA

"*Fulano*, eu te benzo em cruz, pelas chagas de Jesus, pelos passos que a Virgem deu pela rua da amargura. Se tens olhado ou quebranto, se foi no vestir ou no andar, ou no comer, ou de raiva, N. Senhora que te tire. Se o teu mal é forte, saia do teu corpo assim como Jesus Cristo padeceu à morte. Se teu mal é no corpo saia do teu corpo assim como Jesus Cristo padeceu na ceia Em nome de Deus e da Virgem Maria"

INVOCANDO DEUS, VIRGEM MARIA E A S.S. TRINDADE

"*F...* eu te benzo de dor, ares, quebranto, inveja e enxaqueca, raiva, perseguição, de todos os males será afastados para as ondas do mar sagrado e onde não passa cristãos sem ser batizado.

De tuas pernas, teus braços, de tua cabeça será regulado pelo Cristo meu. O padre vestido, revestido não pode celebrar sua missa sem a pedra (ara) primitiva. Senhora, livrai-me deste inferno que eu não te criei nem te pari. Santana pariu a Virgem Maria, a Virge pariu o Cristo, Sta.

Isabel, S. João e assim como tudo isto é verdade, queira tirar de *F...* dor, ar, quebranto, inveja. Se não comes, ades comer, se não andes, ades andares, se não trabalhas, ades trabalhares, toda amarração do teu corpo sairá com estas santas palavras que eu ei de curar em nome de Deus e a Virgem Maria, as 3 pessoas da S. Trindade.

Eu te benzo e Deus te salva".

COM ARRUDA OU ALECRIM

O benzedor recita a oração tendo à mão 1 galho de arruda ou alecrim, Atrás da orelha leva outros 2. Com o 1° galhinho faz o benzimento, dizendo:

"Desapareça o quebranto,
Olhos tristes, corpo torto,
Com esta vista que benzo
Que o quebranto seja morto".

Tira-se 1 dos galhinhos que estão atrás da orelha e persigna-se. Retira o derradeiro, torna a persignar-se, reúne os 3 e conclui:

"Foi-se o 1°, murchou
Murchará este também
E mais ainda o 3°
Para sempre, sempre, amém."

Pela mãe ou madrinha
"Eu te pari,
Eu e Deus te criamos,
Os quebrantos que te botaram,
Nós mesmos tiraremos,
Amém".

NB: deve ser feita a benzedura pela mãe ou madrinha, que, com a língua, faz uma cruz na fronte e nas faces do quebrantado...

COM UMA FACA

"*Fulano*, se te deram mau-olhado de inveja, de olhado ou de amizade, o divino-espírito-santo, Santana, S. João que tire e leve a pinchar no mar sagrado".

NB: o benzedor executa a reza com uma faca de ponta. O paciente deve estar sentado de frente para o poente. A faca toca-lhe a cabeça (nuca), o ombro esquerdo, o direito por 9 vezes a benzedura é recitada. Entre a 3^a e a 4^a e entre a 6^a e a 7^a, reza o credo.

DE 6ª-FEIRA

"Deus tire este mau-olhado que te puseram e que nunca mais volte".

Rezada num dia de 6ª-feira à noite, com 3 ramos verdes, fazendo 1 cruz na frente e outra nas costas da pessoa. Depois de rezadas as palavras acima, a benzedeira reza a salve-rainha e vira, rapidamente a pessoa para a lua.

INVOCANDO DEUS E VIRGEM MARIA — 1

"Deus é quem te fez; Deus é quem te criou; Deus é quem te livra do trabalho que no teu corpo encasou; se foi 1 quebranto de raiva ou se foi inveja, ou algum olho ruim que pra ti olhou, assim eu te benzerei com estas palavras de Deus e que esse quebranto seja acabado, que no teu corpo não possa parar, Deus e a Virgem Maria quem te há de curar".

INVOCANDO DEUS E VIRGEM MARIA — 2

"Deus te fez e te criou; diabo saiu expulso e no teu corpo não ganjou. Se há mal nesses teu corpo, se há ruindade ou quebranto, inveja ou mau-olhado, que sáia tudo escurraçado e que Deus e a Virgem Maria te livre do pecado".

CONTRA FLATO, SANGUE, REMATISMO E MAU-OLHADO

"Deus é sol, Deus é claridade; Deus é o sumo da Santíssima Trindade. Se é "frato" ou sangue ou mau-olhado, Deus calme, com a Santíssima Trindade" (Dizer aqui o nome da pessoa que é benzida).

CONTRA "AR", QUEBRANTO E MAU-OLHADO

"Eu te benzo, em cruz,

Pelas chagas de Jesus;

Pelas passadas que a Virgem deu na rua da amargura. Se tendes quebranto ou mau-olhado ou "ramo de ar", ou mal que te fizeram, N. Senhora que te curre de todas as maldades e eu te benzo em nome do Pai, do Filho e do Espírito-santo".

INVOCANDO DEUS — 1

"Deus te fez,

Deus te criou

Deus te dessolhe

De quem mal te olhou.

Se é torto ou excomungado
Deus te desolhe de seu mau olhado".

INVOCANDO DEUS — 2

"Deus te fez, Deus te criou. Deus tire o mal que no teu corpo entrou. Em louvor de S. Pedro e S. Paulo, que tire este mau-olhado. Assim como Deus fez o mar sagrado, assim ele te tire este mau-olhado. Assim como N. Senhor foi nascido em Belém e crucificado em Jerusalém, assim vá o mal desta criatura se por acaso o tem"

† Pai-nosso, ave-maria, 9 vezes.

INVOCANDO VÁRIOS SANTOS

Põe-se a mão direita sobre o coração da pessoa doente, pronunciando as seguintes palavras milagrosas:

"Jesus! o nome de Jesus me ajude! aonde eu puser a mão, ponha Deus a sua santa virtude. Cristo vive, Cristo reine, Cristo te ilumine, Cristo te defenda de todo o mau-ar. Aleluia (3 vezes). N. Senhor me perguntou: tu de que tratas Maria, eu trato de ruindade e da apoplexia, gota coral e de todo mau-ar e se essa criatura tiver alguma destas coisas tais areias do rio vai parar, porque eu tiro-lhe pela cabeça. Senhora Sta. Tereza eu tiro-lhe pela banda. Senhora Santana, eu tiro-lhe pela frente. Senhor S. Vicente, eu tiro-lhe por trás. Senhor S. Brás, eu tiro-lhe pelo fundo e N. Senhor por todo o mundo."

† Pai-nosso, ave-maria.

INVOCANDO DEUS

"Leva o que trouxeste; Deus me benza com a sua santíssima-cruz; Deus me defenda dos maus-olhos e maus-olhados de todo o mal que me quiser; e tu és o ferro e eu sou o aço; tu és o demônio e eu te embaraço. Pai, Filho e Espírito-santo."

BENZEDURA DE GOV. VALADARES

† Benzer, rezando:

"N. Senhor quano andô no mundo nada disso encontrô. *F...*, que tem?

—Mau-oiado.

— Vos te curro e de quebranto ou ventre virado ou espinhela caída; assim memo vos te curo; com os poder de Deus-pai, Deus-fio e Deus Esprito-santo. Amém."

BENZEDURA DE MINAS — 1

† Benzer, rezando:

"Quano Jesuis Cristo andô pelo mundo encontrô home bão, muié má, casa chuja, estêra rôta, lançór moiado. *F...*, Deus que te livra do mau-oiado e do mar de espanto e do ventre-virado."

† 1 ave-maria-concebida-sem-pecado.

BENZEDURA DE MINAS — 2

† Benzer, rezando:

"E vinha S. Pedro; em Roma encontrô N. Senhora:

— Adonde vai, Pedro?

— Vô em Roma, Senhora.

— Fazê, Pedro?

— Vô buscá reméido pra curá de mau-oiado, quebranto ou mar de espanto de *F...*

— Assim curará; de quebranto, mau-oiado ou mar de espanto, com os poder de Deus e da Virge Maria. Amém."

BENZEDURA DE 7 LAGOAS

† Benzer com 3 galhinhos de alecrim, em cruz sôbre o paciente, rezando: "Com 2 de botaro, com 5 te tiro; em nome do Pai, do Fio e do Esprito-santo, amém."

NB: "2 *te botaro*" = 2 olhos;
   "5 *te tiro*" = 5 dedos da mão

BENZEDURA DE BETIM

† Benzer, rezando em cruz sobre uma vasilha de água, na qual se vai jogando uma brasa por vez, durante 9 vezes: *"se a brasa vai pro fundo da vasilha... a criança tem muito quebranto; se ficá na tona d'água... não tem; se algumas afundar e outras não... é sinal que tem 1 bocadinho."*

† Rezar:

"*F...*, **eu te benzo; se for quebranto ou mau-o do vai pras água sargada do mar, onde não canta galo e nem chora criança.**"

† Rezar 1 ave-maria e 1 credo.

BENZEDURA DE B. HORIZONTE

† Benzer, rezando:

"**Benzo quebranto, mau-olhado, zólho-excomungado. Quem pôiz não tira; quem tira é a Virge Maria, Mãe de N. Senhor.**"

† Rezar 1 pai-nosso e 1 ave-maria.

MAUS-ESPÍRITOS

Esta benzedura pode ser feita tanto para uma pessoa quanto para uma casa.

O benzedor deverá aspergir água benta, com o emprego dum ramo verde, sobre os 4 cantos da casa a ser benzida ou sobre o corpo (menos a cabeça) do indivíduo, recitando em seguida esta fortíssima oração:

"**Jesus Cristo reina. Jesus Cristo impera. Jesus Cristo governa por todos os séculos dos séculos.**

Se Satanás pretender dominar esta casa (ou *F...*) por meio de bruxedos e feitiçarias, N. Sr. Jesus Cristo defenderá esta casa (ou *F...*), impedindo que ela (ou *F...*) seja dominada pelas insídias diabólicas. Suplico-vos, oh! Senhor, vossa proteção contra os maus-*espíritos*, agentes de Satanás.

Pela cruz de nosso Salvador, ide para o reino das trevas, *espíritos* malignos, que tencionais escravizar os filhos de Deus. Pela cruz de N. Sr. Jesus Cristo. Assim seja."

† Rezar 3 credo-em-Deus-pai, 3 pais-nossos e 3 ave-marias.

PESSOA TOMADA POR MAU ESPÍRITO

Quando uma pessoa estiver tomada por 1 espírito mau, o benzedor deve cuidar de levar azeite de oliva, sal e 1 ramo de alecrim, guiné e arruda; a 1ª benzedura deve ser na testa, dizendo com energia:

"Em nome de Deus-pai, Jesus Cristo, a Virgem Maria e Todos-os-Santos, eu digo que se afaste daqui, *espírito* tenebroso. Eu o expulso com o sinal-da-cruz."

Em seguida deve ungir no peito a pessoa que está possuída pelo mau-*espírito*, dizendo:

"Aqui neste peito onde bate 1 coração puro dum temente a Deus, não ficará infeliz criatura vinda dos baixos infernos."

Depois de também ungir os pulsos da pessoa tomada, jogar, logo em seguida, água fria, com 1 balde, sobre a cabeça dela.

MEDO

DA ESCURIDÃO

As crianças costumam ter medo de dormir em quarto escuro. Mas. quando se trata de andar por uma casa às escuras, até alguns adultos ficam temerosos. São pessoas sensíveis que percebem ruídos estranhos, associando-os à presença de fantasmas.

Contudo, podemos fazer com que essas pessoas percam tal medo, praticando uma benzedura de fórmula muito antiga.

Para levar a benzedura a efeito, precisamos ter à mão óleo de oliva e cinzas de madeira.

1º misturamos o óleo com as cinzas para preparar a unção.

Enquanto preparamos esta mistura dizemos mentalmente:

"Essa benzedura afastará o medo de tudo que a noite esconde, seja falso ou verdadeiro."

† Em seguida fazemos uma cruz com o óleo e a cinza na testa da pessoa e rezamos juntos com ela 3 pais-nossos.

E AGONIAS

"Como Sta. Teresa tomou da água benta e dela se serviu, quero benta essa água que também me servirá.

Esta água de Deus espantará os demônios, porque toda água é bendita e todo demônio a teme.

Por esta água, Senhor, que beberei, me livrarei das culpas e pecados, dos medos e das agonias, das doenças e do mau-olhado. Por isso eu faço o santo sinal-da-cruz sobre a água limpa que limpará seus males. Por isso faço o santo sinal-da-cruz, que dará a esta água o poder de curar qualquer doença."

Beber 1 gole ou dar a beber.

"Como Sta. Teresa tomou da água benta e dela se serviu, esta água também me servirá."

Para não ter medo de nada

"*O medo* — como disse Krishnamurti, o maior filósofo da Índia — *é o maior inimigo da inteligência.*" As pessoas medrosas acabam por não entender o mundo em que vivem, porque o medo as faz olhar sempre para o que já passou e nunca para o que se está passando naquele momento e naquela hora. O medo é uma doença psicológica como qualquer outra e pode ser combatido. Para combater o medo temos a "Benzedura de S. Bartolomeu."

Para praticar essa benzedura, a pessoa que benze não deve ter, ela mesma, medo de coisa alguma. Depois deve ter em sua mão direita 1 ramo de arruda molhado em água pura e com ele ir benzendo a cabeça da pessoa dizendo:

"Não há medo que me pegue nem me faça susto, porque nunca andei só. Ando com S. Bartolomeu.

Medo não me alcança e mal nunca coisa alguma me fará.

Em nome do Pai do Filho e do Espírito-santo. Amém."

MENSTRUAÇÃO

Em demasia

Quando a mulher casada ou a moça donzela chegam naqueles dias e o sangue destampa a descer sem parar, d. Mariquinha de Sta. Maria da Vitória (sertão baiano) costuma benzer assim:

Unta as mãos com óleo de cozinha amornado, esfrega-se sobre o ventre da paciente e vai repetindo 3 vezes:

"Sangue, põe-te na veia, assim como Deus N. Senhor pôs-se na ceia. Sangue, põe-te em ti, assim como Deus N. Senhor pôs-se em si. Sangue põe-se no horto (útero), assim como Deus N. Senhor pôs-se suposto, amém."

NB: termina rezando 1 pai-nosso, 1 ave-maria e 1 glória-ao-pai.

Outra benzedura

Nesta benzedura a pessoa que vai benzer não precisa tocar na doente. Basta que esta 2ª se dobre ao 1/2, colocando no ventre 1 pano aquecido, enquanto a benzedeira reza segurando uma imagem de N. Senhora:

"Tende sangue em si, tende sangue no horto (útero), **assim como Jesus Cristo teve na hora da morte. Tende sangue em reza forte, assim como Jesus Cristo teve na hora da sua morte. Tende sangue nas veias, assim como Jesus Cristo teve na hora da sua ceia. Amém"**

E termina benzendo em cruz a paciente e dizendo:

"Glória do Pai, Glória do Filho, Glória do Espírito-santo. Amém."

Quando ela não for normal

O paciente deverá ficar deitada, enquanto a benzedora faz o sinal-da-cruz sobre o seu baixo-ventre, 3 vezes, com 1 ramo verde; 1/2 longo, rezando a seguir:

"Em nome do Pai, do filho e do Espírito-santo, S. Marcos Mateus cortando mato em campo seco.

Sangue em ti como Jesus Cristo teve em si.

Sangue quente na veia, como Jesus Cristo teve na ceia.

Sangue tem quem é eterno, como Jesus teve na serra.

Sangue tem quem em porte, como N. Sr. Jesus Cristo teve na hora da morte.

Em nome do Pai, do Filho e do Espírito-santo.

Amém."

MOLÉSTIAS MALIGNAS E CONTAGIOSAS

"Limpai-me, S. Roque, das impurezas do corpo e *d'alma*, a fim de que estas feridas sarem, assim como sararam as 5 chagas de N. Sr. Jesus Cristo.

Protegei-nos S. Roque, contra as moléstias malignas e contagiosas, guardai-nos das epidemias. Assim seja."

Em seguida, benzer 3 vezes a ferida, aspergindo sobre a mesma água benta, dizendo:

"S. Roque falou.
A chaga fechou,
S. Roque falou,
Ferida fechou."

MOLEZA

E PREGUIÇA

A benzedura que faz perder a preguiça e sair da letargia, do corpo mole, serve para ajudar aqueles que embora não sejam moralmente vagabundos, estejam assim por alguma razão, 1 olhado ruim qualquer.

Faz-se 1 amassadinho de óleo de oliva, cebola picada e alho pisado. Chega-se ao paciente, entregando a ele a tigelinha onde está a mistura, para que a segure. Então, unta-se o polegar da mão direita e faz-se o sinal-da-cruz enquanto se diz:

"Saia preguiça desta cabeça; saia a preguiça deste braço; saia a preguiça deste outro braço saia a preguiça do abdômen; saia a preguiça do tórax; saia a preguiça da perna; saia a preguiça da outra perna; saia a preguiça dos pés e das mãos."

† Reza-se logo apos 3 pais-nossos.

MORDIDAS E PICADAS

DE ARANHA

No interior de Minas Gerais, mais precisamente da cidade de Sacramento, vem esta benzedura muito popular que serve contra as mordeduras das aranhas pretas que, dizem, são as mais venenosas.

O benzedor desenha uma aranha no chão de terra usando a ponta de 1 punhal, de preferência com cabo de osso. Enquanto faz cada risco que seriam as pernas da aranha, vai dizendo a oração da benzedura:

"Andavam 25 gafanhotos, todos 25 numa campanha, todos 25 bem armados, fizeram fogo, aranha, amém."

DE COBRA OU BICHO PEÇONHENTO

No instante em que a pessoa for mordida pela cobra coral ela deve ser levada ao médico ou, na ausência deste, que lhe seja imediatamente aplicado o soro antiofídico, pois estará correndo perigo de vida. Se não houver nem soro à mão, o ferimento deve ser limpo e uma pessoa que não tenha feridas na boca sugará o local atingido, ao mesmo tempo em que se improvisa 1 garrote acima da picada para que o veneno não circule. Feito isso, aí sim passa-se à benzedura:

O benzedor deverá bater 7 vezes com 3 galhos verdes, em forma de cruz, sobre o local atingido pelo bicho, aspergindo-o depois com água benta, enquanto pronuncia:

"Senhor S. Bento, com o santo milagre e com a água benta, retirai o veneno desse bicho mau peçonhento. Meu glorioso S. Bento, com cravo, água fria e a Virgem Maria, tirai esse veneno que nesse corpo não havia. Esse veneno que não entrou pela boca de *F*... vai sair pela respiração. Em nome do Pai, do Filho e do Espírito-santo. Amém."

† Rezar em seguida 1 pai-nosso e 1 ave-maria em louvor a S. Bento.

BICHO PEÇONHENTO — 2

Como curativo de mordedura ou picada de bicho peçonhento, é aconselhado rezar: **"Pai, Fio e Espírito-santo, amém. (Signo de Salomão) Bicho-mau, peçonhento, fendeu *F*..., fendeu foi Frei Clemente de Jesuis. Com os poder de S. Bento padre Frei Clemente de Jesuis e as 3 pessoa da Santíssima Trindade, este vivente tá curado. (Signo de Salomão)"**

† 1 pai-nosso e 1 glória-pátri para S. Bento e Frei Clemente de Jesus
(De 7 Lagoas.)

BICHO PEÇONHENTO — 3

"S. Bento, n'agua benta,
Jesus Cristo no altar;
o bicho que estiver no caminho
arrede que eu quero passar".

(De Sta. Catarina)

BICHO PEÇONHENTO — 4

Já no Ceará, afugentam-se os bichos peçonhentos rezando-se quando se anda nos matos: **"Senhor S. Bento, livrai-me de cobra e de bicho peçonhento"**.

De abelha

Benzer da seguinte forma: faz-se 1 sinal-da-cruz, riscando no chão, com palha de milho; rezar: **"Abeia não ofendeu a** *F*...; **ofendeu esta cruz do senhor S. Bento."**

NB: faz-se, a seguir, uma cruz com fumo sobre o lugar da picada; tira-se, de cada quarto da cruz uma pitada de terra... e dá-se ao doente para beber num copo de água.

De escorpião

"Em louvor da Sagrada Paixão e Morte de N. Sr. Jesus Cristo, vou benzer esta criatura (ou esta casa) **de Deus sem interesse e sem conhecimento. Quem te ofendeu, criatura de Deus? Bicho mau não lhe ofendeu. Ofendeu o padre Frei Clemente da Flor da Incherta. As palavras são certas diante de Deus e as 3 pessoas da Santíssima Trindade. Este veneno não há de ir adiante."**

† Rezar 1 pai-nosso e 1 ave-maria.

NB: esta oração, no caso de escorpião, é rezada durante 3 6as-feiras e faz com que o terrível aracnídeo se mude para o lugar que a gente indicar; sendo que, deixando de rezá-la 3 6as-feiras seguidamente, o animal volta à casa em que habitava

De qualquer bicho venenoso

Os caboclos que precisam trabalhar na mata costumam procurar os benzedores e benzedeiras pedindo que façam esta benzeção para protegê-los durante o ano inteiro contra os bichos venenosos com que cruzarão. É uma benzedura que precisa ser feita na última noite do ano, por ser dedicada ao santo desse dia: S. Silvestre.

O benzedor usa 3 ramos verdes amarrados em feixe, fazendo cruzes em torno do corpo todo do benzido, enquanto diz:

"S. Silvestre de ramos,
vós que nos livreis de tudo,

7 cães raivosos,

homem temeroso,

joio de chanfra,

ferro frio,

água do rio,

da morte suplicante,

amém."

EM ANIMAL DOMÉSTICO — 1

Às vezes é impossível levar o animal até o curandeiro ou levar o benzedor até onde está o animal. Então existe uma benzedura que pode ser feita a distância, para salvar a criação mordida por cobra ou outros bichos venenosos. Virado na direção em que indica estar o animal ferido, o benzedor se ajoelha e fazendo cruz com uma planta qualquer que sirva de alimento ao animal e ser benzido (espiga de milho, ramo de capim, gomo de cana etc.), diz:

"Assim como Deus foi livre, salvo e santo do ventre da Virgem da Conceição, 9 meses, assim será o (e diz que animal foi atacado) **picado por bicho de peçonha. Se tiver veneno no sangue servirá de aumento para as carnes dele. Amém."**

NB: terminado, o dono do animal deve levar a planta usada e dar para que o doente coma. Se ele não aceitar, a benzedura precisará ser repetida até que o animal aceite a comida e sare.

EM ANIMAL DOMÉSTICO — 2

No caso dos animais domésticos picados por cobras ou aranhas ou escorpiões, ou qualquer outro bicho peçonhento, a benzedura tem de ser muito especial. Diante do animal caído, ferido, o rezador se ajoelha e, fazendo cruzes sobre seu corpo (de preferência no local picado) com uma faca limpa diz:

"Estrela gloriosa que Deus criou para defensora dos venenos: que o veneno de qualquer serpente ou bicho se converta em sangue e o sangue sirva de alimentação para o corpo deste animal envenenado. Amém."

NB: a seguir, a faca deve ser guardada longe da vista, bem escondida. E, passados 3 dias, com a mesma faca, a benzedura precisa ser repetida. Assim sucessivamente, até que o animal esteja completamente arribado.

De maribondo

Seja uma ou sejam muitas as picadas, o importante é fazer rapidinho esta benzedura pra que a pessoa atacada por marimbondos não inche demais, não se deforme e não fique sofrendo de dor aguda. A pratica é simples e rápida:

Coloca-se a parte (ou as partes) picada no chão e faz-se o contorno com a ponta duma faca ou punhal. Sobre esse contorno desenha-se uma cruz. De 1 dos braços da cruz tira-se 1 pouco de terra raspando com a ponta da mesma faca. Coloca-se a terra num copo ou cabaça, com 1 pouco de água, preparando barro. Com o polegar direito sujo desse barro faz-se uma cruz no local da picada, deixando ali 1 bocado da terra amassada n'água.

Em seguida, o benzedor reza 3 ave-marias, que o *Fulano* picado de marimbondo responde.

Pra terminar, o benzedor pergunta:

"— Pra quem foram essas rezas?

E o doente responde:

— Para as 5 chagas de N. Sr. Jesus Cristo, amém."

Para a criança nunca ser atacada enquanto dormir

Como é comum no sertão os bichos (aranhas, percevejos e até mesmo cobras) entrarem nas casa e atacarem quem dorme, esta é uma benzedura para proteger a criança dormindo em seu berço. Contra todo e qualquer tipo de ataque de bicho durante a noite ou mesmo durante o dia, quando os pais estão entretidos no serviço da roça ou da casa. A mãe junta uma brasa enquanto a criança dorme em seu berço. Bota na brasa pra queimar 3 palhinhas de alho, 1 pouco de pó de café e 1 punhadinho de sal. E vai defumando ao redor do berço com a criança que dorme, por 3 vezes repetindo:

"Eu defumo meu filho e seu berço como a Virgem Santíssima defumou seu filho menino Jesus na manjedoura, para que todo bicho que chegue dele se apiede e não ataque jamais."

Benzedor
Tiago Cruz (Paraná)

NATUREZA

Contra sua violência

O benzedor e a pessoa a ser protegida devem ficar de joelhos, no terreiro da casa, enquanto o 1º recita, com a mão sobre a cabeça do 2º:

"Eu te conjuro, nuvens, furacões, granizo, chuva de pedra, tormenta e tromba d'água, em nome do Grande Deus Vivente, Adonai, Eloihin, Teobac, Metraton, que te dissolvas, como sal n'água, e te retires às selvas inabitadas e barrancos incultos, sem causar dano ou estrago a ninguém.

Faço o sinal-da-cruz às 4 partes do mundo e, se é tromba d'água se cortará da mesma forma, mas é preciso ter 1 punhal de revés na mão esquerda. E com ele eu faço o sinal-da-cruz, 4 vezes e corto as 4 partes do mundo e esconjuro as tormentas e fenômenos agressivos da Natureza com as 4 palavras que Deus falou a Moisés: Uriel Seraph, Josafá, Ablaty, Agla Caila. Em nome do Pai, do Filho e do Espírito-santo. Amém."

NEVRALGIAS

E dor de dentes

O doente, após 3 bochechos de água com 1 pouco de sal grosso, será benzido no local dolorido de sua boca pelo benzedor, que assinalará com 3 gestos em cruz, ao mesmo tempo em que vai rezando:

"Em nome do Pai, do Filho e do Espírito-santo. Sta. Apolônia, que por amor a Jesus fostes martirizada, dizei comigo estas palavras, fazendo comigo o sinal-da-cruz. Se for 1 gota de sangue secará (sinal-da-cruz). **Se for 1 verme ou micróbio morrerá** (sinal-da-cruz). **Assim seja."**

† Em seguida, rezar 1 creio-em-Deus-pai em louvor a Sta. Apolônia.

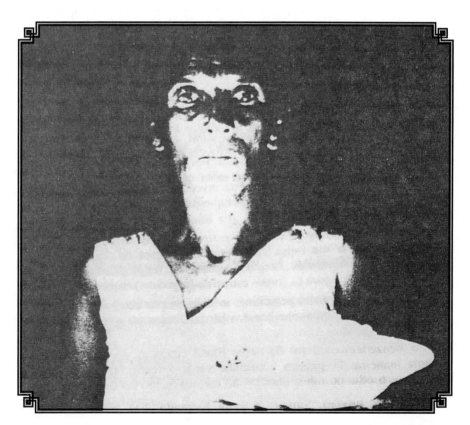

Benzedeira
Joana das Anjos (Amazonas)

OLHOS

Explica o pesquisador Oswaldo Cabral, que o folclore oftalmológico é bastante rico e no capítulo das benzeduras tal riqueza é patente pela variedade das orações que possui.

No Brasil Sta. Luzia é a padroeira invocada pelo povo contra os males, doenças e afecções que atingem o aparelho da visão, patronato que é comum a todos os povos latinos.

Com efeito, a Virgem e Mártir é invocada não só contra a cegueira, qualquer que seja a sua causa, como também na cura de simples nubéculas (velida), na dos bórdeolos (terçóis, viúvos, na linguagem popular), para deficiência da visão e para os corpos estranhos (argueiros) encravados na córnea.

Se não existe colírio, penicilina, médico ou pratico, valei-nos então N. Senhora e Sta. Luzia, pelas mãos das benzedeiras, para que voltemos a ter olhos sãos.

As benzedeiras antigas do nosso Brasil curam as doenças oculares da seguinte maneira: 1º, passam 1 raminho verde 3 vezes, fazendo o sinal-da-cruz, sobre o olho ou olhos doentes, ao mesmo tempo em que vai recitando:

"Nuvem, nuvem. Sangue e água formada. Em honra e glória à Santíssima Trindade, que *F...* seja prontamente curado(a)**. Assim seja."**

† Rezar em seguida 3 pais-nossos e louvor a Sta. Luzia.

NUBÉCULAS OU VELIDAS

As nubéculas, ou velidas — pequenas manchas que aparecem na córnea — costumam atacar os olhos, diminuindo a capacidade visual do paciente. Podem ser tiradas com uma benzedura dedicada a Sta. Luzia. Assim:

Preparar 1 pouco de água com sal fino. Tirar o desenho do pé da pessoa, do mesmo lado em que estiver a velida no olho. Escrever no molde do pé o nome do paciente e a palavra velida.

Em seguida, pingar algumas gotas da água salgada no olho afetado e rezar 1 pai-nosso e 1 ave-maria para cada letra escrita.

Enquanto reza, o benzedor vai riscando as letras com uma faca de ponta. Mas antes de começar a benzer, dedicar a prece para Sta. Luzia.

ARGUEIROS

Para se limpar o olho de algum cisco teimoso que o incomoda ou que incomoda a outra pessoa, leia 1 benzimento feito por curandeiros e benzedeiras para resolver o problema:

Coloque 1º o dedo indicador da mão direita em frente ao olho que tem o cisco e, movendo o dedo em forma de cruz, recite as seguintes palavras: **"Corre, corre cavalinho, vai à casa de S. Pedro e bate-lhe à porta, dizendo que foi buscar Sta. Luzia, para curar o olho de** *Fulano* (dizer o nome do benzido, ou se for a própria pessoa, dizer "o meu olho"). **Sta. Luzia que tinha 3 filhas, tirai o cisco do olho de** *Fulano* (ou do meu olho).

NB: repetir o ato 3 vezes. Se quiser, pode-se usar em substituição ao dedo, 1 galho de arruda, molhado em 1 copo de água.

BENZEDURA DE STA. CATARINA

Também chamado de *argueiro*, o cisco que costuma cair nos olhos das crianças, durante as brincadeiras, deve ser tirado com esta benzedura em versos:

"Corre, corre cabaleiro,

vai à casa de S. Pedro,

dizer a Sta. Luzia,

que mande o lencinho dela,

para eu tirar este arqueiro

que caiu dentro deste olho."

NB: a criança precisa ficar de olhos bem abertos, olhando o céu estrelado, enquanto a benzedeira faz cruzes com o polegar direito sobre o olho sujo com cisco ou argueiro.

Se não sair, repetir a benzedura por 3 vezes seguidas, mas com todos os presentes muito bem concentrados e cheios de fé no poder do "lencinho de Sta. Luzia."

INVOCANDO STA. CLARA

Para tirar qualquer coisa estranha dos olhos existe a "Oração de Sta. Clara."

Pede-se à pessoa que tem os olhos ofendidos, que os feche.

Diz-se:

"Bem-aventurada

Sta. Clara,

Que morrestes com tantos

sentimentos de piedade,

que Deus permitiu que
fôsseis santificada.
Fazei, por vossa intercessão,
que seja curado o mal
que aflige *F*....
F..., logo que abrir
os olhos, estará curado."

Feita esta oração, mandar a pessoa abrir os olhos e soprar dentro deles 3 vezes. Em cada vez que soprar, deve-se repetir o seguinte:

"Em nome do Pai, do Filho
e do Espírito-santo,
e por Sta. Clara,
sai cisco deste olho."

COM ÁGUA E SAL

"Jesus Cristo ia por 1 caminho, encontrou uma criatura e perguntou o que tinha e a pessoa responde:

— É velida que na minha vista se criou.

Jesus Cristo responde:

— Corta a cabeça e a cauda, que essa velida morrerá e nunca mais aumentará. De hoje em diante irá secar."

Pinga-se água de sal no olho do doente e diz-se:

— Sta. Luzia te matará esta vélida que nunca mais aumentará e daqui em diante irá secar."

¯ Pai-nosso e ave-maria, oferecidos a Sta. Luzia.

NB: para se fazer a benzedura preparar-se água de sal. Tira-se a medida do pé do paciente, no lado em que se encontra a lesão. Escreve-se na mesma a inicial do nome do paciente e mais a letra "V", que quer dizer vélida. À medida que se benze, com uma faca vão-se cortando as letras, em forma de cruz. Benze-se fazendo com o dedo polegar uma cruz sobre o olho atingido. A oração é repetida 3 vezes.

INVOCANDO STA. LUZIA — 1

Os corpos estranhos encravados na córnea — argueiros — por mais freqüentes e banais, têm copioso formulário de benzeduras:

"Sta. Luzia
Passou por aqui
Com seu cavalinho
Comendo capim.
Deu-lhe pão,
Disse que não;
Deu-lhe vinho,
Disse que sim.
Em nome de Deus e da Virgem Maria."

INVOCANDO STA. LUZIA — 2

"Sta. Luzia não gostava de ver nada sujo; por isso, andava sempre com uma vassourinha na mão, recomendado limpeza.

Sta. Luzia, olhe para cá,
Sta. Luzia, olhe para lá,
Sta. Luzia, olhe para cá".

NB: faz-se a benzedura com 1 galhinho de arruda em água levemente açucarada, fazendo cruzes sobre o olho e sobre ele pingando o líquido. Repete-se de 3 a 9 vezes, mandando-se que o paciente pisque os olhos tão rapidamente quanto lhe fôr possível.

INVOCANDO STA. LUZIA — 3

"Sta. Luzia
Passou por aqui,
Com o seu cavalinho.
Comendo capim,
Sangue de Cristo
Caiu aqui".

INVOCANDO STA. LUZIA — 4

"Sta. Luzia passou por aqui
no seu cavalinho comendo capim;
perna de banco,
nariz de cupim."

Benzedura de S. Paulo

INVOCANDO STA. LUZIA — 5

"Passa, passa, cavalinho,
vai passando devagar;
vai dizer à Sta. Luzia
que meus olhos vão cegar."

Benzedura de Sta. Catarina

INVOCANDO STA. LUZIA — 6

"Sta. Luzia passou por aqui
em seu cavalinho comendo capim;
sangue de Cristo caiu nos meus olhos
não me fez mal."

INVOCANDO STA. LUZIA — 7

"Passa, passa, cavaleiro,
por cima deste outeiro,
vai pedir a N. Senhora
Que te tire este argueiro.
Sta. Luzia passou por aqui,
o seu cavalinho comendo capim;
pediu pão, lhe disse que não;
pediu vinho, lhe disse que sim."

INVOCANDO STA. LUZIA — 8

"Corre, corre, cavaleiro,
vai na porta de S. Pedro,
dizer à Sta. Luzia
tire este argueiro do meu olho."

Benzedura do Ceará

INVOCANDO STA. LUZIA — 9

"Sta. Luzia
Passou por aqui,
Com o seu cavalinho
Comendo capim;
Corre, corre, cavalinho,
Por sobre estes monteiros,

322

Vai pedir a N. Senhora
Que te tire este argueiro."

INVOCANDO STA. LUZIA — 10

"Sta. Luzia
Passou por aqui,
Com o seu cavalinho
Comendo capim,
E o cisco saiu".

INVOCANDO STA. LUZIA — 11

"Sta. Luzia
Passou por aqui,
Com o seu cavalinho no colo
Comendo capim.

Perguntei se ela queria
1 pedacinho de pão
Ela disse que não.
Perguntei se ela queria
1 pouco de água
Ela disse que sim.

Sta. Luzia,
Passando por aqui,
Com teu cargueirinho
Leve este cisco".

INVOCANDO STA. LUZIA — 12

"Sta. Luzia
Passou por aqui,
Com seu cavalinho
Comendo capim.
Dei-lhe pão,
Disse que não.
Dei-lhe vinho,
Disse que sim."

INVOCANDO STA. LUZIA — 13

"Corre, corre, cavaleiro

Vá à casa de S. Pedro,

Diga a Sta. Luzia

Que me mande o seu lencinho

Para tirar este arqueiro (ou cisquinho)."

NB: diz-se por 3 vezes, suspendendo-se a pálpebra do olho atingido.

INVOCANDO STA. LUZIA — 14

"Corre, corre, cavalheiro

Vai à porta de S. Pedro

Dizer à Sta. Luzia

Que mande o seu lencinho

Para tirar este arqueiro".

OLHO-GORDO

Existem inúmeras maneiras de se benzer 1 doente, tanto de enfermidades como de olho-gordo, quebranto, proveniente de pessoas invejosas. Dentre elas eu soube — aliás, já assisti — dum modo curioso e pitoresco de benzer uma criança atacada de mau-olhado, naturalmente feito no interior e nordeste do Brasil, pelas próprias mães zelosas da saúde dos doentinhos. Parece brincadeira, mas há muita seriedade nisso. É o seguinte: A mãe põe o (a) menina (o) sobre 1 caixote bem baixo e diz concentrada e fervorosamente as seguintes palavras:

"*Fulano* (fala o nome do(a) doentinho(a)), **tu está com olho-gordo, mau-olhado e quebranto, quem te botou foi uma vista imunda. Te botou com o olho e eu tiro com a bunda**".

NB: em seguida, a mãe senta-se levemente sobre o rosta da criança repetindo o ato por 3 vezes. Naturalmente, o gesto é feito com a mulher vestida.

UMA BOA BENZEDURA

Com 1 ramo de arruda cruza-se o corpo da criança, 1° na parte da frente, em seguida nas costas, mentalizando que todo o mal, olho-grande, inveja e quebranto sejam cortados. Dizer em seguida as palavras:

"Que este menino seja benzido. Se tem puseram inveja, olho-grande mau-olhado, quebranto para te prejudicarem, eu te benzo para te curar, com o poder e a força de Deus-pai, de Deus-filho e do Espírito-santo e da Santíssima Trindade. Amém."

† Rezar em seguida 1 pai-nosso e 1 ave-maria.

OSSO

DESTRONCADO

Há uma discussão em torno desta benzedura. Alguns dizem que ela chegou ao Brasil trazida pelos portugueses. Outros garantem que foram os alemães que a trouxera, bem mais tarde.

O benzedor faz o sinal-da-cruz sobre o osso destroncado, enquanto recita por 3 vezes:

"Quando Jesus foi pendurado na cruz, os seus ossos foram desconjuntados. Mas, quando ressuscitou, tudo estava novamente em perfeita ordem. Da mesma forma, este osso há de voltar para o seu lugar. Amém, Jesus."

OUVIDO

COM O DEDO INDICADOR

O benzedor faz o sinal-da-cruz, com o dedo indicador sobre o ouvido afetado do doente, e reza a seguinte oração:

"Em nome do Pai, do Filho e do Espírito-santo. Senhor meu Jesus Cristo, tu que te dignaste livrar de suas doenças o surdo-mudo de Cecápolis somente pondo os dedos em seu ouvido e lhe dizendo: "seja aberto", conceda-me a graça para que em teu nome e imitando os teus milagres e as tuas virtudes, eu possa curar F... do Mal de ouvido (ou surdez) que tanto o aflige. Assim seja."

† Reza 1 creio-em-Deus-pai a seguir.

Outra

Outra, também para curar mal de ouvido:

O benzedor faz o sinal-da-cruz junto ao ouvido do doente, e este deve segurar uma cruz junto ao peito. Em seguida faz esta prece:

"Sta. Cecília, que em santa glória estejais. Sta. Cecília que na Corte Celestial espargis os sons de vossas divinas músicas. Cheio de fé eu vos peço que intercedais junto ao Senhor para que neste instante desapareça a terrível dor que tanto faz sofrer *F...*, e que o impede de ouvir as dulcíssimas e celestiais notas de vossa divina música. Amém."

OZAGRE

O ozagre, doença comum na cabeça dos recém-nascidos, cura-se instantaneamente molhando-se em água benta 1 ramo de arruda e passando-o em cruz sobre a parte doente, nela cuspindo depois de rezar:

"Eu te benzo com a cruz, com a luz

E com o sangue de Jesus,

Ozagre, fogo selvagem, foge daqui

Que eu estou com nojo de ti".

NB: nesta, falta o elemento corte. A água deve ser "benta", o que não acontece nas orações já citadas. A invocação é feita a Jesus. E a expressão "fogo selvagem" substitui a "cobro selvagem", sendo que fogo selvagem é mais encontradiço na erisipela.

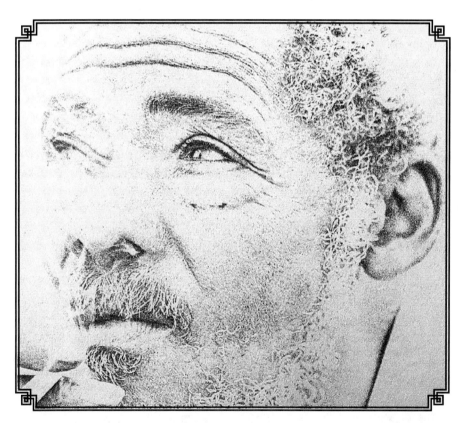

Benzedor
José Duarte (Mato Grosso do Sul)

PAPO

Pessoa que tem papo (bócio) e quer acabar com ele, deve esperar 1 dia de 6ª-feira de lua-minguante e ir à 1/2 noite até uma figueira. Ali chegando, ela mesma realizará a benzedura, agindo desta maneira:

Colocar o papo encostado no tronco da árvore e dizer:

2ª-feira,

3ª-feira,

4ª-feira,

5ª-feira,

6ª-feira.

E parar aí. Não dizer o sábado nem o domingo. Por 3 vezes, repetir os 5 dias da semana, acrescentando na 3ª vez:

"Que a cada dia vá embora 1 pouco do meu papo, até sobrar papo nenhum."

NB: é preciso muito cuidado, porque se a pessoa se distrair e disser o sábado e o domingo, em vez de diminuir, o papo aumentará cada vez mais.

BENZIMENTO DE JACUTINGA

Benzer, rezando em frente do doente, quando o sol estiver se pondo, isto é, na *caída do sol:*

"Deus, ponha o nosso relójo verdadêro, que é o sór, que vai dexano este praneta e fundeano no mar sagrado. Assim, peço, Senhor, por este seu relójo que tem os 3 raios que lumeia todo o nosso praneta. Como vejo aqui *F...*, este pescoço grosso, seje de que espécie fô, disobedeceno a sua carne e arterano neste lugar demasiadamente, assim, como o sór vai desapareceno no fundo do mar, este papo desaparece deste lugar. Amém."

† Rezar 1 pai-nosso e 1 ave-maria

PARTO

Para ajudar sair a placenta

No interior de Minas Gerais, toda boa parteira se fazia acompanhar duma benzedeira. Porque se a parturiente tivesse retenção da placenta, a melhor maneira de extrair a danada era utilizando-se desta benzedura:

Coloca-se uma oração escrita em papel novo pendurada no pescoço da parturiente. Dá-se 3 sopros na barriga. Passa-se uma cuia de farinha de milho em cruz sobre a barriga dela. Manda-se que ela sopre na boca duma garrafa e depois vista a camisa do marido pelo avesso.

Enquanto tudo isso é feito, a benzedeira repete baixinho, muito concentrada:

"Se a criança já nasceu, que o resto saia, livrando esta pobre mãe de todo e qualquer sofrimento. Em nome de Jesus, Maria e José."

Outra

O esforço gerado quando a mulher sopra na garrafa ajuda a dar certo a benzedura para expelir placenta. A própria parteira pode executar esta benzedura, se percebe que a placenta está demorando a sair. Dá-se uma garrafa fazia para a parturiente assoprar. Entre 1 sopro e outro, ela deve ir dizendo:

"Minha Sta. Margarida, nem estou prenha nem parida, tirai estas carnes podres de dentro da minha barriga. Cansada e aflita foste virgem ao pé da cruz e eu cansada e aflita, valei-me Mãe de Jesus!"

E a parteira completa, fazendo cruz com o polegar sobre o ventre da mulher:

"Paris terra! Paris! Com os poderes de Deus e do Espírito-santo, amém."

Para ajudar a parturiente

Com 3 raminhos verdes, o benzedor faz o sinal-da-cruz sobre o ventre da gestante, e reza pedindo a ajuda de N. Sra. das Mercês para que o parto transcorra normalmente.

"Em nome do Pai, do Filho e do Espírito-santo. Piedosíssima mãe Virgem Maria das Mercês, pelas entranhas dulcíssimas de vossa piedade,

ouvi a esta aflita *F...*, que vos chama e pede por aquela que sem dor pariu e pelo nascimento do vosso servo glorioso S. Raimundo Nonato, cujo nascimento foi milagroso, favoreçais *F...* neste parto, que ela vos promete ser humilde escrava vossa, para melhor vos servir e a vosso filho Jesus Cristo. Amém."

NB: deve-se dize o nome e nunca o apelido, da gestante, quando se faz a oração acima.

Quando começam as dores

Quando começam as dores de parto, o benzedor deve iniciar a dar voltas em torno da casa, repetindo a reza até a criança vir à luz. Ao ouvir o choro do bebê, ele dará 1 soco de leve na parede, dizendo:

"Graças ao Bom Deus!"

A reza que faz, enquanto gira em roda da casa, é assim:

"Minha Virgem da conceição, assim como vós dissestes que chamasse por vós 150 vezes, haverá de ser válido. Quero que me valha nesta doença, agora nesta hora.

Creio em Deus-pai Todo-Poderoso, Criador do Céu e da Terra.

Creio em Jesus Cristo, assim como Jesus Cristo veio ao mundo e deixou a sempre Virgem, antes do parto e Virgem depois do parto."

Para ter 1 bom parto

"É a vós que agora me dirijo, de olhos postos em vós, Virgem Santíssima, Virgem antes do parto, Virgem no parto e Virgem depois do parto.

É a vós que neste momento peço graças e auxílio, Virgem Santíssima e que imaculada sempre fostes por obra do Espírito-santo, que gerou em vosso ventre o esplendor de todos os tempos, do mundo inteiro, o vosso adorado e santo filho, Jesus Cristo.

É em nome de vosso santo-filho, Virgem Santíssima, que aqui estou de joelhos, a vos rogar que não me desampareis e a solicitar vossa indispensável assistência para que eu tenha bom sucesso.

É a vós Mãe Santíssima, que envio estas súplicas sinceras, na certeza de que saberei me compreender e me amparar neste delicado transe. Amém."

† As mulheres que estando grávidas, rezarem esta oração e 3 ave-marias e 3 salve-rainhas, dias antes do parto terão sempre a N. Sra. do Bom Parto ao seu lado que as assistirá no momento de darem à luz.

Invocando Sta. Bárbara

"Sta. Bárbara levantou,
Vestiu e calçou
Seu caminho caminhou
Encontrou N. Senhor.
— Onde vais, Bárbara Virgem?
— À vossa casa, Senhor.
— Volta, Bárbara Virgem!
Onde você estiver não morrerá mulher de parto
E nem ninguém afogado."

NB: a oração é colocada sobre o ventre da parturiente. Estranhou nosso pesquisador a invocação da santa, que é solicitada nas trovoadas. Mas também é ela padroeira dos agonizantes e, naturalmente a invocação do seu nome nas dores do parto e nos afogados não é feita senão... quando o caso é sério!

Para a mulher grávida prestes a dar à luz

A gestante deve trazer nas mãos 1 terço, enquanto o benzedor toca seu ventre de leve, com 3 raminhos verdes, recitando esta oração 3 vezes e fazendo gestos em cruz:

"Aonde vais, Bartolomeu? Vou visitar N. Senhor. Na casa em que Ele passar, não morre mulher de parto, nem criança afogada. Levantou de madrugada, o seu bastão na mão pegou. No caminho caminhou. Aonde vais, Bartolomeu? Correr pra sacristia. Encontrei N. Senhora. Com 1 ramo na mão. Eu pedi a ela 1 galhinho, ela me disse que não. Eu tornei a pedir a ela, ela me deu 1 cordão. o cordão era tão grande que arrastava pelo chão: 7 voltas que me deu ao redor do coração. S. Francisco e S. João desataram esse cordão, que amarrou N. Senhor na 6ª-feira da Paixão. Tou rezando esta oração pra Virgem da Conceição. Que esse mal do nosso corpo não abale o coração."

Para assegurar parto rápido — 1

"Agora, lábios meu, dizei anunciá dos grande lovor da Virge Mãe de Deus; sêde meu favor, Virge suberana; me livrai deste incômodo, com vosso valor"

† Rezar 3 vezes, fazendo sinal-da-cruz sobre o ventre da parturiente.

(De Gov. Valadares)

PARA ASSEGURAR PARTO RÁPIDO — 2

† Oração de S. Berto Lameu:

"**Na premêra cantada do galo levantô o senhor S. Berto Lameu; seu pé dereito carçô, seu bastão na mão tomô e seu caminho caminhô nas ôndia do mar sagrado.**

— **Berto, adonde vai?**

— **Vô visitá Cristo, Senhor nosso.**

— **Vórta atrais, Berto Lameu, que eu te darei 1 cordão daqueles que não terá a conta; na casa adonde tu chegá num morrerá muié de parto nem menino afogado nem boi de arado e nem cavalo do Estado morrerá com chucho rebentado pelos filisteus.** (Falar isto na hora de arrebentar a bolsa de água) **Como N. Senhor na crúiz é o abalo que darei.** (Falar isto no momento em que a criança nascer) **Quem esta oração rezá 5 vêiz na Coresma, ôtras tanta no Carnar, de morte num morrerá, mais ela me cederá as porta do céu, que serão aberta, e as do inferno nunca verá. Por amor de Deus, amém"** (De Gov. Valadares)

PARA ASSEGURAR PARTO RÁPIDO — 3

† Outra Oração de S. Berto Lameu:

"**Premêra cantada do galo, levantô S. Berto Lameu e saiu pra estrada afora e encontrô N. Senhora; N. Senhora le preguntô:**

— **Pra donde vai, Berto Lameu?**

— **Pra qui me vô, Senhora minha.**

— **Antão, se vai, Berto Lameu, mais uma coisa vô te dizê: na casa que ocê chegá num dêxa muié morrê, nem de parto e nem de frôsso (complicação de parto pela saída da placenta) e nem de menino abafado. Deus caristia, fruto bendito da Virge Maria. Amparai, Senhora, por vossa valia. Que esta oração seje minha guia, hoje neste dia e na úrtima gonia. Amém."**

NB: esta oração deve ser rezada dando-se 3 voltas em torno da casa da parturiente; cada vez que se passar pelo quarto dela, do lado de fora, dá-se 1 murro na parede (De Gov. Valadares)

PARA ASSEGURAR PARTO RÁPIDO — 4

† Oração do Monte Serrat:

"**No dia 3 de Maio eu vinha coá minha Virge Maria e encontrei 3 ladrão robano e matano; a cabeça falô, pedino confissão. Com prazo de 15 dias déro parte à justiça e co'a justiça veio o padre e co' padre veio esta santa oração. Quem esta santa oração rezá 7 vêiz na Coresma e ôtras tanta no Carná, não morrerá de parto e nem menino abafado e nem boi de arado e nem meus 7 mir ermão e nem cavalo do Estado;**

morreu o Cão Chujo (Demônio), **rebentado na terra adonde N. Sr. Jesuis Cristo foi batizado."**

† Glória ao Pai.

† Rezar 1 pai-nosso oferecido a N. Sra. do Monte Serrat e 1 salve-rainha, até o ponto onde se diz: **"mostrai-nos amostro",** durante o parto; depois, rezar o resto. *"É bão pô a oração da Sarve Rainha no seio da muié que tá se livrano..."* (De Gov. Valadares)

PÉ

TORCIDO

É muito comum a pessoa torcer o pé, quando está andando. Nas cidades, geralmente, há o atendimento médico adequado. No interior, porém, onde escasseiam médicos, conhecemos curandeiros e benzedeiras que curam esse tipo de acidente apenas com benzimento. Para isso, vejam como procedem em tais casos: Mandam a pessoa com o pé torcido sentar e apoiar o pé sobre 1 móvel (cadeira, banco, caixote etc.), pegam uma agulha e enfiam nela 1 pedaço de linha virgem. Fazem uma cruz com a agulha e a linha em cima do pé torcido, perguntando ao doente:

"— O que é que eu coso?"

A pessoa prontamente responde:

— **Carne quebrada.**

As benzedeiras ou curandeiras acrescentam:

— **Nervo torto, osso desconjuntado, tornozelo gotoso, pé torcido, tudo isso eu benzo, tudo isso eu coso."**

NB: este ato ou gesto é repetido por 3 vezes. Se necessário, conforme a gravidade do caso, repetem o benzimento por mais duas vezes, totalizando 3.

VARIANTE

Quando uma pessoa torce o pé, deve pegar uma bacia e uma vasilha de barro. Ferver na bacia 1 tanto de água e depois passar para a vasilha de barro até amornar. Em seguida, deitar a água novamente na bacia e colocar a vasilha de barro, emborcada, dentro da bacia.

O benzedor deve jogar água quente sobre o pé torcido e depois tomar duma agulha e linha e simular que costura a parte do pé onde dói mais a torcedura, dizendo:

"— O que é que costuro?

— Costuro pé torcido.

— O que é que costuro?

— Costuro pé quebrado.

— O que é que costuro?

— Costuro carne quebrada.

— O que é que costuro?

— Costuro osso quebrado."

DE ATLETA

O que se chama de pé-de-atleta é uma micose específica que na maioria das vezes ataca os pés das pessoas. Causa rachaduras entre os dedos e perde pedaços de pele. Mal cuidado o pé-de-atleta pode até mesmo gerar feridas graves. Mas, o pior é o mau-cheiro que a doença exala. Às vezes tão forte, que é necessário jogar meias e sapatos fora. Para combater essa doença incômoda temos a "Benzedura de S. Ludano."

Essa benzedura é feita com 1 raminho feito de alecrim e arruda. Molha-se o raminho n'agua e a pessoa que vai benzer deve ir fazendo o sinal-da-cruz alternadamente nos 2 pés e dizendo:

"Todo mal que ferre o pé.

S. Ludano vai curar.

S. Ludano olhe por esta pessoa,

que sofre de pé-de-atleta

e quer sarar de seu Mal."

† Em seguida deve rezar 3 pais-nossos.

TORTO(S)

O benzedor coloca água numa panela de barro nova, levando-a ao fogo e não destampando-a até ferver. Quando a água estiver fervendo despeja-a numa bacia, colocando nesta a mesma panela de barro com a boca para baixo.

O doente deverá pôr os pés (ou o pé) em cima da panela, ao mesmo tempo em que o benzedor com 1 novelo de linha e uma agulha virgem, "costura" em volta do pé torto, dizendo o seguinte:

"— Eu, o que coso? Pé direito ou pé torto?"

Responde o doente:

"— Pé torto."

"— Isso mesmo é que eu coso."

NB: a operação é repetida durante 9 dias seguidos, rezando-se 1 creio-em-Deus-pai após cada vez. E os pés endireitarão.

PEDRAS

Nos rins

Para os que padecem de males dos rins e da urina existe uma antiqüíssima benzedura que se pratica sob a proteção do beato Libório. Para proceder da melhor forma, a pessoa que benze, antes de mais nada, deve lavar as mãos em água de rosas, dizendo:

"As mãos lavadas

serrão sagradas

com o adjutório de S. Libório."

Depois de lavadas as mãos, que devem ser enxugadas em toalhas brancas, o benzedor reza 1 pai-nosso e 1 ave-maria para o *anjo-da-guarda* do doente. Então, com o doente de costas, coloca as mãos sobre os seus rins e diz:

"Senhor, pelo privilégio especial dado ao beato Libório fazei com que *F...* se veja livre do mal que o faz sofrer."

PELE

Eczemas, Cobreiros, Erisipelas e Infecções da Pele

Pegue 1 galho verde de pimenteira-brava e, agitando-o no ar sobre as partes afetadas, benza o doente (ou a si mesmo) recitando a seguinte oração:

"Tudo no Universo é energia, movimento, força e vibração. Mas só Deus é poder. E pela harmonia de Suas inteligentes e sábias leis, que tudo prevê e provê, benzo-me (ou a este irmão) com que deve existir entre todas as criaturas, depositam naquilo que lhes causa inveja, ondas mentais daninhas capazes de afetar a saúde e a tranquilidade alheias.

Sê, oh! Eleita Sublime, a defensora de meu filho, ainda indefeso às investidas do magnetismo vibratório enfermiço, fortalecendo ainda mais os poderes destes objetos para destruírem emanações doentias de olhos enfeitiçantes e criando uma aura benigna e protetora ao redor deste ser que é agora a razão da minha própria vida".

ECZEMA

Molha-se 1 galhinho verde de alecrim num prato com água, e vão-se traçando cruzes no ar, espirrando essa água sobre o eczema. A pessoa que está benzendo, pergunta:

"— De onde vens, Pedro?

E o doente:

— De Roma, Senhor!

— Que doença há por lá?

— Eczema, erisipela, doenças de pele, Senhor.

— Com que eu curo?

— Com água da fonte, ramo dos montes, galhinhos de alecrim.

— Com isto mesmo eu curo."

NB: os 2 juntos, benzedor e benzido, rezam 3 ave-marias, 3 santas-marias.

MOLÉSTIA DA PELE

O doente será benzido numa noite de lua-cheia, com suas feridas banhadas com a água duma bacia deixada ao sereno na noite anterior. Enquanto suas partes afetadas forem banhadas, o benzedor irá rezando:

"Em nome do Pai, do Filho e do Espírito-santo. Deus todo-poderoso, eu vos peço humildemente socorrer *F...* em sua aflição pela intercessão de Sto. Antão Eremita, a quem hoje estou implorando. Ouvi a prece, Senhor Deus, pelo sangue de N. Sr. Jesus Cristo. Assim seja."

† A oração deverá ser repetida 3 vezes, rezando-se em seguida 1 creio-em-Deus-pai, 1 pai-nosso e 1 ave-maria.

PESADELO

Do Filho

A criança agitada, fala dormindo, acorda no 1/2 da noite assustada, chorando. Quando se pergunta, não sabe explicar direito, mas é pesadelo. Ao acontecer isso, a própria mãe pode fazer uma benzedura pra acalmar o sono do inocente dali pra frente. Assim:

Pegue uma tesoura e coloque aberta debaixo do colchão da criança. Atenção: é melhor que ela não veja que a tesoura foi colocada ali, pra evitar que pegue e provoque algum acidente.

Feita essa 1ª parte, a mãe colocará o filho na cama durante 3 noites seguidas, descansando a mão direita sobre sua cabeça e dizendo concentrada em Jesus:

"Eu não tenho medo de você, pesadelo, porque você tem a mão furada e eu sou de N. Senhora."

Depois do 3º dia, a criança não terá mais pesadelos, mas se mais tarde eles voltarem é só repetir a benzedura. Quanto à tesoura, deve ser retirada também depois do 3º dia.

PESTE

Para livrar-se dela

O benzedor deve ficar atrás das costas do benzido e bater-lhe no corpo, levemente com 1 ramo verde, proferindo a seguinte oração:

"Sr. Nosso Deus, vós prometestes ao bem-aventurado S. Roque, pelo ministério dum *anjo*, que todo aquele que o tivesse invocado não seria atacado do contágio da peste. Fazei Senhor que assim como louvamos os vossos prodígios, assim fique *F...* livre da peste pelo seu merecimento, e rogamos a toda a peste do corpo e d'*alma* Em nome do Pai, do Filho e do Espírito-santo. Amém."

† Reza em seguida 1 pai-nosso em louvor a S. Roque.

PONTADAS

Qualquer tipo de pontada, mas principalmente a pontada no peito provocada por gases, se tira assim:

O benzedor fica de costas para o benzido e diz:

"**Iam Jesus, José e** *F*....

Todos 3 de viagem.

Jesus e José caminhavam.

E *F*... **ficava.**

F... **vamos?"**

Aqui o doente responde:

"**— Não posso.**

— Que é que tendes?

— Dor de pontada."

Então o benzedor sai andando e o benzido obedece suas ordens:

"**— Caminha sobre as minhas pisadas,**

que nunca mais te dará

nem dor de pontada,

e nem ventresidade encravada."

Invocando o Senhor e S. José

Vários benzedores dizem que pontada é pneumonia.

"**Estava o Senhor para fazer uma longa viagem. Disse: José, vamos. Ai, Senhor! não posso com uma dor de pontada disse, 3 vezes: José vamos. José, vamos, que assim como eu fiquei bom desta minha 5 chagas tu te sarará desta dor de pontada".**

PRISÃO DE VENTRE

Quem praticava esta benzedura era d. Geralda Preta, nascida em Paianuçu, distrito de Bocaiúva, no norte de Minas Gerais.

D. Geralda aprendeu sua reza com os pais, que por sua vez aprenderam com os avós, que aprenderam com os bisavós e assim por diante.

Para soltar o ar preso, d. Geralda Preta ia fazendo cruzes sobre o ventre do benzido com 3 ramos verdes. E dizendo alto, por 3 vezes:

"O ar vivo, o ar morto, o ar estoparado, o ar constipado, o ar quebrado de osso, ar de energia.

E o benzido tinha de perguntar:

— **Onde está senhor S. João?**

Para d. Geralda responder:

— **Sentado numa pedra bruta. Estou aqui benzendo de ar vivo."**

Para curar cólicas de prisão de ventre

Muito comuns em crianças novas, estas cólicas, que fazem gritar o bebê e contorcer de dor o adulto, podem ser aliviadas da seguinte maneira:

O benzedor cruza o ventre do doente com 1 galho verde e reza:

"Terra, Mar e Sol. terra que Deus escondeu. Onde está essa dor de barriga? Esse meu Jesus Cristo retirou. Como diz, corre ventre. Corre, cura, com Jesus Cristo aqui na cura. Com esse ventre, corre, cura. Corre na veia para ficar colocado nesta criatura *F....* **Com o nome de Deus-pai, Deus-filho e Espírito-santo, esse mal será retirado. Amém."**

PROTEÇÃO

Do gado e toda criação

Esta oração começa sempre numa 2ª-feira e é dita em dias alternados. O domingo não conta; portanto, começamos na 2ª-feira, depois rezamos da 4ª-feira, depois na 6ª-feira e novamente na 2ª.

A benzedura dos animais deve ser feita com o sinal-da-cruz.

"Em nome do Pai, do filho e do Espírito-santo. Bichos malignos que possam fazer mal ao gado de minha criação, eu vos conjuro em nome da mais que santa Santíssima Trindade e em nome de N. Senhora, que não ireis atacar nenhuma cabeça de meu gado, sejam machos ou sejam fêmeas. Nem atacarão os bichos de pena do curral, nem comerão os ninhos das

aves, não chuparão o sangue dos animais e não comerão seus ovos. Assim seja dito, que ao gado desta casa não farão nenhum mal."

† Em seguida rezamos 3 pais-nossos e está feita a benzedura.

PARA PRESERVAR O GADO DOS LOBOS E RAPOSAS

Esta oração deverá ser rezada 1 dia sem e outro não, começando na 2ª-feira e sem contar o domingo. Vá aos lugares cercados ou currais onde se encontrem os animais, fazendo o sinal-da-cruz em cada cruz que a seguir está assinalada e bendizendo com a mão o curral em que se acha o gado:

"Em nome do Pai ‾ do Filho ‾ e do Espírito-santo ‾. Lobos e raposas, macho e fêmeas, eu vos conjuro em nome da muito santa, sobressanta, 3 vezes santa Trindade, em nome de N. Senhora quando esteve grávida, que não ides apanhar nem matar nenhuma cabeça de gado, sejam machos ou fêmeas, nem a nenhuma ave de pena desse curral, nem comer seus ninhos, nem chupar seu sangue, nem quebrar seus ovos, nem fazer-lhes qualquer mal".

PULGAS

PARA EXPULSÁ-LAS

As pulgas são 1 dos mais irritantes insetos. Insistentes, parece às vezes impossível que desapareçam de nossas casas. Quanto mais contra elas lutamos, mais nos aparecem em lugares diversos, desafiando-nos. (Não confundir a pulga "humana", que ataca as pessoas, com as pulgas dos cachorros. Essas só incomodam os cães.)

Quando todos já estão suficientemente irritados com as pulgas e os meios mais comuns para acabar com elas já foram empregados, chega a vez da hortelã. Toma-se 1 molho bem grande de hortelã e uma pequena bacia com água benta.

Esparge-se a água usando o molho de hortelã por toda a casa. em seguida pegam-se pedaços de galhos do hortelã, que devem ser distribuídos pela casa, enquanto se diz:

"Não quero mais pulgas.
De dezembro a janeiro
Eu as mando embora
com este cheiro."

Numa 5ª-feira

Numa 5ª-feira à tarde, varre-se bem a casa e a pessoa que vai fazer o benzimento, levanta-se no outro dia, muito cedo, não fala absolutamente, não boceja e nem abre a boca. Reza por 3 vezes uma ave-maria, toma depois 1 bochecho de água e borrifa os cantos da casa dizendo mental e repetidamente:

"Pulgas e bichos
Fiquem citados
Que de hoje pra manhã
Vocês são mudados."

Benzedeira
Bernadete dos Santos (Paraíba)

QUEBRADURA

HÉRNIA, RENDIDURA

Cura-se este mal, com a seguinte benzedura: na véspera do tratamento vai-se a 1 cupim e cavoca 1 pedaço dele, pra brotá. Isso deve ser num dia de 5ª-feira de lua-minguante. No dia seguinte o paciente é deitado próximo ao cupim e reza-se o diálogo:

"— O que cose, Pedro?

— Tô coseno, Pai, é tripa quebrada e tripa rendida e veia dismintida.

— Assim memo eu coso; com os poder de Deus e da Virge Maria. Amém."

† Pai-nosso e ave-marias, Invocando S. Pedro

DE STA. CATARINA:

"O que coso?
Carne trilhada,
nervo rendido,
osso torto.
Assim o coso,
como Jesus Cristo
esteve no horto."

QUEBRANTO

É interessante anotar que as orações para a cura do quebranto são quase as mesmas destinadas a contrariar o mau-olhado. O que serve para o maior servirá necessariamente ao menor havendo assim, orações para 1 e para outro, mas geralmente, benzeduras comuns.

PARA CURÁ-LO

Benze-se pela ordem: 1º a frente, depois as costas do paciente e, finalmente, a sola do pé esquerdo descalço.

Reza-se 3 vezes, fazendo cruzes com o dedo da mão direita. Depois, repete-se mais 3 cruzes em cada face, na esquerda e na direita. Dizendo sempre:

"Olhadura com o 2 olhos te puseram, com os 3 eu te tiro, com os poderes de Deus-pai, Deus-filho e Deus-Espírito-santo, Amém."

O curador Jovêncio dos Santos recomenda que esse tipo de benzimento usando também a sola do pé esquerdo seja feito de preferência a uma hora-grande: 1/2-dia, 6, 9, ou 15 hs.

EM CRIANÇA

Fazer cruzes sobre a cabeça da criança durante 3 dias seguidos, pela manhã, com raminhos de arruda ou guiné. No 1º dia com 1 raminho, no 2º com 2 e no 3º com 3. Durante o benzimento, devem ser ditas as palavras:

"F..., **tua mãe te leve, tua mãe te há de criar, quem quebranto te pôs, meu tiro, com 1, com 2, com 3 hei de tirar o quebranto e mau-olhado e a menina** *F...* **ficar curada.**

Se for nos olhos da menina, Sta. Luzia é quem vai tirar. Se for na cabeça da menina, é S. Pedro que vai tirar. Se fora nos ouvidos da menina, é Sta. Polônia quem vai tirar, Se for no pescoço ou na garganta, é S. Braz quem vai tirar. Se for na cacunda da menina, N. Sta. do Rosário quem vai tirar. Se for no corpo da menina, N. Sra. do Socorro vai tirar. Se for na barriga da menina o divino-espírito-santo vai tirar. Se for no braço ou na mão, é S. Sebastião quem vai tirar. Se for na bunda, no pé, na perna, é S. Pedro e S. Paulo e os *anjos* **do Céu, e meu Padim Ciço** (Padre Cícero) **e N. Sta. Mãe dos Homens.**

E as ares quentes, os ares frios, ares de ventre, ares de arrenego, em nome do Pai, da virgem, de todos os Santos, que se quebrem todos os quebrantos, com 3 pais-nossos e 3 aves-marias. Amém."

No 3º dia, terminado o benzimento, deve jogar-se os 3 ramos em água corrente, tendo o cuidado de ficar de costas e sair sem olhar para trás, mandando que, em nome de Deus, dos Santos e da Virgem Maria, o mal siga para as águas do mar sagrado, deixando a vítima do quebranto sã e sossegada

ASPERGINDO

A benzedeira de quebranto e mau-olhado benze a água dum copo e asperge o paciente com ramo de guiné.

Para crianças somente

"Eu peço a Deus para benzer esta criança
Deus-pai, Filho e Espírito-santo
Meu Deus será benzido esta criança."

NB: repetir 3 vezes com 3 ramos verdes em gestos de cruz várias vezes.

† A seguir rezar 1 pai-nosso com ave-maria para o santo da devoção.

Outra

"Quando Deus andou no mundo
O mundo se alegrou
Com Deus nosso sinhô
Benzeu as criancinhas e sarou
Homem bom, mulher má
Casa de paia estera moida
Nosso sinhô
Vai benzê essa criança
Má-oiado e malacacheta."

NB: repetir 3 vezes usando 3 ramos verdes em gestos de cruz várias vezes.

Benzeção — 1

"Com Deus eu te benzo
Com 3 eu te benzo
Com as graças de Deus
E da Virgem Maria."

NB: repetir 3 vezes usando 3 ramos verdes em gestos de cruz várias vezes.

† A seguir rezar 1 pai-nosso e 1 ave-maria.

BENZEÇÃO — 2

"Quebrantos e olhados
Com 2 te pôs

Com 3 te tira

Com ramo verde e água fria

Isprito-Santo e a Virge Maria

Vaste quebranto e olhado

Pras ondas do mar."

NB: repetir 3 vezes, usando 3 brasas vivas espetadas num garfo, ou a mão direita em forma de cruz várias vezes.

† A seguir rezar 1 pai-nosso e 1 ave-maria para as 5 chagas de N. Sr. Jesus Cristo.

BENZEÇÃO — 3

"Cum 2 te botaro

Com 3 eu tiro

Com os poder de Deus e da Virgem Maria

Em nome do Pai, Deus-filho e Espírito-santo.

Não tem quebranto, não tem olhado

Não tem inveja não tem invição

Sai tudo se Deus queiser.

Vai o quebranto,

Vai o olhado

Vai pras ondas do mar

Vai quebrar, vai rastado, vai rasgado

Vai pra onde o ventre leva e não traz."

NB: repetir 3 vezes, com 3 ramos verdes em gesto de cruz várias vezes. a seguir reza 1 pai-nosso e 1 ave-maria.

BENZEÇÃO — 4

"Quebranto

Com 2 te curo

Com as 3 palavras santas

Bendito N. Sr. Jesus Cristo

E as 3 pessoas da Santíssima Trindade

Há de tirar esse quebranto e esse mau-olhado

Se a carne dos teus ossos

Bem alimentada tirar teu sono, teu trabalho

Esse quebranto não há de ser nada

Jesus Cristo é filho de Maria Virgem

Maria foi Virgem antes do parto
Foi Virgem no parto
É vigiada por N. Sr. Jesus Cristo
É a Nossa Mãe Maria Santíssima
Jesus, Maria e José
Meu divino Espírito-santo."

NB: repetir 3 vezes, com 3 ramos verdes em gesto de cruz várias vezes.

BENZEÇÃO — 5

"Com 2 te botara
Com 3 eu tiro
Com os poderes de Deus e da Virgem Maria
Quebranto e mau-olhado."

NB: repetir 3 vezes com 3 ramos verdes em gestos de cruz, várias vezes.

‾ A seguir rezar 1 pai-nosso para o santo da devoção.

BENZEÇÃO — 6

"Este olho escomungado que te pôs
Vai por cima de quem te pôs
2 te pôs
3 te tira."

NB: repetir 3 vezes com 3 ramos verdes em gestos de cruz várias vezes.

‾ A seguir rezar 1 pai-nosso para o santo da devoção.

INVOCANDO N. SRA. DO DESTERRO — 1

Quebranto é como resfriado. a gente pega com facilidade danada, só que não é possível curá-lo com aspirina. É preciso muita fé mesmo. Existem muitas maneiras de nos livrar desse mal. Uma delas é através duma benzedura considerada muito poderosa.

De início, rezar 1 creio-em-Deu-pai. Depois, com uma tesoura em forma de cruz. cruzando do ombro direito ao pé esquerdo e do ombro esquerdo ao pé direito, na parte da frente da pessoa afetada e em seguida nas costas da mesma maneira, dizer o seguinte:

"Que N. Sra. do Desterro desterre e core todo o mal e todo o embaraço de *F...*, para que tenha paz e saúde. Assim seja."

† Rezar em seguida 1 pai-nosso e 1 ave-maria.

INVOCANDO N. SRA. DO DESTERRO — 2

† Reza-se 1 ave-maria e 1 santa-maria e oferece-se à Senhora do Desterro, dizendo:

"Desterrai o quebranto e o mau-olhado dos olhos daquela criança."

INVOCANDO N. SRA. DO DESTERRO — 3

"Jesus, Jesus, Maria José. Estou em vosso pé.

Eu benzo *Fulano-de-tal* **com as palavras de Deus e da Virgem Maria.**

Quebranto, olhando, inveja vaste pras ondas do mar."

NB: repetir a oração 3 vezes, com 3 ramos verdes em gestos de cruz várias vezes.

† A seguir oferecer 1 pai-nosso com 1 ave-maria para N. Sra. do Desterro.

COM PERFUME E ÓLEO DE OLIVA

A pessoa que vai benzer deve lavar as mãos com sabonete e depois usar 1 perfume *Cabeça-Feita* no corpo. Depois de esfregar 1 pouco de óleo de oliva nas mãos, deve colocar a mão direita sobre o coração da pessoa a ser benzida e dizer:

"N. Senhor meu Jesus Cristo, me ajude onde ponho a mão. Cristo vive, reina e impera por todos os séculos dos séculos, amém.

Pelo poder divino que tem N. Sr. Jesus Cristo, este quebranto vai sair, pelos lados, pelas costas, por cima, por baixo, por trás e pela frente, Assim, pela fé em N. Senhor, assim se fará: saindo pela frente, por cima, por trás, por baixo. Amém."

VARIANTE

Põe-se a mão direita sobre o coração da pessoa doente pronunciando as seguintes palavras milagrosas:

"Jesus, o nome de Jesus me ajude, aonde eu puser a mão, ponha Deus a sua santa virtude.

Cristo vive, Cristo reina, Cristo te ilumine, Cristo te defenda de todo o mau-ar e se esta criatura tiver algumas destas coisas tais às areias do rio vai parar, porque eu tiro-lhe pela cabeça. Senhora Sta. Teresa, eu tiro-lhe pela banda, Senhora Santana, eu tiro-lhe pela frente, Senhor S. Vicente, eu tiro-lhe por trás. Senhor S. Brás, eu tiro-lhe pelo fundo e N. Senhor por todo o mundo.

† Pai-nosso e ave-maria.

Com 1 copo de água

Lembra o mestre Orphanake, que muitas pessoas têm o dom de curar através de passes, preces, benzimentos, imposição de mãos, etc. Só que não sabem que possuem essa qualidade. Experimente você benzer uma criança que julgue estar com mau-olhado. Para saber, pegue 1 copo cheio de água e coloque nele 3 brasas acesas, rezando 1 pai-nosso e 1 ave-maria. Se alguma brasa afundar é sinal de que a criança (ou pode ser pessoa adulta) está com quebranto, proveniente de mau-olhado. Se não afundar nenhuma brasa, a criança (ou adulto) não tem nada.

Se estiver com o mal, pegue 1 outro copo com água e 3 ramos de arruda. Molhe os ramos n'água e agite em forma de cruz sobre o doente, dizendo as seguintes palavras:

"Leva o que trouxeste; Deus te abençoe; e Deus te livre dos maus-olhados e de todos os males que te quiseram fazer; tu és o ferro, eu sou o aço, tu és o Mal e eu sou o Bem. *Fulano* (dizer o nome da pessoa, criança ou adulta) **com 2 te puseram com 3 eu tiro. Curo esse quebranto com os poderes do Pai, do Filho e do Espírito-santo. Curo com água pura da fonte e com folha verde do monte. Nada mais te atormentar tanto de noite como de dia, com os poderes da Virgem Maria."**

⁻ Reze a seguir 1 pai-nosso e 1 ave-maria, oferecidos ao *anjo-de-guarda* do doente ou ao seu santo de devoção.

NB: como viram, a fórmula é curiosa. Ela foi captada de grandes benzedores do interior do Brasil e, malgrado sua simplicidade e maneira peculiar, tem conseguido curar o mal com grande sucesso. Quanto ao procedimento das brasas, é feito quando se duvida da existência do quebranto. Na maioria dos casos, os sintomas são facilmente perceptíveis, conforme explanou Ramatis no esclarecimento inicial: corpo mole, sonolência, melancolia, tristeza, abatimento, inquietação, falta de apetite, olhar apagado, mancha de choro sem motivo. Como a criança, antes disso, demonstrava saúde e robustez e não existindo enfermidade que justifique os sintomas, só se pode atribuir a causa a efeitos de mau-olhado e inveja.

VARIANTE

Ponha 3 brasas acesas num copo de água e reze 1 pai-nosso e 1 ave-maria. Se afundar uma brasa é sinal de que a pessoa está com leve quebranto ou mau-olhado; se afundarem 2 está mais ou menos afetada; se afundarem as 3, está bem carregada. Se nenhuma afundar, não está afetada por esse tipo de maus fluidos. Em todo caso, se estiver, benza procedendo como o abaixo indicado. Se não tiver nada, coloque simplesmente a mão em sua cabeça e diga: **"Deus te benza e te abençoe"**.

Pegue 1 ramo de arruda, ou na falta desta, alecrim, guiné, espada-de-são-jorge, mamona, comigo-ninguém-pode, etc e diga as seguintes palavras:

"*Fulano* (o nome da pessoa) **eu te vou benzer, mas quem vai te curar são os poderes de Deus e da Virgem Maria. Eu te benzo de mau-olhado, quebranto, olho-gordo, inveja, olho revirado. Com 2 te puseram, com 3 eu te tiro, em nome do Pai, do Filho e do Espírito-santo. Deus te gerou, Deus te criou, Deus te olhou, que saia tudo o que te puseram e vá para o fundo do mar salgado. Vai quebrando, vai rasgado, vai levado, mas vai para onde o ventre leva e não traz".**

NB: repita as palavras acima por 3 vezes, enquanto vai cruzando a pessoa com os ramos da planta em gestos de cruz.

† Ao final, reze 1 pai-nosso e 1 ave-maria, oferecidos ao *anjo-da-guarda* dela.

PARA SABER QUEM BOTOU

Reza-se-se 1 pai-nosso e 3 ave-marias, enquanto se benze com 1 ramo de arruda fresco. Se o ramo murchar na ave-maria, o mau-olhado foi posto por mulher. Se murchar no pai-nosso, foi posto por homem.

"Em nome do Pai, do Filho e do Espírito-santo. Benze-se *F*.... Te botaram mau-olhado, quebranto pra te matar. Te benzo pra te curar. Com o poder de Deus, de Deus-filho. Com o poder de Deus, do Espírito-santo e da Santíssima Trindade. Assim seja."

MOLEZA, CHORO, ETC.

Se a criança definha a olhos vistos, é sinal que está com quebranto, lançado por pessoa invejosa e de coração malvado. Sinais inequívocos do mal: moleza, muito choro durante a noite, falta de apetite e uma tristeza que não é própria de criança. É hora de agir então, com uma simpatia que é considerada como muito eficaz pelos antigos:

Corta-se o mal do quebranto erguendo-se a criança pelos pés (ela ficará de cabeça para baixo), à porta da rua, por 3 vezes, na 6ª-feira, dizendo-se o seguinte:

"Eu te ergo com a força de Jesus, eu te abaixo com a força de Jesus. Te ergo e protejo *F*..., para que fiques livre do mal."

† Reze em seguida 1 pai-nosso pedindo proteção a Jesus para a criança.

A MÃE LAMBENDO

A mãe lambe a testa da criança 3 vezes e reza 1 pai-nosso, segundo as mãozinhas dela. Em seguida, repete 3 vezes estas palavras:

"Deus te criou,
E eu, mãe, te pari;
Quebranto que te puseram,
Eu, mãe, lambi."

MISTURANDO ÁGUA E ÓLEO

Misturam-se num prato água e óleo, mexendo com uma colher. Deixam-se assentar os 2 líquidos até aparecer bem a separação. Então, reza-se:

"Em louvor de Deus N. Senhor
E de N. Sra. Aparecida,
Em louvor do Pai-santo
Em louvor do Pai Simão
Em louvor de N. Sr. Jesus Cristo
Em louvor de N. Mãe Maria Santíssima.
Eu benzo esta criança para sarar
De quebranto, mau-olhado e ventre virado
Amém."

† Repete-se a oração 3 vezes, fazendo de cada vez o sinal-da-cruz sobre a criança, com 1 raminho de alecrim.

INVOCANDO AS 5 CHAGAS

"*Fulana* (diz-se o nome da criança) **Deus te fez, Deus te gerou. As 5 chagas de N. Senhor que tirem esse quebranto que em teu corpo entrou. Em nome das 3 pessoas da Santíssima Trindade, ofereço 1 ave-maria, 1 santa-maria, 1 salve-rainha e 1 pai-nosso.**

COM 3 BRASAS

Quando a criança está muito impertinente, a mãe lambe a testa dela. Se estiver salgada, está com quebranto. Então ela ou outra pessoa põe 3 brasas vivas (bem acesas) dentro dum copo com água e diz:

"**Benzo** *Fulana* (nome da criança) **em nome de Deus para sarar do quebranto.**"

NB: repete-se 3 vezes. Depois sai-se andando de costas para a rua e joga-se o copo com a água e os carvões, por cima do ombro, sem olhar para trás.

COM ALECRIM

Fazendo cruzes com 1 ramo de alecrim dizem-se as seguintes palavras:

"Quebranto e olhado quem te botou foram 2 olhos-maus e quem te tira é o poder de Deus e da Virgem Maria".

COM ARRUDA

Reza-simpatia, para rezar traçando cruzes com 3 raminhos de arruda:

"— Que é que eu corto?

— Quebranto e mau-olhado, fogo selvagem.

— Como é que eu corto?

— Corto cabeça e rabo.

— Quem te corta?

— Quem corta é o poder de Deus e da Virgem Maria, amém."

COM VASSOURINHA

Fazem-se cruzes no ar com 3 raminhos verdes de vassourinha sobre a criança com quebranto. Dizem-se estas palavras:

"Quebranto e mau-olhado são 3 feitiçarias.

Com 2 te bota, com 3 te tiraria

Com os poderes de Deus e da Virgem Maria."

COM AS PALAVRAS DE JESUS

"Fulano de tal

Se tiver quebranto e mau-olhado

Você mandava falar

Eu mando pras ondas do mar não renegar nem galo cantar

Que 1 te damos e 3 tiramos

Assim que nada pode com as palavras de Jesus Cristo

Protejerá você *Fulano*

Nem quebranto, nem mau-olhado há de poder com você."

NB: repete 3 vezes, usando 3 ramos verdes em gestos de cruz várias vezes.

† A seguir rezar 1 pai-nosso com 1 ave-maria para o santo da devoção.

Invocando seu santo

"Sta. Isabel pariu Sr. S. Jorge
Assim como essas palavras é certa e verdade
Quebranto, olho vivo, olho-morto, olho-excomungado
Vá pras ondas do mar."

† A seguir a pessoa reza 1 pai-nosso e 1 ave-maria para o santo da devoção.

Invocando Nossas Senhoras

"Eu te rezo de quebranto, mau-olhado
Carango, encarangado
Mau-olho te olhou, má boca te gavou
Com os poder de Deus e da virgem Maria
Vai pras ondas do mar."

NB: repetir 3 vezes usando 3 ramos verdes em gestos de cruz várias vezes.

† A seguir rezar 1 pai-nosso com ave-maria para N. Sra. da Boa Vida e N. Sra. da Saúde.

Para quebranto e mau-olhado — 1

"Com 2 te botaram
Com 3 te tiraram
Com os poder de Deus e da Virgem Maria."

NB: repetir 3 vezes usando 3 ramos verdes em gestos de cruz várias vezes.

PARA QUEBRANTO E MAU-OLHADO — 2

"Eu benzo Deus é que te cura
Isto é 1 dito certo

Que isso em *Fulano de tal*
Não é nada
O poder de Deus é maior."

NB: repetir 3 vezes usando 3 ramos verdes em gestos de cruz.
　　† A seguir rezar 3 ave-marias.

PARA QUEBRANTO E MAU-OLHADO — 3

"Eu te benzo com Deus-pai, Deus-filho
De quebranto e mau olhado."

NB: repetir 3 vezes usando 3 ramos verdes em gestos de cruz várias vezes.

PARA QUEBRANTO E MAU-OLHADO — 4

"Se *Fulano* **tem quebranto**
Fulano **não me disseste**
Com 2 te puzeram
Com 3 eu te tiro
Pela porta que ele entrou
Ele há de sair
Quebranto, olhado, ventre virado
Olho excomungado
Tiro com as 3 divinas palavras
Da Santíssima Trindade
Pai, Filho e Espírito-santo."

NB: repetir 3 vezes usando 3 ramos verdes em gestos de cruz várias vezes.

PARA QUEBRANTO E MAU-OLHADO — 5

"Se você tinha quebranto, mau-olhado, *Fulano*
Você não me disse
Olho-ruim excomungado
Dai-te paz e 3 te tira
Com os poder de Deus-pai, Deus-filho,
E da Virgem Maria."

NB: repetir 3 vezes, usando 3 ramos verdes em gestos de cruz várias vezes.

PARA QUEBRANTO E MAU-OLHADO — 6

"Deus que te gerou
Deus que te criou

Deus que te olhou

Olho ruim que te botou

Quebranto e olhado vai pra quem te botou

Com 2 te botou, com 3 te tiro

Com nome do Pai, Filho e Espírito-santo."

NB: repetir 3 vezes usando 3 ramos verdes em gestos de cruz várias vezes.

† A seguir rezar 1 pai-nosso e 1 ave-maria para N. Sra. do Livramento.

PARA QUEBRANTO E MAU-OLHADO — 7

"Com 2 pusera

Com 3 eu tiro

Com as 3 pessoas da Santíssima Trindade

Que tira quebranto e mau-olhado

Pras ondas do mar pra nunca mais voltar."

NB: repetir 3 vezes, usando 3 ramos verdes em gestos de cruz várias vezes.

† A seguir rezar 1 pai-nosso com 1 ave-maria para as 3 pessoas da Santíssima Trindade.

QUEBRANTO E MAU-OLHADO — 8

"Com 2 deu, com 3 tirarás: em louvor de S. Pedro, S. Paulo e N. Senhora do Pranto, com 3 ave-marias, pai-nosso e glória-patri, curará."

COM FIGURINHA

Para evitar o quebranto e o mau-olhado em crianças, o benzedor deve usar uma fitinha de cor vermelha bem viva e com ela fazer 1 laço preso a uma figurinha de guiné e deixar no peito da criança, pregado por 1 alfinete.

Ao colocá-la, o benzedor, munido dum ramo verde, cruzará o corpo da criança, recitando o seguinte:

"Oh! N. Senhora, por amor a seu filho Jesus, rogo e suplico proteger esta criança *F...*, das cargas fluídicas maléficas emitidas por mentes mórbidas, através de olhos invejosos que possam perturbá-la e acarretar-lhe doenças e indisposições, afetando o seu corpo ainda em desenvolvimento.

Que estes objetos que coloco em seu peitinho, com a ajuda dos teus mensageiros e do seu *anjo-da-guarda*, possam aumentar o poder de suas vibrações para atraírem e dispersarem no espaço as irradiações que incidiriam em outras partes do seu corpo. Em nome do Pai, do Filho e do Espírito-santo."

INVOCANDO DEUS E VIRGEM MARIA

"Meu menino Deus te deu,

Eu te quero criar,

Se tens quebranto ou mau-olhar,

Coisa de invejidade ou *espírito* d'outro mundo,

eu t'o quero tirar com as minhas santas palavras,

em nome de Deus e da Virgem Maria, com

ramo verde e água fria."

Em seguida deita-se água benta no que está atacado do quebranto e se diz:

"Eu te benzo em nome do Pai, do Filho e do Espírito-santo."

INVOCANDO A VIRGEM

"Em nome da Virgem, quebranto, mau-olhando, sai-te daqui, que este menino não é para ti."

† Ave-maria.

INVOCANDO DEUS — 1

"Criatura de Deus!

Tu não és minha,

Mas eu te quero criar.

Se tens quebranto

Ou mau-olhar,

Ou arte de feitiçaria

Eu t'o quero tirar

Com 1 ramo verde

E água fria

Em nome de Deus,

E da Virgem Maria.

N. Senhora quando o Egito passou
1 ramo de alecrim apanhou
Quero que vos acheis bem,
Como o menino de Deus se achou.
Os 2 que vos teve, os 2 que vos tire
As 3 pessoas da SS. Trindade,
Valha-me Deus que bem pode
Quem mal vos fêz em mal se torne
Filha de Deus!
Tua mãe te teve
E te quer criar
Em nome de Deus."

BENZEDURA DE AÇORES

"Minha alimarinha
Eu te quero criar
Se tens ar ou quebranto
Ou mau-olhar
Ou algum ato
De invejidade
Ou algum ar excomungado,
Em nome de N. Senhora
E Sto. Antão
Te venho tirar
Co'a sua mão,
E da Virgem Maria,
Se tens quebranto
Eu t'o quero tirar
Com ramo verde
E água fria.
N. Senhora pelo Egito passou,
1 ramo de alecrim apanhou
Com ele curou a seu filho,
E se ache tanto bem
Como o filho da virgem se achou."

Invocando Deus e o Espírito-santo

"Se tens quebranto,
Eu to levanto
Com a graça de Deus
E do Espírito-santo."

Invocando Deus e a Virgem Maria

"Fulano..... (nome inteiro)

Nome que te puseram na pia,
Em nome de Deus e da Virgem Maria,
Eu te benzo e te persino
Com o sangue do justo Divino.
Meu Senhor Jesus Cristo!

Se é quebranto, olho mau, ramo de inveja ou outra qualquer doença que de ti se queira tirar, naquele mar se irá botar e do poder do vivo ou do morto eu não pari nem te criei, esse mal te tirarei, em nome do Pai, do Filho e do Espírito-santo. Arca fechada, piedosa Senhora! Este corpo não tinha perigo lá no vale do Jordão. Cristo batizou João e João Batista batizou Cristo. Qual de nós está mais bem batizado?

— Eu, Senhor, pelas vossas santas mãos. 1º Deus nasceu do que este mal foi dado e pela graça de Deus é de ti tirado."

† 1 pai-nosso e 1 ave-maria e glória-patri.

INVOCANDO DEUS — 2

"A gente que to deu, Deus que to tire (benzendo) Pai, Filho e Espírito-santo são 3 pessoas da Santíssima Trindade. Santana pariu Maria, Maria pariu Jesus, Jesus batizou Cristo e Cristo batizou João lá no Rio Jordão. Jesus preguntou a João:

— Qual de nós está mais bem batizado?

— Sou eu, Senhor, pela vossa sagrada mão. Se tens quebranto ou ramo de inveja ou ar ruim, fica são e salvo como Deus te deu no mundo. Para que possa comer bem, Deus te tire todo o mal que teu corpo tem".

NB: enquanto se diz esta oração, fazem-se constantemente cruzes com a mão sobre a pessoa aquebrantada ou, na falta desta, sobre uma camisa pertencente à mesma. Qualquer pessoa pode benzer de quebranto, inclusivamente a mãe, quando se trata de crianças.

COM CARVÃO

"Fulana **que teu quebranto Deus te tire e a graça, do divino Espírito-santo, conforme a Santíssima Trindade que e que pode voltar de onde esse mal veio.**

Digo com 3 pedras de carvão aceso.

Pelo grande poder de Deus e da Virgem Maria e do apóstolo Santiago, essa criatura seja sã e salva como na hora que foi nascida e batizada."

NB: quando se joga a água fora, se diz: **"quando essa água no mar chegar, esse mal aqui há de voltar."**

¯ Rezar 3 ave-marias à Santíssima Trindade.

COM MACHADO

Uma pessoa com a criança no colo, ficará junto à porta de saída para o quintal: quem vai tirá-lo, com 1 machado na mão encosta o corte no chão, bem junto a soleira da porta e após rezar uma ave-maria, pergunta: **"O que eu corto?"** e a que está com a criança responde; **"O quebranto de** *Fulana.***"** E ao passar com a criança para fora, dará uma riscada no chão, de portal á portal. Repete a operação para entrar e novamente para sair e dará volta para entrar por outro lado. Caso não tenha meios para dar a volta, inicia-se êsse serviço ao contrário, isto é: 1º entra, sai e torna a entrar.

QUEBRANTO DE ANIMAL

"Se tens quebranto, eu to alevanto. 2 olhos-maus te deram e com 3 to tiro, com 3 pessoas da SS. Trindade: Pai, Filho e Espírito-santo".

NB: benze-se 2 vezes por dia, em 3 dias seguidos.

QUEDAS

PARA EVITAR AS QUEDAS DAS CRIANÇAS

Pela manhã, com a criança ainda em jejum e na presença dos pais, o benzedor, com 1 ramo verde, a benzerá, proferindo as seguintes palavras:

"Disse o Sr, Jesus Cristo: *Vinde a mim as criancinhas'*. E eu vos peço, Senhor, protegei e amparai esta(s) criança(s) não deixando-a(s) tombar sobre a pedra, barro, madeira, ferro ou cascalho do chão. Em nome do Pai, do filho e do Espírito-santo."

QUEIMADURAS

O ensalmo para curar queimaduras deve ser rezado 3 dias seguidos, na hora das ave-marias:

"Sta. Sofia tinha 3 filhas:

Uma fiava, outra cosia,

Outra numa chama de fogo ardia.

Perguntei: — Sta. Sofia,

Queimadura com que se curaria?

Com bafo de boca e água fria,

Em nome de Deus e da Virgem Maria."

Dito isto, o benzedor enche a boca com água fria e borrifa 3 vezes a região queimada.

VARIANTE

"Sta. Sofia

Tinha 3 filhas

Uma fiava

Outra lia,

Outra em chama de fogo ardia.

Ia correndo

Ia bramindo,

Encontrou com Jesus Cristo.

A Jesus perguntou com que se curaria,

Que cuspisse e bafejasse,

Que com isso sararia,

Em nome de Deus

E da Virgem Maria."

Invocando Sta. Elia

"Sta. Elia tinha 3 filhas

Uma fiava, outra cozia,

E a outra curava de queimadura."

NB: repetir 3 vezes usando 3 ramos verdes em gesto de cura.

† A seguir rezar 1 pai-nosso com 1 ave-maria para o santo da devoção.

Invocando Sta. Afra

"Sta. Afra tinha 3 filhas,

Uma fiava

Outra rendava,

Outra que no fogo ardia.

Perguntou:

— Com o que sararia?

Com bafo e água fria

Da virgem Maria".

Invocando Sta. Aurora

Benzer, jogando respingos de água na vítima, enquanto se reza:

"Sta. Aurora tinha 3 fia: Uma lavava, a ôtra cosia e ôtra o fogo ardente ardia."

Benzedura do Nordeste

No Nordeste brasileiro,Getúlio César consignou:

"Sta. Iria tinha 3 filhas, uma cosia, outra fiava e outra curava ferida de fogo que em fogo se ardia, com os poderes de Deus e da Virgem Maria, amém."

Benzedura de Sta. Catarina

"Sta. Sofia tinha 3 filhas:
uma fiava, a outra cosia;
outra, numa chama de fogo ardia.
Perguntei: — Sta. Sofia,
Queimadura, com que se curaria?
— Com bafo da boca e água fria,
em nome de Deus e da ave-maria."

Benzedura com faca

Toma-se uma faca nova, de boa qualidade, de cabo preto; vai-se passando, em cruz, por cima da parte afetada, dizendo o seguinte:

"Eu te corto coxo, coxão, sapo, sapão, cobra, cobrão, lagarto, lagartão e todo bicho de má nação, para que não cresças nem apareças nem dobres o rabo com a cabeça. Sta. Iria, 3 filhas tinha, uma se assava, outra se cozia e outra pela água ia, perguntou a N. Senhor que lhe faria: que lhe cuspisse e assoprasse que sararia."

NB: esta oração é para cura do cobreiro...mas assemelha-se à que registamos acima para curar queimadura, principalmente na parte final.

Benzedura de 7 lagoas

† Benzer, enquanto se reza:

"Sta. Ilara e Sta. Elia. Sta. Ilara 3 fia tinha: uma na fonte, ôtra no monte, ôtra em casa que o fogo ardia. A Sta. Ilara preguntô pra Sta. Elia:

— Com que se cura queimadura?

— Com água do seu paladar, com nome de Deus e da Virge Maria."

Benzedura de Minas

† Benzer, rezando:

"A água é fria, mais não tem frieza; o fogo é quente, não tem calor. Jesuis Cristo não sofre dor. Amém."

† 1 pai-nosso e 1 ave-maria oferecidos à Paixão e Morte de N. Sr. Jesus Cristo.

PARA QUEIMADURA DE FOGO

"Ia Jesus e João, vai Jesus e pergunta a João:

— Ó João que vistes em Roma?

— Eu vi Senhor, queimadura de fogo.

— Volta João e vai curar; cura com os poderes de Deus e da Virgem Maria com folhas de pimenta e água fria.

Água não tem frio e Jesus tem Senhor, curo eu com folhas de pimenta e água fria. Amém."

Benzedor
Constâncio Arruda (Marabá)

RAIOS

Essa benzedura é usada tanto para livrar as pessoas, durante toda a sua vida dos raios, como também para evitar que estes atinjam os animais e as casas.

O benzedor pega 1 prato branco e uma vela de estearina. Acende a vela e passa o prato sobre ela, fazendo com que o fumo enegreça o prato branco. Marca com 1 sinal a cabeça de quem se vai benzer, e diz:

"Deus onipotente este que aqui está marcado quer a proteção contra os raios de S. Simeão Estilita. Por essa marca e mais as que faço (nas palmas das mãos), **será reconhecido e por raio algum será atingido.**

‾ Depois rezar junto com a pessoa 3 pais-nossos e 3 ave-marias.

Raios e coriscos

A pessoa a ser benzida deve trazer uma cruz junto ao corpo com 1 raminho verde, recitando:

"Senhor Deus Onipotente, criador do céu e da terra, que concedestes ao santo eremita S. Simão Estilita graça de passar anos inteiros jejuando no alto duma colina, sendo alimentado pelos pássaros e sustentado pela vossa Divina Providência, sede propício, por intercessão de S. Simão, a *F....*

S. Simão Estilita. atendei ao pedido de *F....* **Sede seu protetor, seu guia, afastando-o dos perigos do fogo celeste, defendendo-o de todo e qualquer mal. Assim seja."**

† Em seguida rezar 1 creio-em Deus-pai, 1 pai-nosso e 1 ave-maria.

RAIVA

Para não ser vítima dela

Tem gente que nos olha com raiva, sem que tenhamos feito nada contra essa pessoa. Basta que ela esteja de mal com a vida, cheia de rancor e frustrações e nos atire uma energia negativa, apanhando-nos desguarnecidos. Sensíveis, como somos, acabamos captando esses maus fluidos e nos prejudicando. Mas é possível, graças a Deus, nos curarmos desse tipo de coisa, com uma benzedura:

O benzedor deverá recitar essa oração durante 3 6ᵃˢ-feiras, pela manhã, com o benzido em jejum. Seguem 3 pais-nossos e 3 ave-marias em louvor à Santíssima Trindade.

"Não são poucos os que com maus-olhos me vêem e que desejam a minha infelicidade. Mas contra esses inimigos que tanto mal procuram fazer-me, eu cono com a vossa ajuda, Senhor, que jamais me faltou e não há de faltar neste instante, de que tanto dela necessito. Os maus-olhados dos que são meus inimigos hão de encontrar intransponível barreira e deles sairei vitorioso. Em nome do Pai, do Filho e do Espírito-santo. Amém."

REALIZAR

1 DESEJO DIFÍCIL

Se queremos ajudar uma pessoa a realizar 1 desejo que à 1ª vista parece impossível, temos de acender uma vela dupla que foi colada ao fogo duma outra vela que deitamos fora. Depois acendemos a vela dupla em honra de S. Cosme e S. Damião. Diante das duas velas acesas dizemos:

"Os segredos de S. Cosme quem sabe é S. Damião. Me diga seu desejo, que é 1 segredo no ouvido direito."

Dito isso a pessoa deve falar o seu desejo em nosso ouvido direto. E continuamos:

"O segredo de S. Damião

quem sabe S. Cosme.

Me diga seu desejo, que é 1 segredo no ouvido esquerdo."

NB: novamente a pessoa nos conta seu desejo, agora no ouvido esquerdo.

† Em seguida untamos o dedo com a cera das 2 velas e fazemos o sinal-da-cruz

---

REBATE

Rebate é a mastite devida à retenção láctea nos 1º dias do puerpério.

HOMEM MANSO, MULHER BRAVA

"Homem manso, mulher braba,

Casa varrida e aguada,

Cama de palha, travesseiro abado

Por onde este mal entrou

Aí mesmo saia,

Em nome de Deus e da Virgem Maria."

HOMEM BOM E MULHER MÁ

"Homem bom e mulher má;

Casa varrida e aguada,

Chiqueiro de porco e estrebaria de gado."

INVOCANDO DEUS E A VIRGEM

"Travesseiros de alvado,

Com estas palavras sagradas

Ficarás curado,

Em nome de Deus e da Virgem Maria."

RENDIDURAS OU ROMPIMENTO

EM GENTE

Na ida: "— S. João, eu te entrego doente...

Na volta: — E tu me devolves são."

NB: repetir a travessia 9 vezes.

Em burro

Usa-se o tapa-cara e uma agulha de saco, na qual se passa 1 barbante. Encosta-se o tapa-cara na rompidura e se costura perto dele, rezando:

"— Que costuro?
— Nervo rompido.
— Que costuro?
— Carne rasgada.
— Que costuro?
— Osso quebrado."

NB: quem faz a pergunta é o benzedor e quem responde é o dono do burro.

† Rezar 1 ave-maria e repete tudo 7 vezes.

REUMATISMO

Contra reumatismo e todas as dores

O benzedor trabalha com 1 olho de pinhão fazendo cruz em torno do doente. Oferece 1 pai-nosso e 1 ave-maria a N. Senhora do Desterro e à Sagrada Paixão de Cristo. E diz:

"O sol e a luz nascem do mar. No coração de Jesus tudo é nascido. Sol, lua, constipação, reumatismo, fraqueza de coração. Dor nos ossos quem tira é Jesus, a Virgem Maria e S. José, com as 3 barquinhas, 3 pancadas, 3 virgens e 3 luzes. E com as mesmas pancadas sai a dor causada. Sai reumatismo, sai fraqueza de coração. Lua, serem, claridade. Salvo estou. Salvo, estarei salvo. Salvo. Onde está está doença toda? Já debaixo da pedra. Quem botou? Jesus, Maria e José para ser planta, pra não mais voltar. E se ela quiser vir? No caminho será empatada com as 3 cruzes: na frente está, na frente estará todos os males. No mar estará e lá mesmo há de ficar e no corpo de F... não há de entrar, pois as 3 cruzes há de empatar. Amém."

Benzedura de Minas

† Benzer, com 3 raminhos de alecrim, fazendo sinais-da-cruz sobre o local mais dolorido, enquanto se reza, 3 vezes:

"Sto. Ilio perguntou à Sta Ilia:

— O que cura reumatismo?

— É com as palavras da Santa Virgem Maria."

† Rezar 1 pai-nosso e 1 ave-maria.

"Se tiver reumatismo no corpo desta criatura batizada tem que sair e não responder em lugar nenhum."

RINS

Enquanto se benzem os rins da pessoa doente, com óleo de oliveira e dizendo o nome do Pai, o doente reza esta oração:

"Todas as noites a dor nos rins me atormenta, meu Sr. Jesus Cristo. Todos os dias a dor nos rins me atormenta. A todo momento, de dia e de noite, eu não encontro paz, pois meu corpo sofre com a minha dor nos rins meu Sr. Jesus Cristo.

Há muito desejo uma cura e só de vós sei que a receberei. Esquecei por 1 momento que sou 1 humilde pecador e tirai esta dor de mim, meu Sr. Jesus Cristo. 1 alívio, é o que peço, desta dor que não cessa, nem de dia, nem de noite, nem a qualquer hora.

Foi feita a oração, foi feita a unção. Já virá a melhora, pois tenho fé em N. Sr. Jesus Cristo. Amém."

Invocando S. Libório

"Senhor, por especial privilégio outorgado ao Beato Libório contra os males de cálculo, pedras na urina, bexiga e rins, faça que *F...* se veja livre de ... que padece. Glorioso S. Libório, intercede por nós. Amém."

ROUQUIDÃO

Esta benzedura é feita com uma xícara de mel, onde se mistura alho cru, cortado muito miúdo.

O benzedor pega uma colher, enche de mel com o alho e, fazendo o sinal-da-cruz, diz:

"S. Bernardo de Sena encontrou 1 mudo. O mudo não podia falar. Então Cristo que vinha logo atrás disse:

— Faça este homem falar Bernardo, ele quer rezar para mim.

Então S. Bernardo tomou mel e alho e deu uma colher para o doente tomar, dizendo:

— Agora podes rezar, porque tua garganta é limpa. Assim com este poder que me foi dado, como foi dado a S. Bernardo de Sena (dá uma colherada ao doente) **eu curo este doente de rouquidão, para que possa, rezando, dar graças a Deus. Em nome do Pai, do Filho e do Espírito-santo. Amém.**"

ROSTO

Torto

Se a pessoa que tiver o rosto entortado pela corrente de ar for homem, deve ser benzido por mulher. Se for mulher, quem tem de benzer é 1 homem.

Coloca-se num vidro: 3 cravos-de-defunto, 3 dentes de alho esmagados, 3 galhos de arruda. Cobre-se a cabeça do paciente com uma toalha branca e, sobre ela, coloca-se o vidro de cabeça para baixo e sem tampa. Segurando o vidro com firmeza e muito concentrada, a pessoa que está benzendo reza uma salve-rainha.

2ª BENZEDURA

Diz a crença popular que o reflexo dum espelho ou corrente de ar podem entortar a boca ou rosto duma pessoa. Se isso ocorrer, esta é a mais conhecida benzedura para tirar o ar do rosto. O benzedor usa uma faca de aço, encostando-a em cruz no rosto do paciente dizendo:

"*F...*, **tens ar e eu te corto o ar: ar da casa, ar da cama, ar da roupa, ar do fogão, ar da cinza, ar do fogo, ar da lenha, ar da porta, ar do ventre, ar do sol, ar da lua, ar das estrelas, ar das nuvens, ar do mesmo ar e ar do morto excomungado.**"

3ª BENZEDURA

Nesta benzedura para desentortar o rosto ou a boca duma pessoa que ficou assim por causa duma rajada de ar frio, o benzedor deve se colocar às costas e de costas para o paciente. Em seguida, vai atirando punhadinhos de sal nas costas da pessoa doente, dizendo:

"**Ar e céu e estrelas vejo.**

Se este mal é ar ou arejo,

atrás das costas eu despejo!"

Benzedeira
Menina Janice (Marabá)

SANGUE

Contra o "sangue" são as orações destinadas a fazer cessar as hemorragias, quaisquer que sejam as causas que as determinem ou o órgão ou aparelho em que se verifiquem. Assim, as hemoptites, as hematemeses as meno e metrorragias, as acidentais — todas entram na mesma chave e são "atalhadas" pelo mesmo sistema, pela mesma benzedura.

"Deus assubiu o horto

Sangue picura o coipo,

Sangue picura a vêia

Assim como Jesus

Se atou-se na hora da ceia

Sangue picura a veia."

NB: no lugar onde está correndo o sangue vai-se fazendo cruz com a mão e depois rezam-se 5 pais-nossos em intenção do sangue que Jesus derramou.

Invocando S. Marcos Mateus

"S. Marcos Mateu cortando mato em campo seco, sangue tem em ti como Jesus Cristo teve em si; sangue quente na veia como N. Sr. Jesus Cristo teve na ceia; sangue tem que é eterno, como Jesus Cristo teve na serra; sangue tem quem emporte, como N. Sr. Jesus Cristo teve na hora da morte".

NB: esta é uma benzedura da Bahia.

Invocando S. Lucas e S. Mateus — 1

"Estavam Lucas e Mateus

Ceifando em prédios seus

Cortou-se Lucas e disse Mateus:

Tanto sangue nas tuas veias

Como Deus teve nas ceias.

Tanto sangue no teu corpo,

Como Deus teve no horto.

Tanto sangue forte,

Como Deus teve na sua morte".

NB: esta é uma benzedura de Açores.

INVOCANDO S. LUCAS E S. MATEUS — 2

"Lucas e Mateus,
Cortando ervas em campos seus,
Cortou-se Lucas
Respondeu Mateus:
— Sangue, tem-te em ti,
Assim como Deus se teve em si,
Sangue, põe-se nestes ossos,
Assim como Deus se teve com os seus apóstolos;
Sangue, tem-te nas veias,
Assim como Deus se teve em sua Ceia;
Sangue, tem-te neste corpo,
Assim como Deus se teve morto.
Ó Virgem Maria, Ó Virgem pura,
Me fazei parar este sangue
Que está correndo do corpo desta creatura.
Eu benzo:
Deus é quem te cura".

INVOCANDO S. LUCAS E S. MATEUS — 3

"S. Lucas e S. Mateus
Foram ceifar ervas em campos seus.
Lucas cortou-se
E disse a Lucas, Mateus:
Estanca-te, sangue, e põe-te nas veias.
Assim como Jesus Cristo teve na ceia;
Sangue, põe-te em ti,
Assim como Jesus Cristo o teve em sí;
Sangue, põe-te no corpo,
Assim como Jesus Cristo o teve no ventre da Virgem Maria.
Amém."

INVOCANDO S. MARCOS, S. LUCAS E S. MATEUS — 1

"Andava Marcos, Lucas e Mateus,
Cortando ervas em campos seus.

375

Cortou-se Lucas, disse Mateus:
— Sangue, põe-te na veia,
Como Jesus teve os apóstolos em sua ceia;
Sangue, põe-te no corpo,
Como Jesus teve no horto.
Sangue, põe-te em tí,
Como Jesus teve em sí.
Em nome de Deus e da Virgem Maria."

Invocando S. Marcos e S. Mateus

"S. Marcos e S. Mateus
Foram segar ervas em campos seus.
S. Marcos se cortou.
— Benze-me de sangue, Mateus!
— Não sei, senhor, benzer...
— Vem comigo que te ensinarei:
Sangue, tem-te em ti, etc. etc.
até: Sangue, tem-te em teu corpo,
Como Jesus Cristo teve morto. Amém".

INVOCANDO S. BRÁS, S. LUCAS E S. MATEUS — 2

"S. Brás, S. Lucas e S. Mateus
Foram cortar trigos seus;
Cortou-se Lucas e o benzeu Mateus:
— Sangue, põe-te nas veias,
Assim como N. Sr. Jesus Cristo
Pôs-se na ceia;
Sangue, vai a teu lugar,
Assim como N. Sr. Jesus Cristo
Pôs-se no altar;
Sangue, põe-te no corpo,
Assim como N. Sr. Jesus Cristo
Esteve morto.
Amém."

376

INVOCANDO S. LUCAS E S. MATEUS — 4

"Estavam Lucas e Mateus
Ceifando trigo em campos seus.
Cortou-se Lucas, diz Mateus:
— Estanca, sangue,
Em nome de Deus.
Sangue, tem-te em ti,
Assim como Deus o teve em si;
Sangue, tem-te no corpo,
Assim como Deus teve-o no horto;
Sangue,tem-te nas veias,
Assim como Deus teve-o na ceia;
Em nome de Deus e da Virgem Maria, Amém."

NB: benze-se com uma faca.

INVOCANDO S. LUCAS E S. MATEUS — 5

"Estavam S. Lucas e S. Mateus,
Cevando ervas em campos seus;
Cortou-se Lucas, disse Mateus:
— Que tanto sangue!
Sangue, põe-te em ti,
Como Jesus Cristo se pôs em si;
Sangue, põe-te nas veias,
Como Jesus se pôs na sua santa-ceia com seus 12 apóstolos;
Sangue, põe-te no corpo, como Jesus se pôs na hora da sua morte;
Em nome das 3 pessoas da Santíssima Trindade,
Que é Deus-pai, Filho e Espírito-santo."

NB: o benzedor faz com a mão direita cruzes sobre o paciente.

Invocando Jesus

É coisa comum e corriqueira uma pessoa se cortar — com faca, cacos de vidro ou qualquer outro objeto. Há pessoas cujo sangue se coagula rapidamente, mas há outras em que isso só acontece depois de muita demora ou... duma boa reza, benzedura ou simpatia. Já nos referimos anteriormente a uma benzedura para estancar o sangue. Eis mais uma com a mesma finalidade:

O benzedor deverá rezar 3 vezes seguidas a oração abaixo, ao mesmo tempo em que, com o próprio sangue do paciente, faz sinais-da-cruz sobre a região afetada:

"Sangue tem-te em ti, como N. Sr. Jesus Cristo teve em si. Sangue tem-te na veia, como N. Sr. Jesus Cristo teve na ceia. Sangue tem-te no corpo, como N. Sr. Jesus Cristo, teve no horto. Sangue tem-te firme e forte, como o teve N. Sr. Jesus Cristo na hora da morte. Em nome do Pai, do Filho e do Espírito-santo."

† A seguir reza 1 pai-nosso e 1 ave-maria em honra a Jesus.

Para estancá-lo — 1

No lugar onde o sangue estiver correndo o benzedor repete 3 vezes o sinal-da-cruz e diz:

"Deus subiu o horto,

sangue picura o corpo.

Sangue picura a veia,

assim como Jesus atou-se.

Na hora da santa-ceia:

sangue picura a veia,

sangue picura a veia.

Em nome do Pai, do Filho e do Espírito-santo. Amém."

† Depois rezam-se 5 pais-nossos em intenção do sangue que Jesus derramou.

PARA ESTANCÁ-LO — 2

"Explode Virgem Maria

Eu vejo sangue na veia de *Fulano*

É ting, ting, ting

Assim como Jesus Cristo ficou na ceia

Assim será estancado o sangue na veia de *Fulano*.**"**

NB: repetir 3 vezes.

PARA ESTANCÁ-LO — 3

"Pelos favor de Deus-pai e Mãe de Deus

Sangue derramado desta veia

Veia tu será estancada, assim como o rio Jordão

N. Sra. do Serrado encerrou o rio Jordão
Será encerrado o sangue desta veia
Com o favor de Deus e da Mãe de Deus."

NB: repetir 3 vezes com 3 ramos verdes em gestos de cruz várias vezes.

PARA ESTANCÁ-LO — 4

"— Sangue de onde você veio?
— Eu vim pelas veias
  Pois sangue você volta pela veia
  Você sai e fica e eu fico e volto."

NB: repetir 3 vezes, usando 3 ramos verdes em gestos de cruz várias
vezes.

PARA ESTANCÁ-LO — 5

"Sangue tente
Que Deus deu na gente
Sangue tim tim
Que Deus deu em tim
Sangue tente que Deus deu na gente
Virgem N. Senhora que tanto sangue,
Virgem N. Senhora que tanto sangue,
Virgem N. Senhora que tanto sangue."

NB: no decorrer da orações, colocar o dedão no local que está saindo
sangue.

† A seguir rezar 1 pai-nosso e 1 ave-maria para N. Sra do
Livramento.

PARA ESTANCÁ-LO — 6

"Sangue tente na veia
Assim como Jesus Cristo foi tentado na ceia."

NB: repetir 3 vezes usando o dedão em cima do local em gestos de
cruz várias vezes e vai rezando 1 pai-nosso e 1 ave-maria até estancar o
sangue.

PARA ESTANCAR O SANGUE

"No sangue de Adão, nasceu a morte.
No sangue de Cristo nasceu a vida; terás sangue como Jesus teve
em si. † Terás sangue na veia, como Jesus teve na ceia. † Terás sangue
no corpo como Jesus teve no horto para sempre, Amém."

Para apertar o sangue

"Sangue põe-te em ti, como N. Sr. Jesus Cristo põe em si; põe-te nas veias, como N. Sr. Jeus Cristo pôs na hora da ceia.

Sangue põe-te rijo e forte assim como N. Sr. Jesus Cristo pôs na hora da morte.

Passa rio e passa o dia, por aqui passa, Amém."

SAPINHO

Cientificamente chamado de *"cidium albicans"*, o popular sapinho que aparece na boca das crianças deve ser benzido num sítio, numa fazenda, à beira do chiqueiro dos porcos. Com uma faca na mão, o benzedor diz:

"— Que corto?

E a acompanhante da criança responde:

— Sapo.

Para o benzedor prosseguir:

— Sapo, sapinho, sapão, eu te corto a cabeça, o 1/2, o rabo. Que tu não cresça nem amadureça. Que seque e não lastre mais."

VARIANTE — 1

"— O que corto?

— Sapo.

— Sapo, eu te corto a cabeça, 1/2 e rabo, em nome de Sto. Antão. Deus vos queira tirar com sua sagrada mão. Amém."

VARIANTE — 2

"Eu te corto, sapinho brabo,

Da cabeça até ao rabo."

NB: a oração deve ser feita junto ao cocho dos porcos e com uma faca na mão o benzedor faz 3 cruzes no fundo do mesmo. Repetir em 3 6as-feiras, ou 9 conforme o caso.

VARIANTE — 3

"— Que corto?

— Sapo.

— Sapo, sapinho, sapão,

Eu te corto
A cabeça, o meio, o rabo,
Que tu não cresça
nem amadureça
Que seque e não lastre mais."

NB: a benzedura é feita 9 vezes sobre a comida dos porcos, babando o doentinho e a mesma.

VOLTADO PARA O GAMELÃO DE PORCO

O benzedor e outra pessoa que terá a criança ao colo, com o rosto voltado para o gamelão do porco:

"— O que corto?

— Ajofre. — diz o que carrega a criança.

— Corto a cabeça e corto o rabo; corto todo o fogo e fogo selvagem, com estas palavras há-de sarar. Com o nome de Deus e da Virgem Maria."

BENZEDURA DE BETIM

Benzer com 1 galhinho de alecrim. Antes mede-se o tamanho da boca da criança doente, cortando o ramo da planta do mesmo porte; coloca-se na palma da mão e reza-se, em cruz sobre ela:

"— Que corto?

— Sapinho.

— Isso mesmo eu corto, com os poder de Deus e da Virgem Maria."

NB: põe o galhinho pendurado perto do fogão; quando secar... o sapinho desaparece.

BENZEDURA DE MINAS

Benzer com 3 galhos de assa-peixe; o benzedor toma 1 por 1 dos galhos e vai dialogando:

"— Que corto?

— Sapinho.

— Isso mesmo eu corto, com os poder de Deus e da Virge Maria."

NB: feito isto com os 3 galhinhos, jogá-los ao fogo.

SECA

Contra a Seca

A carência de chuvas nos pastos e nos campos de semeadura, além de acarretar graves prejuízos ao agricultor, pode trazer mortes por inanição e epidemias às pessoas que habitam a região afetada pela seca e estiagem. Para prevenir contra este mal, o benzedor pega 2 longos ramos verdes nas mãos e os abre sobre a imensidão a ser benzida, proferindo a seguinte oração:

"Sr. Nosso Deus, Deus do povo e da terra de Israel, abençoai todos os povos, regai abundantemente esta terra, que criastes e que a vós deve a sua fecundidade. Renovai, Senhor, as bênçãos que outrora lançastes sobre as lágrimas de Sto. Heriberto, protegendo assim o povo aflito.

Rogamos, por N. Sr. Jesus Cristo, a Sto. Heriberto para que nos proteja e que obtenha do Senhor a graça das chuvas para que esta terra não deixe de produzir e alimentar os que dele necessitam.

Em nome do Pai, do Filho e do Espírito-santo. Amém.."

† Reza-se a seguir 1 creio-em-Deus-pai.

SEIOS

E suas doenças

As mulheres, principalmente as mais pobres, sofrem com a falta de recursos para o tratamento das chamadas doenças dos seios, que tanto podem traduzir-se no aparecimento de tumores benignos ou malignos, como através das dores fortes provocadas pelo endurecimento do leite no período pós-parto. Para remediar-se procuram as benzedeiras, de grande valia e eficácia, verdade seja dita.

Esta é uma benzedura para essas moléstias:

Com 3 ramos verdes, o benzedor faz o sinal da cruz 3 vezes sobre o seio doente e vai pronunciando as seguintes palavras:

"Jesus morreu, Jesus ressuscitou, pela graça de Deus, F... se curou."

† Rezar em seguida 3 pais-nossos em louvor à Santíssima Trindade.

VARIANTE

"**Jesus viveu** (fazer o sinal-da-cruz sobre o local afetado), **Jesus morreu** (repetir o sinal-da-cruz), **Jesus ressuscitou** (repetir o sinal-da-cruz). **Assim como estas palavras são verdades, fazei a graça de curar o seio do lado esquerdo** (ou direito) **de** (citar o nome da paciente) **com a maior brevidade.**"

† Repetir a oração 3 vezes e rezar 3 pais-nossos em honra à Santíssima Trindade.

INFLAMAÇÕES

Evita-se a inflamação no seio, por arroto do lactante enquanto mama, com a seguinte oração: "**Jesuis Cristo, quano andô no mundo, andô, andô e encontrô homem bão e muié má; entre o cisco e a lama ela mandô ele fazê a cama; menino, neste peito mama!**"

NB: enquanto rezar a criança deve ficar no colo da mãe, com os pés para fora, isto é, sentada ao contrário.

NB: a oração que registramos acima teve a seguinte explicação do curandeiro de Chonin (Gov. Valadares): *"N. Senhor, quano andava no mundo visitô 1 casar de situante e pediu posada. A muié, que era muito ruim, num quis dá e ele cabô dormindo no galinhêro. A muié tava co's peito inframado e nenhum reméido dava alivio; então o marido dela disse*

— Ó muié, às vêiz aquele que véio sabe d'argum reméido bão pra liviá ocê!

A muié, então, mandô o marido conversá co'véio, que era N. Senhor e ele veio pra dentro de casa, pegô no menino e pôiz ele no colo da muié c'as perninha pra fora falano pr'ela rezá do jeito que já sabemo. O tarzinho, mais do que depressa garrô a chupá os peito da muié e desinframô tudo. N. Senhor, antão, falô:

— Estas palavras deve de ficá no mundo pra tudas muié que percisá.

E ansim conteceu: inté hoje a oração tá rodando por este mundo afora, tão boa que ela é."

SOL NA CABEÇA

Explica o pesquisador Oswaldo Cabral, que por "sol na cabeça" entende-se não somente a insolação como as cefaléias em geral, devidas a qualquer causa. que são atribuídas, em geral, pelo vulgo, a uma longa e demorada exposição do crânio à luz solar. As orações para a cura do "sol na cabeça" são várias e geralmente são acompanhadas duma pratica de simpatia que consiste em inverter 1 copo ou uma garrafa, cheios de água fria, sobre a cabeça do paciente previamente recoberta por uma toalha ou 1 pano qualquer. Naturalmente, aos poucos vai o pano ficando embebido, bem como dele passando para os cabelos do doente a água do copo. Está visto que para o fundo do copo começam a subir pequenas bolhas de ar, à medida que a água se infiltra. Aquelas bolhas, segundo vários benzedores, são as do sol que vão saindo do interior do crânio do paciente para fora — e nisto consiste a simpatia. A benzedura reforça-lhe o efeito.

Invocando a Santíssima Trindade

"**Deus é sol, Deus é lua, Deus é a mesma claridade, Deus é Divindade. Por donde este sol entrou, por aí mesmo sáia. Pelo explendor da claridade e pelas 3 pessoas da Santíssima Trindade, Pai, Filho e Espírito-santo.**"

VARIANTE BAIANA

"**Deus é sol, Deus é lua, Deus é a claridade; este mal, por onde entres, vai cair no mar sagrado, a onde não sintas o galo cantar nem o sino repicar. Pela missa de hoje e da festa do natal.**"

VARIANTE CEARENSE

"**Ave Maria — Deus é o sol, Deus é a luz, Deus é toda a claridade! Sai-te daqui sol da cabeça e sereno vai-te para as ondas do Mar-sagrado, com todos os poderes de Deus-pai, com os poderes de Deus-filho e do divino-Espírito-santo. Amém. Sta. Maria.**"

Benzedura de S. Bonifácio (SC)

"**Se for dor de cabeça da quentura do sol, ferva;
Se não for, não ferva**".

Com 1 pano e 1 jarro

"**Deus vos salve, Senhor S. Marcos, Jesus e Filho, Jesus e Criador, Jesus e Redentor. Assim como Jesus Cristo é Filho, é Criador e Redentor, entrou dentro da Igreja, deixaste esta dor, rezai esta dor de cabeça; se for sol procure os ares, se for sereno procure as baixas; te vestiste com pano de linho e 1 jarro de água fria com os poderes da Virgem Maria.**"

Deus fez

"Deus fez o sol, Deus fez a lua... Deus fez toda claridade do Universo, grandioso e com a sua graça e te benzo, eu te curo.

Vai-te sol da cabeça dessa criatura (se diz o nome dessa pessoa) para que as ondas do mar-sagrado, com os santos poderes do Pai, do Filho e do Espírito-santo."

† Em seguida reza-se 1 pai-nosso e se for mulher, 1 ave-maria.

Benzimento de Gov. Valadares

Apanha este mal aquele que, estando dormindo na hora em que o sol se põe, é atingido nos olhos pelos raios deste, através de alguma fresta existente no quarto. Se se apanhar este mal, há recursos, entre os quais:

† Rezar 3 vezes:

"Sol é luiz e sol é as 3 pessoa da Santíssima Trindade: Pai, Filho e Espírito-santo. E sol e sol sereno e sol e o fruto bendito e chaque e caquile, dor de cabeça e catite maleta das ocaristia, amém."

Benzimento de Minas — 1

† Benzer, enquanto se reza:

"Senhora da abadia está sentada numa pedra fria. Tô tirano este sole e sereno, em lovor das Ave Maria."

Benzimento de Betim

A paciente deverá sentar-se voltada para o nascente; quem a benze coloca 1 pano branco (sem bordado algum, principalmente de cor vermelha) dobrado sobre a cabeça do doente. Põe-se água numa garrafa branca, pela metade e vira-se esta com o gargalo para baixo, sem rolha, sobre o pano na cabeça. Vai-se rezando e fazendo sinais-da-cruz sobre o fundo da garrafa e junto do gargalo e batendo-se várias vezes com a mão aberto sobre o fundo, enquanto se diz, após cada reza: "Me valha, minha Senhora da Abadia." Finalmente repete a benzedura rezando m cruz sobre o fundo da garrafa, como fez na 1ª vez.

À medida que se vai benzendo vão subindo bolhas de ar na água da garrafa; são bolhas pequenas e grandes; as pequenas são *sereno da lua* e as outras, *sole*.

NB: a benzedura deve ser feita por 3 vezes, de 15 em 15 dias.

Benzimento de Pernambuco

"Deus é sol, Deus é a luz, Deus é toda a claridade! Sai-te daqui, sol de cabeça e sereno e vai-te para as ondas do mar sagrado, com os poderes de Deus-pai com os poderes de Deus-filho e do Espírito-santo, amém."

Benzimento de Sta. Catarina

Pondo uma toalha em a cabeça do paciente e, sobre esta, 1 frasco de vidro com água, a benzedeira pronuncia as seguintes palavras:

"Deus é sol; Deus é lua; Deus é a luz. Deus é a mesma claridade. Depois que o sol saiu é que este mal foi entrado. Assim como entrasse saí em nome de Deus e da Virgem Maria da Santíssima Trindade."

NB: ali é necessário que se faça o benzimento das 15 hs em diante; nunca pela manhã ou ao 1/2 dia.

Benzimento de Ceará

"Deus fez o sol, Deus fez a lua... Deus fez toda a claridade do Universo grandioso. Com a sua graça eu te benzo, eu te curo. Vai-te sol da cabeça desta criatura (diz o nome da pessoa) para as ondas do mar sagrado, com os santos poderes do Pai, do Filho e do Espírito-santo.

‾ Rezar 1 pai-nosso se for mulher e 1 ave-maria se for homem o paciente.

Benzimento de B. Horizonte

‾ Rezar:

"Quando N. Senhora andou pelo mundo, sentada numa pedra fria, benzeu de sol e lua, rezando a ave-maria; Deus é sol, Deus é lua, Deus é toda claridade. Sol da cabeça e sereno vão tudo para as ondas do mar sagrado, com os poderes de Deus-pai, Deus-filho e Deus-espírito-santo. Amém."

BENZIMENTO DE MINAS — 2

Para tirar o sol da cabeça, congestão que se acusa por fortes dores nas têmporas, o benzedor coloca sobre a cabeça do paciente 1 copo de água, ao 1/2 dia em ponto, seguindo-se esta oração:

"Deus quando andou pelo mundo muito sol e calor apanhou, encontrou com N. Senhora com que o sol tiraria com 1 guardanapo de olhos e 1 copo de água fria. Sim, como falo verdade torna o sol a seu lugar, vai esta Senhora pelo mar abaixo como o copinho de água fria, o mal que ela tem no corpo e na cabeça tire de Deus e da Virge Maria."

NB: e quando ferver a água do copo, a cabeça cessará de doer.

Invocando Jesus

Pouca gente sabe de fato que uma excessiva exposição ao sol pode provocar dores muito fortes. Os antigos sabiam disso. Tanto sabiam que era comum o uso do chapéu tanto para os homens como para as mulheres. Mais tarde, com a mudança da moda, a queda do chapéu, em seu lugar ficaram as dores de cabeça, as enxaquecas provocadas pelo excesso de sol no cocoruto. Para aliviar essa dor, uma das melhores benzeduras é esta:

Com 1 ramo de planta cheio de folhas e flores o benzedor esborrifa água fresca sobre a cabeça do benzido, dizendo:

"Jesus é sol,

Jesus é sereno,

Jesus é claridade.

O que quer tira,

seja sol, sereno, enxaqueca.

O mal pela cabeça entre, pela cabeça sai."

VARIANTE

"Jesus é Sol

Jesus é sereno

Jesus é claridade

3 pessoas da Santíssima Trindade.

O que quer tira

Sol, sereno, enxaqueca e maleita

E dor de cabeça

O que tira

Este mal por ele entra por ele sai."

NB: repetir 3 vezes, usando 3 ramos verdes em gestos de cruz várias vezes.

† A seguir rezar 1 pai-nosso para o santo da devoção.

E SERENO

Muitas vezes uma pessoa fica exposta demais ao sol ou ao sereno e isso acaba provocando uma terrível dor de cabeça que se localiza geralmente na região da nuca. Os antigos diziam que nesses casos não adianta tomar remédio. É preciso antes de tudo *"tirar o sol ou o sereno da cabeça e da nuca"*, benzendo assim:

Cobre-se a parte da frente da cabeça do doente com 1 pano branco, deixando de fora apenas a nuca e a parte traseira da cabeça. Sobre essa região deposita-se 1 ramo de arruda ainda fresco. Cruzando com o ramo de arruda, coloca-se 1 ramo de alecrim. Segurando os 2 ramos em cruz, o benzedor diz:

"Sol, Luz, Sereno, Pastor, que de Deus foste guiado, sai-te desta cabeça onde não foste criado."

INVOCANDO N. SENHORA

"Tava N. Senhora na sua pedra fria

Tirando sol e sereno

Com pai-nosso e ave-maria."

NB: colocar 1 pano branco na cabeça da pessoa e depois 1 vidro branco chio de água de boca para baixo, declamando a oração acima.

SOLUÇOS

Quando uma pessoa está por demais agoniada, sem conseguir livrar-se do soluço, deve-se dar 1 copo com água fria para ela segurar. O benzedor, com a mão esquerda estendida sobre o corpo e a direita sobre o peito da pessoa com problema diz:

"— *F...* o que é isto?

A outra responde:

— É sangue de N. Sr. Jesus Cristo.

— Pois beba, que é bom pra isto."

E dá-lhe de beber, sendo que a pessoa com soluço deve sorver o copo todo duma vez, sem respirar, enquanto a que está benzendo repete em voz baixa:

— Pois beba que é bom pra isto.

Pois beba que é bom pra isto.

Pois beba que é bom pra isto."

COM ÁGUA BENZIDA

Muitas crianças sofrem prolongados ataques de soluços. Adultos também podem ter estes ataques os quais podem até se transformar em males mais sérios.

Para estancar os soluços existe uma água que é benzida em sua própria casa e que pode ser 1 santo remédio. É bastante pratico o método de benzer a água. Basta colocar uma faca sem ponta mergulhada num copo com água e dizer:

"Com 3 goles eu tiro o soluço.

1 gole em nome de Deus-pai.

1 gole em nome do Deus-filho.

1 gole em nome do Espírito-santo."

NB: guarda-se a água durante 7 dias, deixando-a ficar às noites no sereno. Ao final deste tempo a água já pode ser usada nas crises de soluços.

BENZEDURA DE TUBARÃO (SC)

"Soluço, Tiburço, soluço que vai, soluço que vem,

Soluço que vá para quem não tem."

VARIANTE

"Soluço vai, soluço Virgem Maria

Soluço vem, para quem não tem."

BENZEDURA DE ESPÍRITO-SANTO

"Para curar soluço diz-se bebendo goles de água:

Soluço vai, soluço vem,

Soluço vai para quem te quer bem"

NB: Estas 3 últimas orações não necessitam de benzedor que as recite.

SUCESSO

Nos negócios

Corte o azevinho com faca de aço, à 1/2-noite e benza-o já cortado, em nome do Pai, do Filho e do Espírito-santo. Leve-o então a passar por 7 ondas do oceano. Enquanto o estiver passando, reze o creio-em-Deus-pai 7 vezes e, ao mesmo tempo, faça o sinal-da-cruz com a mão direita sobre as ondas e sobre o azevinho.

Quem tiver junto de si o azevinho será vitorioso em todos os negócios que fizer e encontrará a felicidade.

Se você tocar uma pessoa com o azevinho tratado da maneira como foi explicada acima e se tiver a verdadeira fé, aquela pessoa será curada de seus males e lhe será fiel para o resto da vida.

Nos livros antigos está dito que o azevinho tem uma força maravilhosa.

Benzedeira
Filomena Dutra (Goiás)

TERÇOL

Também chamados de *viúvos*, os terçóis são aquelas bolotas que surgem nas pálpebras, incomodando e até provocando o fechamento dos olhos se crescerem demais.

Inúmeras são as benzeduras que se usam em todo o País, de norte a sul, par curar os terçóis. Existe, no entanto, uma série de 7 benzeções especiais que tanto atuam individualmente como resolvem o problema, se feitas em conjunto. Elas foram colhidas em vários prontos do Brasil e reunidas por um único benzedor, "sêo" Francisco de Assis Pereira, da cidade de Bragança Paulista (SP), que garante: *"De 1 terçol pode escapar. De 2 também. E de 3. Mas rezando as 7, não há como ele escapar porque estará cercado por todas as bandas!"*

1ª BENZEDURA

A 1ª é esta:

Cura-se o terçol usando o rabo dum gato. Pega-se o bichano, bota-se a cavalo no pescoço do doente e passando-se a ponta do rabo 3 vezes, por 3 dias seguidos, sobre o terçol: diz-se:

"Terçol, terçol
vá-se embora
antes que caia o Sol!

2ª BENZEDURA

Mais ou menos no mesmo sistema da 1ª, esta benzedura de terçol não usa o gato. Em seu lugar entra uma pena de galinha ou de peru. Garante seu Chico de Assis que a de peru tem efeito maior e mais rápido.

Pega-se a pena, molha-se em azeite doce e passa-se por 3 vezes, durante 3 dias, sobre o terçol, repetindo sempre em voz alta:

"Pena de galinha,
pena de peru,
mande esse terçol
pros cafundó!"

NB: terminados os 3 dias, enterra-se a pena e o óleo que sobrar debaixo de 1 pé de pau (árvore que não dá frutos) qualquer.

3ª BENZEDURA

O benzedor chamado para curar o terçol deve pegar 1 lápis sem uso. Apontá-lo bem e esquentar a ponta do grafite no fogo. Deixando numa temperatura suportável pelo paciente, o benzedor encosta essa ponta (de lado para não cutucar) sobre o terçol, nos 2 sentidos da cruz, dizendo:

"Lápis que escreveu a história do mundo e a escritura sagrada. Não deixe aqui rastro nem nada. Leve esse terçol e faça grudar feito emplastro no 1º que chame Raimundo."

4ª BENZEDURA

Há que ser 1 bom naco de toucinho de porco. Mas de porco morto no mesmo dia em que será usado seu toucinho. O benzedor coloca o toucinho sobre o terçol do doente nas 3 horas grandes da tarde, que são: 1/2-dia, 3 e 6 hs. Sempre dizendo:

"Terçol, terçol, passe para o toucinho e não fique mais aí 1 bocadinho".

Passadas as 3 vezes e ainda nessa mesma noite após as 6 hs da tarde, o benzedor irá acompanhado do doente até a beira duma estrada que tenha uma porteira. 1 deles — o benzedor — fará uma pequena cova colocará dentro o toucinho. O paciente se encarregará de recolocar a terra, tapando a cova. Depois os 2 seguirão de volta sem olhar para trás. Ao chegar em casa o terçol terá sumido.

5ª BENZEDURA

Colhem-se algumas folhas duma árvore chamada solidônia, que só se encontra à beira de brejos. Faz-se com elas 1 cozimento na proporção de 3 folhas para cada copo de água. Depois de cozidas, deixa-se esfriar ao relento, durante uma noite inteira. Pela manhã, ao 1/2 dia e no pôr-do-sol, o benzedor banhará o terçol com o cozimento, dizendo em cada ocasião, pela ordem:

"Terçol, vá embora porque a noite já foi.

Terçol, segue porque o sol é a pino.

Terçol, suma quando sumir o sol."

6ª BENZEDURA

Antes mesmo de ver o doente e seu terçol, o benzedor deve colher no mato alguns gravetos já secos e chegar à casa com eles para a benzedura. Então ele preparará uma casinha com os gravetos. Do tipo das caieiras, aquelas pilhas cruzadas que se fazem com lenha para as fogueira de S. João.

A casinha pronta, no quintal, o benzedor trará o doente de dentro da casa, estando o segundo de olhos fechado. Colocado diante da casinha, o benzedor perguntará:

"— O que vê?

E o benzido responderá:

— Nada vejo, porque o terçol não deixa.

Para o benzedor então atear fogo na casinha. Quando o fogo estiver bem pegado, ele mandará o doente abrir os olhos, dizendo:

— Olhe agora e poderá voltar a ver, porque seus olhos estarão iluminados pela mesma chama que queima a casinha do terçol!"

NB: a partir daí o terçol começará a desaparecer até sumir por completo.

7ª BENZEDURA

A pessoa doente (ou algum parente bem próximo no caso de se criança) escolhe o nome de 7 viúvas conhecidas que morem na mesma cidade.

Esses nomes são passados para o benzedor ou benzedeira que os decora bem decorados.

Diante do doente, fazendo cruzes com o polegar direito na direção e perto do terçol, a pessoa que benze vai repetindo os 7 nomes de viúvas, assim:

"Viuvinha do olho deste(a) coitado(a) passe já para o olho da verdadeira viúva *F*....

Viuvinha do olho deste(a) coitado(a) passe já para o olho da verdadeira viúva *F*...."

E assim por diante, 7 vezes e mudando sempre os nomes.

Terminada a benzedura, a viuvinha ou terçol, terá ido para o olho duma das viúvas verdadeiras anunciadas pelo benzedor.

DE CURA INFALÍVEL

Existe uma benzedura, de cura infalível, vinda do sul da Itália, que você pode aplicar em quem estiver com terçol. É muito fácil de fazer.

Em 1º lugar, a pessoa com o problema deve estar em jejum. A benzedura é feita assim:

Pegue uma agulha de costura e, de maneira que o seu furo fique para cima, benza a vista donde, fazendo o sinal-da-cruz 3 vezes.

Este procedimento deve ser repetido durante 3 dias consecutivos.

PARA ELIMINÁ-LOS

Para mandar os terçóis embora, o benzedor deve fazer cruzes sobre o olho atingido, com o polegar direito, enquanto repete 3 vezes a oração:

"Sta. Luzia passou por aqui, com seu cavalinho comendo capim. Deu-lhe pão, disse que não. Deu-lhe vinho, disse que sim. Em nome de Deus e da Virgem Maria."

TORCEDURAS

Benzedura do Ceará

Quando uma pessoa torceu uma parte do corpo e está com dores, o benzedor pode fazer, para acalmar a dor, uma "Benzedura de S. Frutuoso."

Precisa para isso de 1 novelo de linha e uma agulha. E então enfia a linha na agulha, sem tirar do novelo, e reza assim:

"**Carne trilhada**

nervo rendido

Osso torto.

Assim mesmo eu coso nas horas de Deus e de S. Frutuoso."

NB: enquanto vai dizendo a reza, finge que costura o lugar que está doendo. No fim da benzedura, deve espetar a agulha no novelo e deixar assim até que a dor vá embora.

VARIANTE

"**Carne trilhada, nervo retorcido... osso e veia, até cordoveia; tudo isso coso, com a graça e louvor de meu S. Frutuoso.**"

E osso quebrado

O benzedor 1° cruza o local afetado do doente com 1 ramo de arruda. Depois, envolve-o com uma linha como se o estivesse costurando, ao mesmo tempo em que vai rezando:

"**Em nome do Pai, do Filho e do Espírito-santo. O que coso eu, S. Frutuoso, com os poderes de Deus e da Virgem Maria?**

Coso carne pisada, nervo deslocado, músculo torcido, osso quebrado.

Senhor S. Frutuoso, eu rezo esta torcedura; a S. Frutuoso ofereço, com os poderes de Deus e da Virgem Maria. Assim seja."

De nervo

Ninguém está livre de ter 1 nervo torcido, seja jogando futebol, peteca, vôlei, seja ajudando a carregar 1 móvel em casa, ou até mesmo brincando de queda-de-braço com o filho de 15 anos, que já tem uma força enorme.

Bem, se não houver 1 massagista por perto, o problema pode se resolvido da maneira mais simples:

Num dia de 6ª-feira, pega uma tesoura e juntar com 1 pedaço de carvão vegetal. Esfregar os 2 (carvão e tesoura) em forma de cruz sobre o local dolorido, 7 vezes seguidas, dizendo o seguinte:

"Estás torcido, mas ficarás certo e curado. Assim seja."

NB: o trabalho deve iniciar-se na 6ª-feira, repetindo-se no sábado e domingo, usando-se cada dia 1 pedacinho de carvão novo e jogando-se o velho no lixo.

BENZEDURA DE BETIM

Benzer, tomando-se 1 pedacinho de pano colocando-o em cima do lugar machucado; com uma agulha e linha vai-se costurando o pano, enquanto se fala por 3 vezes:

"— Que coso?

— Carne quebrada, nervo torto, osso rendido.

— Assim mesmo eu coso; com os poder de Deus de da Virge Maria."

VARIANTE PERNAMBUCANA

Em Pernambuco, a versão:

"Tendo em mãos 1 novelo de linha e uma agulha, de que se mune previamente, faz ao paciente a pergunta seguinte:

"— O que é que eu coso?

Cumpre ao paciente responder:

— Carne trilhada, nervo torto, junta desconjuntada.

O benzedor responde:

— Assim coso eu."

Pergunta e resposta se fazem por 3 vezes; e repete-se a cerimônia por 3 vezes.

COM CRUZES

Benzer fazendo cruzes sobre o local ofendido de dentro do corpo para fora, rezando o seguinte diálogo:

"— O que que eu coso?

— Carne quebrada e nervo rendido.

— Assim mesmo eu coso; de carne quebrada e nervo rendido e osso torto desmentido."

† Ave-maria concebida sem pecado.

BENZEDURA DE GOV. VALADARES

† Benzer, tomando-se 2 tirinhas de trapo de roupa de homem, fazendo com elas 1 pequeno rolo; por cima, em cruz, passam-se 2 pontos com a linha; rezar:

"— O que que coso, Pedro?

— Coso, Pai, carne quebrada, nervo torto, osso rendido, veias dismintidas; com a graça de Deus e da Virge Maria esse jeito desconjuntado assim mesmo eu coso."

† Rezar 9 vezes. 1 pai-nosso e 1 ave-maria, dedicados a Jesus Cristo e apricado pra S. Pedro.

BENZEDURA DE JACUTINGA

† Benzer, também, costurando 1 paninho e rezando:

"S. Cosme e S. Damião, 1 médico, ôtro surjão; 1 tecia, ôtro cosia:

— O que que eu coso?

— Nervo torto, carne rendida, osso quebrado e veia rebentada.

— Assim mesmo eu coso, em lovor de S. Cosme e S. Damião e S. Silvestre; esta costura, que preste!"

NB: o paninho e a agulha devem ser "tudo virge", isto é, sem uso.

BENZEDURA DE MINAS

† Benzer, costurando 1 paninho e rezando:

"— Que coso?

— Carne quebrada, osso torto, nervo desconjuntado. Coso pelo bão S. Domingo, pelo aposto S. Felipe e por S. Tiago. Deus cose mió que eu coso."

† 3 ave-marias 3 pais-nossos dedicados a esses Santos.

Num prato

Dentro dum prato com água colocam-se: 3 pedacinhos de carvão, 3 pitadinhas de cinza, 3 pitadas de sal e 3 palhinhas de milho. Ferve-se tudo. Vai-se despejando dum vasilhame para o outro, dizendo.

"— O que eu benzo?

— Nervo torto, carne quebrada, junta desconjuntada e veia dilatada."

† Reza-se 1 pai-nosso para S. Pedro.

NB: repetir a simpatia 3 dias.

De pé

Apanhar 1 novelo de fio e com uma agulha, fazendo os movimentos naturais de quem está cosendo proferindo as seguintes palavras e fitando atentamente ao paciente:

"Carne trilhada, nervo retorcido... osso e veia até cordoveia. Tudo isso eu coso com a graça e louvor de meu S. Frutuoso."

PARA QUANDO SE TORCE O PÉ

"— Carne triada nervo torcido, o que eu coso?

— Osso, veia cordoveia.

— Tudo isso eu coso em louvor de S. Francisco."

QUANDO SE TORCE 1 PÉ

"O que eu coso?

— Pé aberto, Fio torto, isso mesmo é que eu coso."

† Reza-se 1 pai-nosso e 1 ave-maria

TORCICOLO

O torcicolo — "pescoço duro" ou ainda "pescoço torto" — é 1 mal que pode atingir qualquer pessoa independentemente da idade. É muito desagradável esse tipo de torcedura, pois nos obriga a uma posição de cabeça forçada. Além do mais é muito dolorido, já que está sempre ligado aos nervos das vértebras cervicais.

Para tirar torcicolo de homem pega-se uma meia de mulher e diz-se:

"Volta que seja dada.
Com isso no pescoço,
não há dor que continue."

Enrola-se o pescoço do homem com a meia de mulher.

Quando o torcicolo é numa mulher, faz-se o contrário: amarra-se uma meia de homem em seu pescoço e diz-se também:

"Volta que seja dada.
Com isso no pescoço,
não há dor que continue."

TOSSE

A tosse é dos males que mais incomodam o doente e seus familiares. Às vezes, por uma noite inteira, o doente tosse sem parar o tempo todo.

Sendo a tosse o sintoma duma série de doenças, o importante é ir ver 1 médico 1º e depois fazer a "Benzedura de Sto. Antídio" para aliviar o paciente.

Para esta benzedura devemos ter em mãos mel e coentro, numa mistura que usaremos para fazer 1 unguento. Depois vamos fazendo o sinal-da-cruz e dizendo:

"Sto. Antídio, pela ordem que teve de Jesus Cristo N. Senhor, vai fazer parar a tosse de *F*...."

† No final rezamos 3 pais-nossos e 3 ave-marias.

TRAIÇÃO

A traição é 1 dos males mais antigo da humanidade. Leiam a Bíblia e lá encontrarão já os exemplos deste mal. Judas é o símbolo da traição, porque era 1 dos 12 escolhidos por Cristo e 1 dos mais amados por Cristo. mas o pior traidor é aquele que convive conosco todos os dias. Nos sorri, nos abraça e nos faz companhia. É nosso colega de trabalho ou, às vezes, 1 parente muito próximo. É o amigo do qual não temos dúvida. Esta benzedura nos livra destas pessoas e de sua traição maligna.

Esquentamos 1 pouco de óleo de oliva. Untamos o dedo neste óleo e fazemos cruzes no peito e nas costas da pessoa, dizendo:

"Se alguém te traiu, não foi Deus. Foi quem na tua casa entrou como amigo. Dele eu te livro e do mal que te fez. Em nome do Pai, do Filho e do Espírito-santo"

TUMORES MALIGNOS

Específica contra tumores malignos em qualquer parte do corpo, esta benzedura deve ser feita durante 9 dias seguidos, a começar do 1º dia de lua-minguante. O benzedor diz esta oração, enquanto benze:

"Em nome do Pai, do Filho e do Espírito-santo, eu ordeno que estes tumores malignos desapareçam do corpo de *F...* da mesma forma como desaparece o diabo ao ver a sacratíssima cruz.

Devem ir de vez e não mais voltar, para sossego desta criatura de Deus, que em Deus crê e seu santo nome ouça e glorifica, a todas as horas do dia e a todas horas da noite.

Santo, santo é o Senhor Deus dos Exércitos. Cheia está a terra de sua glória. Amém.

Em nome do Pai, do Filho e do Espírito-santo"

† Reze-se durante 5 dias seguidos, pela manhã e à noite, tendo o cuidado de conservar sempre a cruz. Após cada reza, 3 pais-nossos e 3 credos por intenção da Santíssima Trindade.

Benzedor
Carlos Silvino (São Paulo)

UMBIGO

INFLAMADO

Não é difícil uma criança recém-nascida ter problemas de inflamação do umbigo recém-cortado. Se a inflamação resistir e permanecer por muito tempo, a mãe precisa pegar a criança levar até onde exista 1 cupinzeiro. Lá chegando, ela colocará a criança de frente para a casa das formigas, sem deixar que encoste o corpinho na terra. Pegará a seguir 1 punhado da terra do cupinzeiro, fazendo 1 buraquinho bem marcado. Segurando na mão fechada colocada sobre o umbigo, sempre sem deixar que a terra toque na criança, dirá:

"Formiga, formiguinha,

minha amiga, amiguinha,

cure com seu trabalho,

desta criança,

a feridinha."

NB: em seguida a mãe recoloca o punhado de terra no mesmo lugarzinho donde tirou e vai embora levando a criança. Ao chegar em casa notará que a inflamação já começou a ceder.

URETRA

O benzedor deve assinalar a parte dolorida do corpo do doente com 1 ramo verde, enquanto recita:

"Senhor, pelo especial privilégio, outorgado ao beato Libório contra os males do cálculo, pedras e urina, fazei que *F...* **se veja livre do mal** (pronunciai-se o nome da moléstia) **de que padece. Glorioso S Libório, intercedei por nós. Amém.**

† Feita a oração, rezar 3 pais-nossos em honra à Santíssima Trindade.

URINA SOLTA

Tanto crianças quanto adultos podem sofrer do mal de urina solta. É uma doença que não traz ao organismo maiores sofrimentos. Mas, em compensação, do ponto de vista moral é 1 grande problema: às vezes em situações muito sérias as pessoas são assaltadas pela *urina solta*.

Isso faz com que tenha até medo de sair de casa, o que pode acabar atrapalhando até a sua vida profissional.

Para dominar a urina solta pode-se fazer 1 benzedura muito simples, que sempre dá resultado:

Pega-se 1 tijolo de barro, colocando-o no banheiro da casa. A pessoa que sofre deste mal é conduzida até o tijolo e, com a mão em sua testa, rezam-se 3 pais-nossos. Deixa-se a pessoa à vontade, para que urine em cima do tijolo e pede-se a ela que jogue o tijolo em água corrente.

URTICÁRIA

Em vários lugares do Brasil a urticária simples é conhecida como *fogo-selvagem*, que não deve ser confundida com aquela doença grave transmitida pelo barbeiro, chamada *chagas*, mas que muitos também tratam por *fogo-selvagem*. No caso desse *fogo-selvagem*, que é a urticária simples, a benzedura indicada é esta:

A pessoa que vai benzer pega uma palha seca de milho, uma cuia de madeira ou de barro cheia de água fresca de fonte ou de poço ou de rio sem poluição. Vai molhando a palha n'água e respingando na parte afetada da pessoa e dizendo:

"Ia uma mãe e filhas por 1 caminho, a filha perguntou:

— Senhora mãe, como se aplaca o fogo-selvagem?

A mãe respondeu:

— Com água do rio, fonte dos montes e 3 palavras na boca: Pai, Filho, Espírito-santo. Amém."

ÚTERO

Em geral as mulheres das zonas rurais e praianas atribuem aas mais variadas perturbações de que são portadoras "ao útero". Vulgar a crença de que o útero "muda de lugar", ora crescendo, ora descendo, ora subindo. O exame médico revela muitas vezes a existência de flexões, ptoses conseqüentes às colpo-ruturas e não raro alguma mioma avulta. Quando, entretanto, o diagnóstico médico é feito, já passou a paciente pelas mãos das benzedeiras *que conhecem o mal* e sobre ele já deram o seu palpite e fizeram as suas benzeduras. Para fazer voltar o útero ao seu lugar, rezam assim:

Com a mão espalmada, fazer massagem sobre o útero e sobre a cicatriz umbilical, enquanto diz:

"— Onde vai, Virgem Maria, tão corrida e tão cansada?

— Vou valer aquela criatura que está com a madre desmanchada.

(Massagem)

— Madre, torna ao teu lugar.

Ao lugar irá

E nunca mais dele sairá.

Sai-te deste corpo, ventresidade,

Que a Virgem Maria é a sua Madre.

Mãe do corpo e madre, tornai ao seu lugar".

(Massagem)

NB: repete até conseguir resultado. Benze com 1 raminho verde.

Eu te benzo

"Eu te benzo, madre,

Em nome de Deus Padre!

Eu te benzo, madre,

Em nome de Deus-filho!

Eu te benzo, madre,

Em nome do Espírito-santo!

Eu te benzo, madre,

Com as 3 missas do Natal!

E a areia que tem no mar!

E, madre, vai para o teu lugar!"

Para ele sossegar

Com uma das mãos, a benzedeira massageia o baixo-ventre do paciente. Com a outra, passa 1 raminho verde sobre a mesma região. E vai repetindo até que o útero esteja de volta ao lugar:

"Madre, torne ao seu lugar. Ao lugar irá e nunca mais dele sairá.

Sai-te deste corpo, ventresidade, que a Virgem Maria é a tua madre.

Mãe do corpo e madre, torne ao seu lugar."

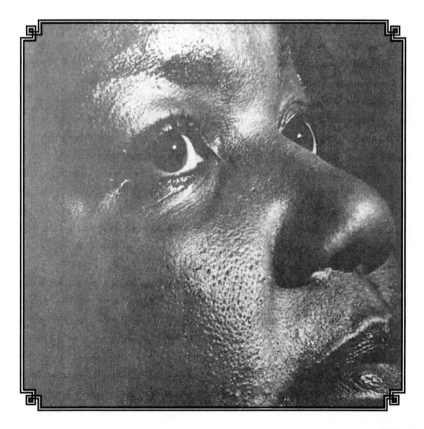

Benzedeira
Maria Balvina (Rio de Janeiro)

VENTRE VIRADO

Ventre-virado, ventre-caído

Há vários remédios para a cura deste mal e conhece-se-se quem está sofrendo dele, pelo seguinte processo: Coloca-se a pessoa suspeita deitada de costas e esticam-se suas pernas, juntando-se-se os tornozelos; se estiverem do mesmo comprimento, nada tem; caso contrário, está com ventre-virado. Naturalmente a doença é infantil e ainda há o processo de identificação que manda tomar-se a criança pelos tornozelos e, da cabeça para baixo, encostá-la num batente de porta, procedendo à mesma medição.

Benzedura de 7 Lagoas — 1

† Benzer sobre o ventre da criança em cruz e rezar:

"O padre veste e reveste, diz a missa no artá; com os poderes de Sta. Pelonha o ventre deste minino hai de caí em seu lugá. F..., com o poder de Deus, Pai, Deus-fio e Espírito-santo, amém."

BENZEDURA DE 7 LAGOAS — 2

† Benzer, rezando:

"N. Senhora quando andava pelo mundo, curava de espinhela-caída, arca-virada, bílis derramada, ventre-caído e todo o mar. Assim também te curo, F... de ventre-caído (ou de uma das outras moléstias), **com os poder de Deus e da Virgem Maria. Amém."**

Benzedura de Portugal — 1

"Assim como o padre se veste

E reveste

E vai para o altar;

Assim este ventre

Torne ao seu lugar."

BENZEDURA DE PORTUGAL — 2

"Assim como as águas do mar

Saem do mar

E tornam para o mar;

Assim o ventre desta criatura
Torne ao seu lugar."

BENZEDURA DE MINAS

† Benzer, rezando:

"**Senhora da Conceição andô por este mundo curando quebranto, ventre-virado e mau-oiado. Quem tá tirano este quebranto, ventre-virado e mau oiado num sou eu; é N. Sra. da Conceição, com os poder de Deus e da Virge Maria.**"

BENZEDURA DE BETIM

† Benzer, rezando:

"***F...*** **eu te benzo de ventre-virado. Jesuis Cristo, quando morreu, espinhela e ventre se alevantô e quando Jesuis Cristo nasceu, espinhela e ventre se alevantô.**"

† Rezar 1 pai-nosso e 1 ave-maria.

VERMES

Os vermes serão eliminados pelo "uso" da seguinte oração:

"**O poder de Deus-pai † a sabedoria de Deus-fio † e a vertude de Deus Espírito-santo † livrai até *F...* da enfermidade das lombrigas; que não comam a sua carne nem o seu coração; que elas se disparem em agonia, pelo poder de Deus-pai, † de Deus-fio † e de Deus Espírito-santo. † Amém, Jesus, Maria, José**" (De 7 Lagoas).

VERMINOSE E AMARELÃO

Os vermes perigosos e perniciosos, só 1 tratamento especializado pode exterminar. Mas contra a verminose comum e o amarelão, esta benzedura com certeza vai valer:

"**Deus, Pai Eterno, Orientador, Senhor dos *anjos*. Esta doença é traiçoeira, mas quem deposita confiança em Deus não teme o demônio.**

Esta doença nasceu da terra, vai voltar à terra, pelo divino poder de N. Sr. Jesus Cristo.

S. Cosme e S. Damião curam de amarelão.

S. Cosme e S. Damião vêm-me tornar são.

Esta doença é traiçoeira, mas quem deposita fé em Deus não teme o demônio, quem acredita em S. Cosme e S. Damião cura-se logo do amarelão. Assim seja. Em nome do Pai, do Filho e do Espírito-santo."

VERRUGAS

Para tirá-las do corpo

Esta benzedura só compensa se a pessoa tiver muitas verrugas. Ela escolhe uma, amarra em torno da raiz dela 1 fio de linha branco e deixa ali até que caia. Não pode é perder a verruga. Precisa pegá-la quando cair, colocar numa caixa de fósforos sem os palitos e sair pra rua. Sem que alguém veja, o próprio verruguento fará a benzedura atirando a caixa com a verruga por sobre o ombro esquerdo, para trás, dizendo:

"Assim como vieste,

Vai-te verruga,

Pra quem queseres.

E leva contigo

Tuas companheiras."

NB: Sem olhar a caixa, a pessoa volta para casa. As verrugas começarão a cair. E coitado daquele que encontrar a caixa de fósforos e a abrir. Todas as verrugas passarão para esse infeliz.

Tiro e queda

Esta benzedura é difícil, demorada de fazer, mas garante d. Domingas Conte, de Videira (Sta. Catarina) que é tiro e queda contra as verrugas. De qualquer maneira, quem quiser praticá-la que se encha de paciência.

Para casa verruga colhem-se 7 folhas de pessegueiro. Para cada folha de pessegueiro rezam-se 7 pais-nossos, 7 ave-marias e 7 glórias-ao-pai.

Terminadas as orações, a pessoa com verrugas deverá enterrar as folhas num lugar de charco, num brejo, onde elas apodreçam depressa. Quando tiverem apodrecido, as verrugas terão desaparecido.

COM SAL

A participação na benzedura é das 2 pessoas: a que benze propriamente e a benzida.

Esta deve pegar 3 pedras de sal bruto, ou sal grosso, como também é conhecido. A benzedeira coloca a mão diante da verruga a ser benzida, repetindo a operação para cada uma delas, se forem várias. A seguir, a pessoa que traz o sal vai jogando uma a uma as 3 pedras no fogo de fogão à lenha ou numa fogueira no quintal.

A cada pedra jogada, o benzido tapará os ouvidos para não ouvir o estalo do sal no fogo e o benzedor dirá:

"O sal está queimando,

A verruga se acabando.

O sal está queimando,

a verruga se acabando."

ANTIGA

Esta benzedura é inspirada numa antiga superstição. Aquela segundo a qual não se deve comer em mesa sem toalha, porque sendo assim Deus não abençoa a refeição.

O benzedor coloca o paciente numa cabeceira duma mesa sem toalha e senta na outra ponta da mesa. Com as duas mãos espalmadas sobre o tampo, diz:

"Jesus Cristo se retirou da mesa sem toalha.

Assim se retire essa verruga deste vivente e caia em nome de Deus e da Virgem Maria. Em nada esta verruga se tornaria."

SOB 1 CÉU ESTRELADO

Quase todas as benzeduras contra verrugas devem ser feitas sob o céu estrelado, inspiradas pelas estrelas. Essa também precisa ser feita fora de casa, mas em noite de lua-nova.

O benzedor vai colocando a mão direita sobre cada uma das verrugas da pessoa e repetindo o versinho que pede a proteção da lua.

"Deus te salve, lua-nova,
Que eu te estou vendo agora.
Na outra lua que vem,
as verrugas vão embora."

VARIANTE

Neste benzimento, o paciente deve ser levado para fora da casa em noite de céu estrelado. Então, contará quantas verrugas tem no corpo, antes de responder ao benzedor, olhando as estrelas.

Pergunta o benzedor:

"— Quantas verrugas tem?

Responde o interessado:

— **São 9** (na verdade, dizer quantas verrugas contou).

Retruca o benzedor:

— **Não. São 5. De 5 ficam 4. De 4 ficam 3. De 3 ficam duas. De duas ficam uma. E todas elas cairão e neste seu corpo não ficará nenhuma."**

Invocando Deus e Virgem Maria

Diz a crença popular que quando alguém aponta o céu e conta as estrelas, acaba ganhando uma verruga na ponta do dedo. E, para curar, só mesmo uma boa benzedura. Como esta:

O benzedor se coloca muito sério diante do "verruguento" e declara:

**"Verruga, verruguinha,
Verruga, verrugona.
No pé ou na mão onde está entranhada,
Com o poder de Deus e da Virgem Maria,
Está verruga cairá.
E de hoje em diante,
Nunca mais aumentará."**

"— Quantas verrugas tem? (pergunta o benzedor ao paciente)
— **É 9.** (responde o interessado)
— **Não. São 5. De 5 fica 4. De 4 fica 3. De 3 fica duas. De duas fica uma. Todas ela cairá e neste teu corpo não ficará mais nenhuma."**

† Pai-nosso oferecido a N. Sr. Jesus Cristo.

NB: benze-se com uma faca.

Invocando Jesus

"Jesus Cristo se retirou da mesa sem toalha.

Assim se retire essas verrugas deste vivente e caia em nome de Deus e da Virgem Maria, em nada estas verrugas se tornaria."

Invocando a cobra coral

"Em nome de Deus-pai, todo-poderoso, eu vos encruzo as verrugas deste irmão (irmã): Em nome de Deus-pai, assim como deu força para a cobra coral, que engole todas as cobras, que para o nosso bem engula também as verrugas do corpo deste irmão(ã) — para nunca mais voltarem. Em nome de Deus-pai-todo-poderoso. Amém."

NB: aqui o benzedor faz o sinal da cruz.

Com pedrinhas de sal

Enquanto murmura a reza, o benzedor, com pedrinhas de sal grosso nas mãos (uma para cada verruga), vai formando cruzes com seus gestos, o que se chama encruzar. Na mão direita, o benzedor conserva o sal. Na esquerda segura 1 punhal virgem, de cabo rajado, parecido com rajas de lagarto, ou com pele de cobra. Sobre a mesa deve estar 1 copo com água.

Terminado o benzimento, joga-se o sal no copo de água e atira-se tudo na água corrente, para rodar.

Com folhas de figueira

Tomam-se 7 folhas de figueira, faz-se 1 feixinho delas para molhar no azeite e passar em volta da região da erisipela, enquanto se fala:

"S. Pedro e S.Paulo andavam pelo mundo. S. Pedro sentou numa pedra e o Senhor perguntou:

— Que tens, Pedro?

— Mal de zipele.

— Com que se cura?

— Com folha de figueira e óleo de oliveira e santa cruz em cida."

† Oferece-se a S. Pedro e S. Paulo 1 ave-maria, 1 santa-maria e 1 pai-nosso. No 2º dia repete-se o ritual, diminuindo as folhas de figueira para 5. No 3º dia, ainda o mesmo, com 3 folhas de figueira.

Em Portugal

Em Portugal, conforme Alexandre de Lima Carneiro, em *Arte de Talhar a Erisipela*, faz-se o ritual do benzimento, usando 9 ramos de carqueja, 3 pingos de água e 3 gotas de azeite.

Falando com a Lua

"Lua, a minha berruga disse que morras tu e viva ela, mas eu digo que vivas tu e morras ela" (3 vezes)

Falando com a Lua-Nova

**"Deus te salve, lua-nova,
Que eu te estou vendo agora,
Na outra lua que vem
As berrugas vão embora"**

Com 1 prato e sal grosso

Dispõem-se sobre uma mesa 1 prato com sal grosso, 1 punhal de cabo rajado e 1 copo virgem com água limpa. Conforme se vai rezando o ensalmo, vai-se riscando o sal em cruz com a ponta do punhal. Mal se acaba a reza, joga-se o sal na água de 1 rio corrente, pois essa água não poderá ficar nem 1 minuto dentro de casa.

Com folha de mamona

Pega-se com a mão esquerda 1 talo comprido de folha de mamona e com a direita uma faca virgem. Pergunta-se ao verruguento:

"— Que corto?
— Verruga braba — ele responde.
— Assim mesmo eu corto, raiz, 1/2 e rabo" — torna o perguntador, ao mesmo tempo que corta 3 pedacinhos do talo.

Opera desta maneira 3 vezes. Agradecimento: oferece-se o ritual às 3 pessoas da Santíssima Trindade. Reza-se em seguida, 1 ave-maria, 1 santa-maria, 1 pai-nosso, 1 salve-rainha. São 3 dias deste benzimento. No último dia, juntam-se os 9 talinhos de cada dia e colocam-se no fumeiro, dentro dum saquinho, para secar. Quando o talo de mamona secar, as verrugas desaparecem.

VIAGEM

BENZIMENTO PARA QUANDO SE VIAJA

"Salvo eu saio, salvo eu chego. Salvo eu ando, salvo andarei.

Dia e noite, eu viajando, dormindo ou acordando, como S. João Batista foi acordo e batizou N. Sr. Jesus Cristo no rio Jordão, assim eu serei livre e salvo dos meus inimigos corporais e espirituais.

Na barquinha de Noé eu me tranco, com a chave do Sacrário me trancarei, em Jesus Cristo com as 8 palavras do credo eu me benzo.

Em nome do Pai, do Filho e do Espírito-santo. Amém."

VÍCIOS

Jogos e embriaguez

O benzedor deverá abrir uma garrafa de pinga sob os pés do benzido, fazendo com que a bebida penetre diretamente na terra. Após o que, lançará a garrafa para trás, pronunciando a oração que se segue e cruzando o corpo do benzido com 1 ramo, no sentido latitudinal e longitudinal. (se o problema for apenas o vício do jogo, dispensa-se o ato com a garrafa).

"Senhor Deus Onipotente e Misericordioso, louvores vos sejam dados por todos os séculos dos séculos.Assim seja, Senhor meu, rogo-vos com infinita fé em vossa infinita misericórdia, sede propício à intercessão do bem aventurado S. Vicente Mártir em favor do vosso filho *F....*

S. Vicente Mártir, peço-vos afastar do mau caminho aqueles que se entregam aos vícios e lançar vosso bondoso olhar sobre *F...* compadecendo-vos de seus sofrimentos físicos e morais. Que ele abandone seu vício, esqueça-o, aborreça-se com ele e nunca mais se entregue a ele. Assim seja."

OBSERVAÇÃO

As benzeduras geralmente são feitas com ramos de plantas, pinhão roxo, vassourinha, manjericão ou arruda, plantas consideradas mágicas e usando formas de cruz sobre as partes afetadas.

Benzedeira
Irmãs Flora e Leocádia Teixeira
(Tocantins)

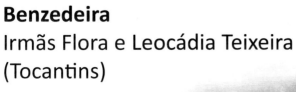

XULÉ

O xulé muitas vezes é a causa para que uma pessoa fique solitária e abandonada... Para combater este mal temos uma benzedura que é chamada de "Água de Rosas;"

Colocar numa bacia 4 partes de água para uma de álcool. Depois, com 1 cotonete, passar nos vãos dos dedos da pessoa que quer perder o cheiro dos pés, dizendo:

"Quando Jesus andava no mundo, lavou os pés dos apóstolos. Assim eu também lavo seus pés com água de rosas."

NB: lavar em seguida os pés da pessoa que está sendo benzida, enquanto reza 1 pai-nosso e 1 ave-maria.